Original-Prüfungsaufgaben
mit Lösungen

2016

REALSCHULABSCHLUSS

Deutsch

Sachsen

2010–2015

STARK

21. ergänzte Auflage
www.stark-verlag.de

Inhalt

Original-Abschlussprüfungsaufgaben Deutsch 2013

Original-Abschlussprüfungsaufgaben Deutsch 2014

Original-Abschlussprüfungsaufgaben Deutsch 2015

Jeweils im Herbst erscheinen die neuen Ausgaben der Abschluss-Prüfungsaufgaben mit Lösungen.

Autorinnen

Claudia Israel und Carina Kendler:
Lösungen zum Realschulabschluss 2010 und 2011, Übungsaufgabe 1, Übungsaufgabe 2 (1, 2.1, 2.2), Übungsaufgabe 3 (2.1, 2.3), Übungsaufgabe 4 (1, 2.2, 2.3)

Claudia Israel und Martina Kilian:
Lösungen zum Realschulabschluss 2012–2015, Übungsaufgabe 5 (2.3)

Marion von der Kammer:
Übungsaufgabe 3 (1, 2.2), Übungsaufgabe 4 (2.1), Übungsaufgabe 5 (1, 2.1, 2.2)

Vorwort

Liebe Schülerin, lieber Schüler,

mit dem vorliegenden Buch kannst du dich zielsicher auf die **schriftliche Realschulabschlussprüfung im Fach Deutsch** an Oberschulen in Sachsen vorbereiten.
Im Kapitel „**Tipps und Hinweise für die Prüfung**" erfährst du genau, was dich in der Abschlussprüfung erwartet und wie du beim Lösen der verschiedenen Aufgaben vorgehen kannst.

Mit den anschließenden **Übungsaufgaben im Stil der Prüfung** kannst du das Lösen der verschiedenen Aufgabenarten trainieren. Sie sind genauso wie die Prüfungsaufgaben aufgebaut, sodass du für dich schon einmal eine eigene Prüfung zu Hause durchführen kannst.

Die **Original-Abschlussprüfungsaufgaben** der Jahre 2010–2015 findest du im Anschluss an die Übungsaufgaben.

Zu allen Aufgaben gibt es ausführliche **Lösungsvorschläge**, die dir zeigen, wie man die Aufgaben richtig und umfassend beantworten kann. Das heißt, dass auch andere Lösungen als die hier abgedruckten möglich sind. Versuche stets, die Aufgaben zunächst **selbstständig** zu lösen, und sieh nicht gleich in der Lösung nach.

Falls du nicht weiterkommst, helfen dir die grau markierten **Hinweise und Tipps** zur jeweiligen Lösung. Wenn du sie gelesen hast, solltest du unbedingt selbstständig weiterarbeiten. Erst am Schluss solltest du deine Lösung mit der hier angebotenen Lösung vergleichen und deine eigenen Ergebnisse gegebenenfalls korrigieren.

Ergänzend zu diesem Buch bietet dir der Band **Training Abschlussprüfung Deutsch Realschulabschluss Sachsen (Best.-Nr. 1415401)** weitere grundsätzliche Hinweise und vielseitige Übungen. Er ist ideal zur vertieften und langfristigen Vorbereitung auf alle Kompetenzbereiche und Aufgabenarten der Realschulabschlussprüfung.

Sollten nach Erscheinen dieses Bandes noch wichtige **Änderungen** in der Abschlussprüfung 2016 vom Kultusministerium bekannt gegeben werden, findest du aktuelle Informationen dazu im Internet unter:
www.stark-verlag.de/pruefung-aktuell.

Wir wünschen dir nun viel Spaß bei der Vorbereitung und vor allem viel Erfolg in der Prüfung!

Die Autorinnen

Tipps und Hinweise für die Prüfung

Wie läuft die Prüfung ab?

Zu Beginn der Prüfung hast du **20 Minuten** Einlesezeit, um dich mit den Prüfungsaufgaben vertraut zu machen. Anschließend stehen dir insgesamt **240 Minuten** zur Bearbeitung der Aufgaben zur Verfügung.

Du darfst während der Prüfung ein **Wörterbuch** der deutschen Rechtschreibung verwenden. Hier findest du Hilfe, wenn du nicht genau weißt, wie ein Wort geschrieben wird. Auch wenn du wissen möchtest, was ein schwieriger Ausdruck oder ein Fremdwort bedeutet, kannst du dort nachschlagen.

Wie ist die Prüfung aufgebaut?

Die schriftliche Abschlussprüfung im Fach Deutsch besteht aus **zwei Teilen**, die du beide bearbeiten musst.

Dem **ersten Teil** der Prüfung liegt ein Sachtext oder ein literarischer Text zugrunde, der Tabellen und Schaubilder enthalten kann. Hier wird dein **Textverständnis** geprüft. Zudem wird geprüft, ob du die eventuell beigefügten Materialien (Tabellen, Schaubilder) verstehst und ihnen Informationen entnehmen kannst.

Im **zweiten Teil** kannst du aus drei Aufgaben **wählen**. Meist bezieht sich jede Aufgabe auf einen anderen Text (Sachtext oder literarischer Text). Es geht auch hier darum, den jeweiligen Text zu verstehen. Dies stellst du unter Beweis, indem du auf der Grundlage des Vorlagentextes einen eigenen Text verfasst. Im zweiten Aufgabenteil wird also deine **Textproduktion** geprüft.

Die Textgrundlagen für beide Aufgabenteile können sein:

- die **Ganzschriften**
  Johann Wolfgang Goethe: Faust I,
  Mirjam Pressler: Nathan und seine Kinder,
  Bernhard Schlink: Der Vorleser,
- **kurze literarische Texte** (z. B. Kurzgeschichte, Gedicht),
- **Auszüge aus** längeren **literarischen Texten** (z. B. Roman, Drama) oder
- **Sachtexte** (z. B. Bericht, Reportage), die Tabellen und Schaubilder enthalten können.

Welche Aufgabenarten gibt es?

Es gibt drei unterschiedliche Arten von Aufgaben. Mit allen drei Aufgabenarten wird geprüft, ob du den jeweiligen Text richtig verstehst und ihn erschließen kannst.

Im **ersten Teil** der Prüfung, bei dem es um das **untersuchende Erschließen** eines Textes geht, wird dein Textverständnis geprüft. Hier sollst du Fragen zum Inhalt und zur Aussage des Textes sowie zu seiner sprachlichen Gestaltung beantworten. Je nach Aufgabenstellung wird von dir erwartet, dass du richtige von falschen Antwortmöglichkeiten unterscheiden (Multiple-Choice-Aufgaben), Zusammenhänge kurz erklären oder deine eigene Meinung zu einem Sachverhalt formulieren und begründen kannst. Du musst also in der Lage sein, zentrale Aussagen des Textes zu erfassen und ihm gezielt Informationen zu entnehmen. Wenn nicht ausdrücklich in der Aufgabenstellung steht, dass Stichpunkte genügen, musst du in vollständigen Sätzen antworten.

Im **zweiten Teil** der Prüfung wird von dir verlangt, dass du auf der Grundlage eines Textes und einer konkret formulierten Aufgabenstellung einen eigenen Text verfasst. In den Aufgaben zu den Ganzschriften wird die genaue Textkenntnis (der Ganzschriften) vorausgesetzt. Beim **erörternden Erschließen** musst du dich argumentativ mit einem Thema auseinandersetzen, das in der Aufgabenstellung meist als Frage oder als These formuliert ist. Grundlage deiner Argumentation ist der Text, auf den du dich beziehen sollst. Das **gestaltende Erschließen** von Texten umfasst die kreative Auseinandersetzung mit der Textvorlage. Entsprechend der Aufgabenstellung musst du einen eigenen Text verfassen. Dies kann z. B. ein innerer Monolog einer Figur, ein Tagebucheintrag oder ein Zeitungsbericht sein. Auch bei dieser Aufgabenart ist es wichtig, dass du dich auf die Textvorlage stützt, denn die dort enthaltenen Informationen sind die Grundlage deines eigenen Textes.

Wie gehst du am besten vor?

Wenn du deine Prüfungsaufgaben erhalten hast, musst du dir erst einmal einen **Überblick** über die Texte und Aufgabenstellungen verschaffen, damit du weißt, was von dir erwartet wird. Nutze die Einlesezeit von 20 Minuten zu Beginn der Prüfung auch dazu, dich zu **entscheiden**, welche der drei Wahlaufgaben du im zweiten Teil der Prüfung bearbeiten möchtest.

Zu empfehlen ist, dass du mit dem **ersten Teil** der Prüfung beginnst. Lies den Text genau durch und informiere dich darüber, was die einzelnen Aufgaben von dir verlangen. Markiere **Schlüsselwörter**, die für die Aufgabenstellung wichtig sind und bearbeite anschließend die einzelnen Aufgaben. In der Regel kannst du einen Teil auf den Aufgabenblättern selbst lösen. Beginne mit den Aufgaben, bei denen du dir sicher bist. Halte dich bei schwierigen Aufgaben nicht zu lange auf. Stelle sie zurück und löse sie, wenn du die anderen Aufgaben bewältigt hast. Denke daran, dass du auch den zweiten Teil der Prüfung noch bearbeiten musst.

Im **zweiten Teil** musst du dich für eine der drei Wahlaufgaben entscheiden. Überlege auch hier vorher genau, was in der Aufgabe von dir fordert wird. Im zweiten Aufgabenteil wird von dir immer ein zusammenhängender Text erwartet. Wie umfangreich dieser ausfallen soll, hängt von der jeweiligen Aufgabenstellung und dem Ausgangstext ab. Wenn du dich für eine Aufgabe entschieden hast, beginne mit den **Vorarbeiten** (Markieren wichtiger Textstellen, Stoffsammlung, Gliederung). Achte beim Schreiben des Konzeptes darauf, dass du deine Gedanken in eine **logische Reihenfolge** bringst. Berücksichtige dabei, dass die von dir geforderten Texte in der Regel aus **Einleitung**, **Hauptteil** und **Schluss** bestehen müssen. Anschließend überarbeitest du dein Konzept, indem du es sowohl inhaltlich als auch hinsichtlich der Rechtschreibung, Zeichensetzung und Grammatik überprüfst. Denke daran, dass auch die äußere Form (z. B. freier Rand und Leserlichkeit) bewertet wird. Die **Überarbeitung** des Konzepts wird einige Zeit in Anspruch nehmen, plane deshalb ausreichend Zeit für die Reinschrift ein.

Wie wird die Prüfung bewertet?

Für jede Aufgabe erhältst du eine bestimmte Anzahl an Bewertungseinheiten (BE). Diese findest du neben der Aufgabenstellung.

Für den **ersten Teil** der Abschlussprüfung kannst du maximal **20 BE** erhalten: 18 BE für inhaltlich richtige Lösungen und 2 BE für die korrekte Rechtschreibung und Grammatik. Für das Nichteinhalten der Normen der äußeren Form (z. B. unlesbares Schriftbild, unsauberes Arbeiten) kann dir 1 BE abgezogen werden.

Der **zweite Teil** wird mit höchstens **30 BE** bewertet:
- Für die **inhaltliche Qualität** erhältst du maximal **15 BE**. Sie wird an einer eigenständigen Lösung und dem aufmerksamen Lesen des Ausgangstextes gemessen. Das bedeutet, dass du dich entsprechend der Aufgabenstellung äußerst, dass du deine Idee angemessen umsetzt und deine Gedanken logisch und vielfältig miteinander verknüpfst.
- Für den **Textaufbau** erhältst du **3 BE**, wenn du die Anforderungen der Textsorte beachtest (Erzählform, Perspektive, Gliederung, …).
- Die **sprachliche Qualität** wird mit maximal **5 BE** bewertet, das bedeutet, dass du der Textsorte, dem Thema und dem Adressaten entsprechende sprachliche und stilistische Mittel einsetzen musst.
- Für die Einhaltung der **Schreibkonventionen** kannst du insgesamt **7 BE** erhalten. Diese setzen sich zusammen aus 2 BE für die grundlegenden formalen Normen (äußerer Aufbau, Rand, normgerechte Korrektur und Leserlichkeit) und eine angemessene Textlänge (Anzahl der Wörter). Dazu kommt die Beachtung der Normen von **Orthografie** und **Grammatik** mit maximal **5 BE**.

Die erreichten Bewertungseinheiten beider Prüfungsteile werden addiert und ergeben deine Prüfungsnote.

Note	1	2	3	4	5	6
BE	50–47 BE	46–38 BE	37–30 BE	29–20 BE	19–10 BE	9–0 BE

Realschulabschluss Deutsch Sachsen
Übungsaufgabe 1

Heiße Prognosen für die kommenden Jahre

Die Argumente, die den katastrophalen Klimawandel infrage stellen, schmelzen so schnell wie das Eis der Pole. Doch wie entstehen diese Studien eigentlich?

Seit Jahren jagen Klimaforscher allen nur verfügbaren Daten aus Luft und Wasser, vom Boden und aus Tiefsee hinterher. Dies alles, um nur einigermaßen verlässliche Modelle für Wetter und Klima bauen zu können. Die globalen Werte von Satelliten und wesentlich genauere Sensoren für Spurenelemente in der Luft geben ihnen erstmals ein Handwerkszeug, das sie präzise arbeiten lässt. Und erst die besten Großrechner machen präzise Prognosen möglich. Wohlgemerkt: Prognosen sind keine exakten Vorhersagen. Alles, was hier in die Daten einfließt, sind ja nur Annahmen, wie sich die Welt letztlich entwickelt.

Nicht die Klimaforscher, die Ökonomen sind es daher, die zunächst die Daten anbringen: Wie schnell und unter welchen technologischen Voraussetzungen entwickelt sich die Welt? Wie viele Ressourcen werden verbraucht, und was bedeutet das für den Kohlendioxidausstoß? Biologen müssen dann ihre Angaben dazu machen, wie viel Kohlendioxid in jedem der künftigen Jahre in der Luft bleiben wird, denn der Ozean und die Pflanzen nehmen einen Teil dieser Gase auch wieder auf.

Zudem kalkulieren die Forscher den Strahlungstransfer durch die Erdatmosphäre: Sonnenlicht dringt durch die Luftschichten, trifft auf die Erde und erwärmt sie. Ein Teil dieser Energie wird nicht ins All zurückgestrahlt, sondern von den Treibhausgasen zurückgehalten. Je mehr Treibhausgase vorhanden sind, umso stärker erwärmt sich die Atmosphäre. „Hier sind alle Klimamodelle eng beieinander: Bei gleicher Änderung der CO_2-Konzentrationen liefern sie mehr oder weniger die gleichen Strahlungsänderungen“, sagt Erich Roeckner, der am Max-Planck-Institut für Meteorologie in Hamburg solche Modelle entwickelt.

Die höheren Temperaturen haben zum Beispiel Folgen für das Meereis. „Wenn es schmilzt, wird seine helle Oberfläche durch die dunkle des Wassers ersetzt. Eis strahlt bis 70 Prozent der einfallenden Sonnenstrahlung zurück, Wasser nur zehn Prozent. Die Differenz erwärmt das Wasser und schmilzt weiteres Eis“, sagt der Max-Planck-Forscher. In einer wärmeren Atmosphäre wird zudem mehr Wasserdampf gespeichert. „Wasserdampf ist noch vor CO_2 das wichtigste Treibhausgas. Dadurch bekommen wir eine weitere Erwärmung.“

Das Handwerkzeug der Klimaforscher ist letztlich die Simulation. Die Vorgänge in der Atmosphäre und im Ozean lassen sich mathematisch beschreiben und damit im Computer nachbilden. Dafür wird die Erde jeweils mit einem gedachten Gitternetz überzogen. Im Hamburger Atmosphärenmodell beträgt dessen Gitterweite etwa 200 Kilometer – so entstehen auf der Erdoberfläche 18 432 Punkte.

Wie die Schalen einer Zwiebel wölben sich darüber 31 Luftschichten, jede wiederum mit 18 432 Punkten. So ergeben sich insgesamt dann 571 392 Gitterpunkte, an denen jeweils acht mathematische Gleichungen unter anderem Temperatur, Wind sowie den Wasser- und Eisgehalt beschreiben. Jeder Wert an einem einzelnen Punkt wirkt sich zu jeder Zeit auf seine Nachbarn aus. Ein ähnlicher Aufwand wird für den Ozean getrieben. Beide Modelle beeinflussen einander. Der Computer kalkuliert nun die entstehenden Änderungen. Das Hamburger Modell simuliert das Klima

im Zwölf-Minuten-Rhythmus bis zum Jahr 2100. Die riesigen Datenmengen füllen große Bandarchive.
Exakte Vorhersagen können die Modelle prinzipiell nicht liefern. Aber wie gut sie funktionieren, können die Forscher letztlich an der Vergangenheit testen. Daten vom Wetter und der Luftzusammensetzung, die lange zurückliegen, werden in das Modell gegeben und anschließend dann eine Prognose bis zum heutigen Tag errechnet. Am Ende müsste diese dann mit dem heutigen Klima identisch sein, dann funktioniert das Modell.
Nicht nur eine, sondern 400 Simulationen liegen dem neuen UN-Klimabericht zugrunde mit 23 verschiedenen Modellen. Da ist Irrtum ausgeschlossen.

(dpa/SZ/sts)

Aus: Sächsische Zeitung vom 3./4. Februar 2007, S. 3

Teil 1: Textverständnis

1.1 Benenne die Textsorte.

1.2 Sind nachfolgende Aussagen dem Text zu entnehmen?
Kreuze Zutreffendes an.

Aussagen	trifft zu	trifft nicht zu
a) Mithilfe des Computers können das Wetter und die weitere Klimaentwicklung recht genau vorausgesagt werden.	☐	☐
b) Weltweit von Satelliten gesammelte Daten und neue Sensoren sorgen dafür, dass Klimaforscher immer genauere Vorhersagen machen können.	☐	☐
c) Das Hamburger Modell simuliert das Klima sechs Mal pro Stunde.	☐	☐

1.3 Welche Gründe für die Erderwärmung werden im Text genannt?

a) Im Text heißt es: „Je mehr Treibhausgase vorhanden sind, umso stärker erwärmt sich die Atmosphäre.“ (Z. 37–39) Wie wirken sich die Treibhausgase auf die Erderwärmung aus? Kreuze die richtige Antwort an.

Die Treibhausgase sind dafür verantwortlich, dass …

☐ immer mehr Sonnenstrahlen auf die Erde treffen.

☐ immer weniger Sonnenstrahlen auf die Erde treffen.

☐ immer mehr Sonnenstrahlen von der Erde ins All reflektiert werden können.

☐ immer weniger Sonnenstrahlen von der Erde ins All reflektiert werden können.

b) Welche Treibhausgase werden als Hauptverursacher der Erderwärmung im Text genannt?

1.4 Erkläre die Folgen der Erderwärmung für das Meereis.

1.5 Leite aus den Textaussagen über das Meereis zwei weitere mögliche Folgen der Erderwärmung ab, die nicht im Text erwähnt werden. Begründe diese mithilfe des Textes.

1.6 a) Welche Auswirkungen hat der Klimawandel auf Sachsen?
Formuliere drei Aussagen, die sich aus den vier Grafiken ableiten lassen.

b) Vergleiche deine Aussagen zu Antwort a) mit den Auswirkungen des Klimawandels auf das Bundesland Rheinland-Pfalz.

Die Auswirkungen des Klimawandels auf Deutschlands Regionen

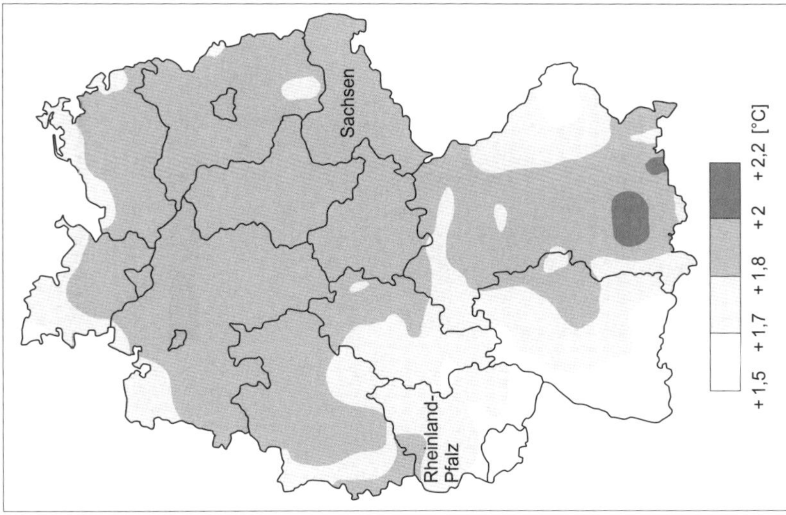

Grafik 2: bestmögliche Entwicklung des Temperaturanstiegs (Tagesmittel) bis zum Jahr 2010 (bei konsequenter Reduzierung des CO_2-Ausstoßes)

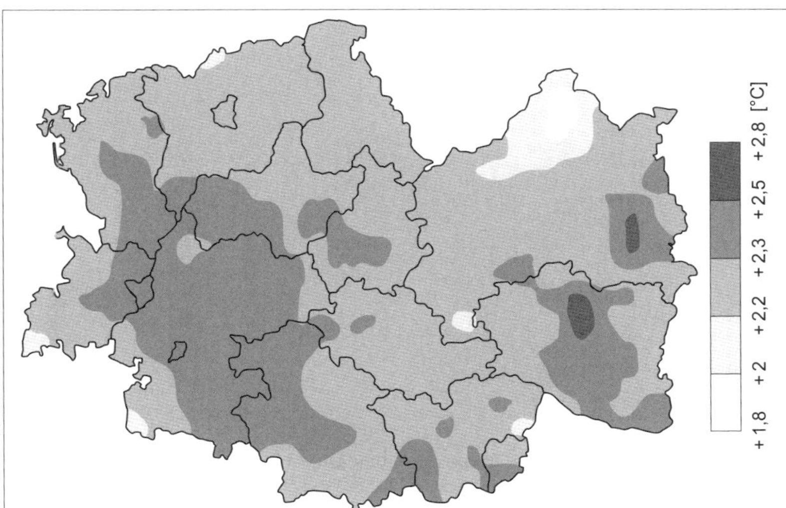

Grafik 1: wahrscheinlicher Temperaturanstieg (Tagesmittel) bis zum Jahr 2010 (ohne konsequente Reduzierung des CO_2-Ausstoßes)

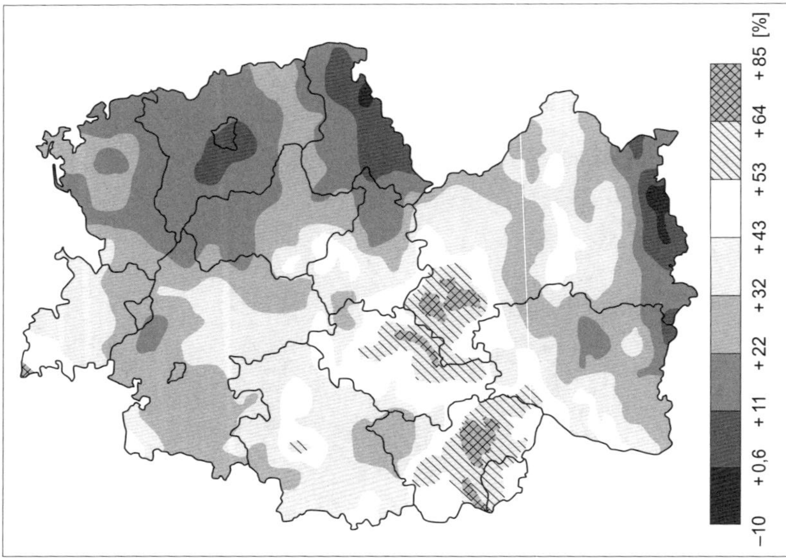

Grafik 4: wahrscheinliche Entwicklung des Winterniederschlags bis zum Jahr 2010 *(Quelle für Grafiken: Umweltbundesamt)*

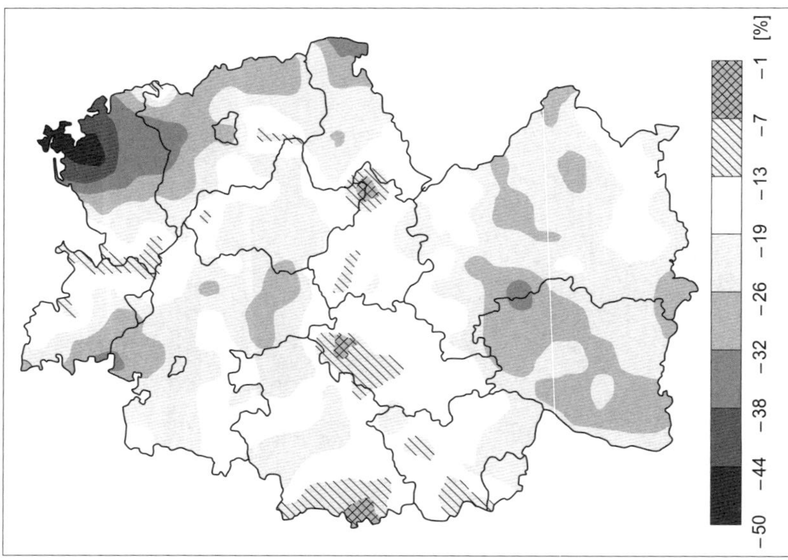

Grafik 3: wahrscheinliche Entwicklung des Sommerniederschlags bis zum Jahr 2010

1.7 Die Hamburger Forscher haben eine Methode entwickelt, mit der sie überprüfen können, ob ihre Klimaprognosen stimmen. Erkläre diese Methode.

1.8 Nicht nur Klimaforscher beschäftigen sich mit dem Klimawandel. Welche weiteren Forschergruppen werden im Text genannt?

Teil 2: Textproduktion

Wähle **eine** der folgenden Aufgaben 2.1, 2.2 oder 2.3 aus.

2.1 Schreibe zur Frage der Woche einen Leserbrief, in dem du dich auf den Artikel „Jetzt wird's richtig heiß" beziehst und deinen eigenen Standpunkt deutlich machst.

> Frage der Woche:
> **„Sind Sie bereit, für das Klima Opfer zu bringen?"**
> Senden Sie Ihre Antworten bitte an:
> Sächsische Zeitung, Ostra-Allee 20, 01067 Dresden

Jetzt wird's richtig heiß

Stephan Schön zu den Ursachen und Folgen des Klimawandels.

Es bleibt nichts mehr, wie es ist. Und es wird jeden treffen. Nein, die Insel, an der die globale Klimakatastrophe nicht ankommt, sie gibt es nicht. Was das Klima künftig mit uns macht, das wird die größte Herausforderung für die Menschheit. Sie ist mit nichts vergleichbar. Dies wird die Welt verändern. Selbst wer in einer der wenigen Regionen leben sollte, wo Stürme, Hitze, Wassermassen sich zurückhalten, die Zeche ist von allen zu zahlen. Britische Ökonomen haben dies erst kürzlich auf Euro und Pfund genau beziffert. Und sie haben auch gesagt, was es die Welt zusätzlich kosten würde, wenn den Klimagasen nicht bald der Hahn zugedreht wird. Es wäre schon in wenigen Jahren ein Vielfaches von dem, was es jetzt noch kosten würde.

„Das Klima wird die größte Herausforderung für die Menschheit."

Unsere heutige Art zu leben, kommt schon die Kinder teuer zu stehen. Ich möchte nicht in der Haut jener Politiker stecken, die sich an Gesundheit, an Geld und am Wohlstand der kommenden Generationen vergreifen. Die letzte viel zitierte Schutzbehauptung, das alles sei ja gar nicht so sicher, hat spätestens seit gestern ihre Zauberkraft verloren. Abgesehen davon lässt sich eine ganze Menge auch persönlich gegen Energieverschwendung und für das Klima tun. Doch eine wirklich greifende Lösung, die kann es eben nur weltweit geben. Wer Konventionen und Abkommen missachtet, sollte mit ähnlichen Konsequenzen zu rechnen haben – wie beim Völkerrecht. Aber solange nicht einmal die USA als einer der Hauptklimasünder die Anerkennung ausgehandelter Verträge für nötig hält, ist Hoffung auf gutes Klima ziemlich abwegig. Dabei würde das Kyoto-Umweltprotokoll noch nicht einmal ausreichen, die Welt von heute zu erhalten. Es könnte nur das schlimmste Szenarium verhindern. Tatenlosigkeit ist in diesem Falle ein Verbrechen an der Zukunft, für das die Sünder nicht mehr zur Verantwortung gezogen werden können. Das macht die Bewältigung der Klimakatastrophe so schwierig. Sie kommt schleichend und fast unbemerkt. Nur ist der Extremzustand erst einmal Normalität, lässt er sich nicht mehr wegbringen.

Aus: Sächsische Zeitung vom 3./4. Februar 2007, S. 4

2.2 Lies das Gedicht „Die Fabrik“.
Forme den Inhalt des Gedichtes in eine kurze Erzählung um, in deren Mittelpunkt eine in der Fabrik beschäftigte Person steht. Schreibe in der Ich-Form.

Gerrit Engelke: Die Fabrik (1914)

Düster, breit, kahl und eckig
liegt im armen Vorort die Fabrik.
Zuckend schwillt, schrill und brutal
aus den Toren Maschinen-Musik.

Schlot und Rohr und Schlot und Schlot,
heißdurchkochtes Turmgestein,
speisen dickes Qualmgewölk
über traurigstarre Häuser, Straßenkot.

Tausend Mann, Schicht um Schicht,
saugt die laute Arbeitshölle auf.
Zwingt sie all in harte Pflicht
Stunde um Stunde.

Bis der Pfiff heiser gellt:
Aus offnem Tore strömen dann
Mädchen, Frauen, Mann und Mann –
blasses Volk – müde – verquält. –

Schläft der Ort –; glüh und grell
schreit aus hundert Fenstern Licht
Kraftgesumm, Rädersausen. Qualm durchbricht
roh und dumpf die Nacht –

Aus: Gerrit Engelke: Das Gesamtwerk. Paul List Verlag, München 1960

2.3 **Bernhard Schlink: Der Vorleser**
Michael Berg hat den Prozess, in dem sich Hanna als Angeklagte verantworten muss, bereits eine Zeit lang verfolgt und plötzlich begriffen, dass sie nicht lesen und schreiben kann.

Stelle dir Folgendes vor: Michael bespricht nach seiner Entdeckung ein Tonband, auf dem er Hanna mitteilt, dass er von ihrem Analphabetismus weiß. Er schildert ihr seine zwischen Verständnis und Vorwurf schwankenden Empfindungen und versucht, sie dazu zu überreden, dem Richter ihr Problem anzuvertrauen.

Schreibe den Text, den Michael auf Tonband spricht.

Lösungsvorschläge

Teil 1: Textverständnis

1.1 Der vorliegende Text ist ein **Bericht**.

*Hinweis: Dass es sich um einen Bericht handelt, erkennst du vor allem an folgenden Textsortenmerkmalen: Ein **Bericht** ist eine ausführliche Nachricht, in der ein aktuelles Ereignis oder ein Sachverhalt von verschiedenen Seiten beleuchtet wird. Dabei werden zunächst die wesentlichen W-Fragen beantwortet: Wer? Was? Wann? Wo? und Wie? Im Gegensatz zu einer knappen Nachricht werden außerdem die W-Fragen nach den Gründen und Folgen beantwortet: Warum? Welche Folgen?*

1.2 **Aussagen**

	trifft zu	trifft nicht zu
a) Mithilfe des Computers können das Wetter und die weitere Klimaentwicklung recht genau vorausgesagt werden.	☒	☐
b) Weltweit von Satelliten gesammelte Daten und neue Sensoren sorgen dafür, dass Klimaforscher immer genauere Vorhersagen machen können.	☒	☐
c) Das Hamburger Modell simuliert das Klima sechs Mal pro Stunde.	☐	☒

Hinweis: Du findest die Information zu a) in Z. 11 f. und zu b) in Z. 6–10. Dass Aussage c) nicht stimmt, kannst du, indem du ein bisschen nachrechnest, den Z. 85–88 entnehmen.

1.3 a) Die Treibhausgase sind dafür verantwortlich, dass …

☒ immer weniger Sonnenstrahlen von der Erde ins All reflektiert werden können.

Hinweis: Du findest die richtige Aussage in Z. 34–37. Wenn du den gesamten Abschnitt (Z. 32–37) genau liest, kannst du aus den dort enthaltenen Informationen schließen, dass die anderen Aussagen nicht zutreffen können.

b) Die Treibhausgase Wasserdampf und CO_2 sind die Hauptverursacher der Erderwärmung.

Hinweis: Zu dieser Frage wird im Text eine ganz konkrete Aussage gemacht. Du findest sie in Z. 58–60.

1.4 Durch die steigenden Temperaturen schmilzt das Meereis. Infolgedessen ist immer weniger helle Eisoberfläche vorhanden, die das Sonnenlicht zu 70 % reflektiert. Stattdessen nimmt die dunkle Wasseroberfläche zu, die nur 10 % Sonnenlicht reflektiert. Dadurch steigen die Temperaturen noch stärker an, was dazu führt, dass noch mehr Eis schmilzt.

Hinweis: Du findest die Antwort in Z. 47–55.

1.5 Wenn immer mehr Eis aufgrund der Erderwärmung schmilzt, nimmt die Wassermenge in den Weltmeeren zu. Dadurch steigt der Meeresspiegel an, was wiederum zur Folge haben kann, dass Inseln und Küstenstreifen im Meer versinken. Wenn Treibhausgase dafür sorgen, dass sich die Atmosphäre immer stärker erwärmt, kann dies für andere Teile der Erde dagegen bedeuten, dass bislang fruchtbare Gegenden zu Wüsten werden.

Hinweis: Die Informationen, aus denen du weitere (im Text nicht enthaltene) Folgen der Erderwärmung ableiten kannst, findest du in Z. 47–55. Überlege, was es für Länder wie z. B. Spanien oder Holland bedeutet, wenn die Temperatur bzw. der Meeresspiegel steigt.

1.6 a) Die Tagesmitteltemperatur in Sachsen wird steigen und der Sommerniederschlag wird deutlich sinken (um bis zu 38 %). In den nächsten Jahren wird es in Sachsen im besten Fall durchschnittlich bis zu zwei Grad wärmer, wahrscheinlich ist aber, dass es bis zu 2,3 Grad sind. Es werden heiße und trockene Sommer zu erwarten sein.
Nicht überall in Sachsen kann der Winterniederschlag das Zurückgehen des Sommerniederschlags ausgleichen.

b) Auch in Rheinland-Pfalz wird die Tagesmitteltemperatur steigen. Es werden heiße, aber nicht ganz so trockene Sommer wie in Sachsen zu erwarten sein.
In den nächsten Jahren wird es im besten Fall durchschnittlich bis zu 1,8 Grad wärmer, wahrscheinlich ist aber auch hier ein Anstieg um bis zu 2,3 Grad (oder sogar noch mehr).
Im Gegensatz zu Sachsen werden in Rheinland-Pfalz im Winter die Niederschläge stark zunehmen.

Hinweis: Achte bei der Bearbeitung beider Aufgabenteile auf Auffälligkeiten in der Schattierung der Grafiken, die auf besondere (extreme) Werte hinweisen. Deute diese Werte, indem du mögliche Entwicklungen aufzeigst. Im Aufgabenteil b) musst du die Aussagen, die du im Aufgabenteil a) über Sachsen gemacht hast, mit den Informationen vergleichen, die du den Grafiken zum Bundesland Rheinland-Pfalz entnehmen kannst. Achte dabei auf Gemeinsamkeiten und Unterschiede zwischen den beiden Bundesländern.

1.7 Im Hamburger Atmosphärenmodell werden die Vorgänge in der Atmosphäre und im Ozean durch mathematische Gleichungen beschrieben. Die Erde wird mit einem gedachten Gitternetz überzogen. Darüber liegen zwiebelartig 31 Luftschichten, auch diese sind mit Gitternetzpunkten versehen. An jedem der übereinanderliegenden Punkte werden mit mathematischen Gleichungen z. B. Temperatur und Wind sowie Wasser- und Eisgehalt beschrieben. In gleicher Art und Weise wird mit dem Ozean verfahren. Die Werte der Gitternetzpunkte beeinflussen sich gegenseitig, sodass der Computer fortlaufend Wechselwirkungen berechnen muss. So wird das Klima im 12-Minuten-Rhythmus bis zum Jahr 2100 simuliert.

Hinweis: Du findest die Beschreibung der Methode in Z. 62–88. Versuche, die dort enthaltenen Informationen so zusammenzufassen, dass der Leser versteht, wie die Methode funktioniert. Verzichte dabei auf überflüssige Details (z. B. die genaue Anzahl der jeweiligen Gitterpunkte).

1.8 Neben den Klimaforschern beschäftigen sich Ökonomen und Biologen mit dem Klimawandel.

Hinweis: Du findest die Antwort in Z. 17 und Z. 24.

Teil 2: Textproduktion

Teilaufgabe 2.1

Hinweis: Du sollst einen Leserbrief zum Artikel „Jetzt wird's richtig heiß" schreiben, in dem das Thema Klimawandel kritisch kommentiert wird. Dabei sollst du auch zur „Frage der Woche" Stellung nehmen und beantworten, ob du selbst bereit wärst, für das Klima Opfer zu bringen. Du musst also deine Meinung begründet darstellen und Argumente für deine Position anführen. Überlege zunächst, welche ***inhaltlichen Anforderungen*** *du erfüllen musst.*

- *Orientiere dich daran, was du für die Erörterung gelernt hast: Jedes Argument sollte aus Behauptung, Begründung und Beispiel bestehen. Ordne die Argumente nach dem Prinzip der gesteigerten Wichtigkeit.*
- *Stelle deine Gedanken so dar, dass der Leser sie gut nachvollziehen kann.*
- *Gliedere deinen Brief in Einleitung (Bezug zur Fragestellung, kurze Inhaltswiedergabe des Artikels, knappe Darstellung der eigenen Meinung), Hauptteil (Begründung deiner Meinung durch eine ausführliche Argumentation mit Bezug auf den Artikel) und Schluss (Schlussfolgerung, Zusammenfassung).*

Achte bei einem Leserbrief auf folgende ***formale Anforderungen****:*

- *Name und Anschrift des Absenders und Empfängers, Ort und Datum, Betreffzeile, Anrede, Grußformel, Unterschrift, großgeschriebene höfliche Anredepronomen „Sie/Ihnen/Ihr"*
- *Ich-Form*
- *sachliche und höfliche Sprache*

Fertige eine ***Stoffsammlung*** *für deine Stellungnahme mithilfe der folgenden Fragen an:*

- *Welche Aspekte spielen eine Rolle? Einerseits klingt die Formulierung „Opfer bringen" sehr negativ (Verzicht, Einschränkung der Lebensqualität). Andererseits gewinnt derjenige, der etwas für das Klima tut, langfristig an Lebensqualität (persönlicher Gewinn).*
- *Was ist mit „Opfer bringen" konkret gemeint? Energie- und Wassersparmöglichkeiten nutzen (Energiesparlampen, Wassersparen z. B. beim Duschen), Verzicht auf Fahrten mit dem privaten Auto (Fahrrad als Alternative)*
- *Welche Position nimmst du ein? Grundsätzliche Bereitschaft, aber der Verzicht auf das private Auto ist nicht immer möglich (Leben auf dem Land, weite Strecken, hohe Preise für öffentliche Verkehrsmittel).*

Bringe deine Stoffsammlung anschließend in eine sinnvolle Reihenfolge.

Mithilfe der Stoffsammlung und der Vorüberlegungen zu den inhaltlichen und formalen Anforderungen kannst du nun deinen Leserbrief schreiben.

Aufsatzbeispiel

Sibylle Friedrich
Hauptstraße 11
01234 Osterdorf

6. 2. 2007

Sächsische Zeitung
Ostra-Allee- 20
01067 Dresden

Leserbrief zum Artikel „Jetzt wird's richtig heiß" und zur Frage der Woche vom 3./4. 2. 2007

Sehr geehrte Damen und Herren,
der Autor des Artikels „Jetzt wird's richtig heiß" geht davon aus, dass die Veränderung des Klimas uns alle – direkt oder indirekt – zu Betroffenen und auch zu Beteiligten macht. Deshalb prangert er an, dass für die Tatenlosigkeit im privaten wie im öffentlichen Bereich, die ein Verbrechen an der Zukunft sei, niemand bestraft werden kann.

Er hat recht. Niemand kann zur Verantwortung gezogen werden, weil er keine Energiesparlampen verwendet oder immer noch ein Auto mit hohem Benzinverbrauch fährt. Niemand zieht eine Industrienation wie die USA zur Verantwortung, die es ablehnt, das Kyoto-Protokoll zur Reduzierung der Treibhausgase zu unterschreiben. Auch wenn der Einfluss der genannten Beispiele sehr unterschiedlich scheint, so haben sie doch alle Auswirkungen auf das Klima. Dennoch stellt sich die Frage, ob man sich tatsächlich vorrangig Gedanken darüber machen sollte, wie eine solche Tatenlosigkeit bestraft werden kann? Ich denke, zunächst sollte das Bewusstsein für den Zustand des Klimas und das eigene Handlungsvermögen geweckt werden! Verbote und Strafen reichen nicht aus – Aufklärung und Hilfestellungen für klimafreundliches Verhalten sind ebenso wichtig.
Der Autor selbst schreibt, dass wir ausnahmslos alle Betroffene sind, wenn nicht direkt durch extreme Witterungsbedingungen und deren unmittelbare Folgen, so doch zumindest durch die entstehenden Folgekosten. Der Klimawandel hat selbstverständlich Auswirkungen auf die Wirtschaft und kann deshalb langfristig auch nicht folgenlos für das Alltagsleben jedes Einzelnen bleiben. Deshalb denke ich, wenn wir uns alle der Gefahren des Klimawandels und seiner Bedeutung für das tägliche Leben bewusst sind, wird klimafreundliches Verhalten attraktiv.
In Ihrer Frage der Woche wollen Sie wissen, ob man persönlich bereit wäre, für das Klima Opfer zu bringen. Einerseits scheint mir Ihre Formulierung sehr negativ zu klingen: Sie klingt nach Verzicht und Einschränkung der Lebensqualität. Wenn man etwas für das Klima tut, bedeutet das doch aber auch, dass man langfristig gesehen kein „Opfer" bringt, sondern persönlichen Gewinn und mehr Lebensqualität erzielt. Wenn Sie mit „Opfer bringen" meinen, dass man zum Beispiel Möglichkeiten zum Energie- und Wassersparen nutzen sollte oder dass man über die eingeschränkte Nutzung des privaten Autos nachdenkt, dann bin ich dazu bereit. Zu Hause haben wir ausschließlich Energiesparlampen, außerdem versuchen wir immer, zum Beispiel beim Duschen, Wasser zu sparen. Da wir auf dem Land wohnen, ist der Verzicht auf das eigene Auto nicht immer möglich. Einerseits fahren die öffentlichen Verkehrsmittel nicht regelmäßig und andererseits sind die Fahrpreise in letzter Zeit immer wieder gestiegen. Für kurze Wege jedoch benutzt jedes Familienmitglied sein Fahrrad. Ich fahre zum Beispiel täglich mit dem Rad zur Schule.
Es stellt sich mir dennoch die Frage nach der Wirksamkeit dieser Maßnahmen: Sind wirklich alle bereit, Opfer für das Klima zu bringen? Was nützt es, wenn unsere Familie spart, der Nachbar aber z. B. seinen Garten mit Trinkwasser bewässert? Ist auch die Wirtschaft zu Opfern bereit? Oder ist es so, wie der Autor Stephan Schön vermutet: Die Extreme werden zur Gewohnheit und irgendwann ist es zu spät, etwas zu tun.
Diese Aussicht beschäftigt mich und ich hoffe, sie wird nie Wirklichkeit. Mit den Klimaveränderungen müssen wir alle leben. Wir sollten gemeinsam versuchen, den Klimawandel – so weit es noch möglich ist – aufzuhalten, z. B. durch einen bewussten Umgang mit unserer Umwelt. Nicht nur Politiker und Wirtschaftsbosse sind hier gefragt, sondern jeder Einzelne.

Mit freundlichen Grüßen
S. Friedrich

Teilaufgabe 2.2

Hinweis: Du sollst eine Erzählung schreiben, in der du alle wesentlichen Informationen des Gedichts einarbeitest und durch eigene Gedanken ergänzt. Gehe folgendermaßen vor: Lies zuerst das Gedicht gründlich durch. Mache dir dabei klar, worum es in dem Gedicht geht. Notiere Stichworte zu den ***W-Fragen****:*

- ***Wer*** *spricht im Gedicht? ein lyrisches Ich, das in einer Fabrik arbeitet*
- ***Was*** *ist das Thema des Gedichts? Thema ist der düstere Fabrikalltag des lyrischen Ichs und anderer Fabrikarbeiter und -arbeiterinnen*
- ***Wo?*** *Fabrik im Vorort einer Großstadt*
- ***Welche Folgen?*** *ausgelaugte Fabrikarbeiter und -arbeiterinnen, trostloser Arbeitsalltag*

Nutze die Ergebnisse der Gedichtanalyse auch als Grundlage für deine Erzählung. ***Inhaltlich*** *solltest du auch in deiner Erzählung von folgenden Voraussetzungen ausgehen:*

- ***Fabrik:*** *Ihre Form wird als breit, kahl, eckig beschrieben. Sie ist düster, im Gegensatz zum grellen Licht in der Nacht (Widerspruch!), hat viele Schlote (heiß, Feuer), erzeugt Rauch, Qualm (Luftverschmutzung), laute Maschinen (Lärm), Schichtarbeit, Pfiff bei Arbeitsende, Massen sind darin beschäftigt.*
- ***Ort:*** *Vorort einer Stadt, Häuser wirken starr und traurig (triste, eintönige Siedlung), dreckige Straßen, in der Nacht ist der Ort erleuchtet von der Fabrik*
- ***Arbeit:*** *laut, Pflicht, „Hölle", Qual macht müde (In der Nacht ist wegen des Lichts, des Lärms und der Luftverschmutzung durch die Fabrik keine Erholung möglich.)*
- ***Leute/Arbeiter:*** *anonyme Masse (Männer, Frauen, Mädchen), blass, müde, gequält, arm*

Achte auf ***sprachliche Besonderheiten*** *des Gedichts und ihre Wirkung. Diese Wirkung sollte sich auch in deinem Text widerspiegeln:*

- *Durch treffende* ***Adjektive*** *wird das Geschehen als bedrückend dargestellt (z. B. „düster", „breit", „kahl", „eckig", „arm", „schrill", „brutal", „laut", „müde", „grell").*
- *Durch* ***Zusammensetzungen*** *wird die Fabrik und der Arbeitsalltag der Menschen anschaulich beschrieben (z. B. „heißdurchkocht", „traurigstarr", „Maschinen-Musik", „Turmgestein", „Qualmgewölk", „Straßenkot", „Arbeitshölle", „Kraftgesumm", „Rädersausen").*
- *Wortwiederholungen deuten auf eine ständige Wiederkehr des gleichen Arbeitsalltags hin (z. B. „und Schlot und Schlot"; „Schicht um Schicht"; „Stunde um Stunde"; „Mann und Mann").*
- *Durch* ***Personifizierungen*** *erscheint es so, als wäre die Fabrik eine lebendige Bedrohung (z. B. „Zuckend schwillt […] Maschinen-Musik"; „Schlot und Rohr […] speisen dickes Qualmgewölk"; „Tausend Mann […] saugt die laute Arbeitshölle auf"; „Schläft der Ort"; „schreit […] Licht"; „Qualm durchbricht […] die Nacht").*

In deinem Text formulierst du diese ***Sprachbilder in eigenen Worten****. Verwende dafür z. B.*

- *treffende Verben (hassen, sich quälen, ausspucken …),*
- *veranschaulichende Adjektive (entkräftet, trist, bedrohlich, kaputt …),*
- *Vergleiche (wie ein riesiges Monster; grauer Dunst wie Blei …).*

Die Aufgabenstellung verlangt, dass du in der ***Ich-Form*** *aus der* ***Perspektive des lyrischen Ichs*** *(des Erzählers) schreibst. Beachte, dass du in der Ich-Form als Erzähler gleichzeitig auch Beteiligter der Handlung bist.*
Achte auf die ***Zeitform*** *des Erzählens. In der Regel wird in der schriftlichen Erzählung das Präteritum verwendet. Solltest du wörtliche Rede verwenden, dann schreibe diese im Präsens.*

Gliedere deine Erzählung in Einleitung, Hauptteil und Schluss. Du kannst zum Beispiel in der ***Einleitung*** *und im* ***Schluss*** *die Situation des Schichtwechsels aufgreifen. Dadurch schaffst du einen Rahmen, der deine Erzählung zusammenhält. Im* ***Hauptteil*** *schilderst du dann die Ereignisse, Stimmungen etc., wie der Ich-Erzähler sie wahrnimmt. Denke dir auch eine passende* ***Überschrift*** *aus, z. B. „Schichtwechsel".*

Aufsatzbeispiel

Schichtwechsel

Ich war müde und quälte mich, ich war so unsäglich müde und kaputt.
Zehn Stunden hatte ich schon geschuftet, seit vier Uhr war ich auf den Beinen. Ich ging früh am Morgen in die Fabrik und kam spät am Abend zurück nach Hause. Mein Zuhause war einer dieser Vororte der Stadt mit dreckigen Straßen, starr und traurig wirkenden Häusern, auch nachts hell erleuchtet von den grellen Lichtern der Fabrik.
Ob ich diese Woche wohl meinen vollen Lohn erhalten werde? Am Dienstag war mir schwindelig geworden. Entkräftet sank ich plötzlich an der Maschine zusammen. Ich musste nach Hause gehen – eine ganze Stunde früher als sonst. Aber am nächsten Tag war ich wieder an meinem Platz.
Ich hasste diese Fabrik. Das hässliche, dunkle Gebäude stand wie ein riesiges Monster, umringt von tristen Arbeitersiedlungen, draußen vor der Stadt. Grauer Dunst lag wie Blei um den gewaltigen Körper und aus zahlreichen Schornsteinen spuckte es immer mehr dicken, heißen Rauch in den Himmel.
Der entsetzliche Lärm in der Fabrikhalle übertönte jedes gesprochene Wort; es schien mir fast, als würde die Fabrik mich ständig anbrüllen. Das ununterbrochene Klopfen, Hämmern und Kreischen der Maschinen, brachte mich Tag für Tag fast um den Verstand.
Jede Nacht musste ich das schrille Pfeifen und bedrohliche Zischen ertragen, denn die Fabrik, dieses niemals ermüdende Monster, war nicht sehr weit von meiner Wohnung entfernt. Eine Nachtruhe, die ich brauchte, um am nächsten Tag wieder arbeiten zu können, gab es nicht. Ich musste lernen, mit dem Lärm und dem grellen Licht in der Nacht zu leben.
Ich wollte ein einziges Mal Ruhe haben!
Ich war blass, seit ich hier arbeitete. Ich fuhr schon einige Jahre jeden Morgen hierher. Das Atmen fiel mir früher leichter. Dabei war ich erst 25 Jahre alt. Die Stadt war grau, die Fabrik war grau, der Himmel war grau und alles war so laut. Jeden Tag quälte ich mich durch den gleichen lauten Rhythmus. Jeden Tag, jede Schicht verabscheute ich diese Fabrik, den immer gleichen Tagesablauf, dennoch ging ich in diese „Hölle". Diese Qual machte mich müde.
Auch die anderen Arbeiter – Männer, Frauen, Mädchen – sahen blass, müde und gequält aus. Tagtäglich schluckte die Fabrik eine anonyme Masse, die sich wie ich der Pflicht der Arbeit ergeben hatte, um Geld zum Leben zu verdienen.
Ich wollte weg von dem dampfenden, lärmenden Monster, raus aus dem Gewühl, raus aus dem grellen, flackernden Licht. Ich brauchte Luft. Eine Stunde musste ich noch arbeiten, dann sollte Schichtwechsel sein.
Die Sirene zum Schichtende brüllte. Die Fabrik spuckte die Menschen aus, nur um andere wieder zu verschlingen. Ich wurde endlich in die Freiheit der Nacht entlassen. Bis morgen früh.

Teilaufgabe 2.3

Hinweis: Du sollst zum Roman „Der Vorleser" aus der Sicht Michaels einen Text schreiben, den dieser – an Hanna gerichtet – auf Tonband spricht. Beachte dabei, dass Michael den Analphabetismus von Hanna erkannt hat und sich nun mit widersprüchlichen Gefühlen auseinandersetzen muss, weil er einerseits Verständnis für sie hat, ihr andererseits aber auch Vorwürfe macht. Darüber hinaus soll dein Text zum Ausdruck bringen, dass Michael Hanna davon überzeugen will, sich dem Richter anzuvertrauen.

Überlege dir, welche Anforderungen an die von dir zu schreibende Textsorte gestellt werden. Du kannst hier die Form eines ***persönlichen Briefes*** *wählen, der von Michael auf Tonband gesprochen wird. In Bezug auf die äußere* ***Form*** *und den* ***Aufbau*** *kannst du dich also an folgenden Merkmalen orientieren:*

- *Jeder Brief ist aus Einleitung, Hauptteil und Schluss aufgebaut. Daher solltest du auch die Tonbandnachricht entsprechend aufbauen: In der* ***Einleitung*** *wendest du dich direkt an den Empfänger (Hanna) und arbeitest den Grund für deine Nachricht klar heraus. Da es sich um einen gesprochenen Text handelt, solltest du dich auch als Sprecher mit deinem Namen (Michael) zu erkennen geben. In den* ***Hauptteil*** *schreibst du alles, was du dem Empfänger mitteilen willst. In den* ***Schlussteil*** *deines Briefes gehören Fragen, Bitten oder Appelle sowie ein geeigneter Abschiedsgruß.*
- *Jeder neue Gedankenschritt sollte mit einem Absatz beginnen.*
- *Schreibe in der* ***Ich-Form****.*
- *Denke an die* ***Datumsangabe****. Diese stellst du am besten an den Anfang deiner Nachricht.*

Halte dich zudem an die folgenden ***inhaltlichen Anforderungen****:*

- *Michael hat erkannt, dass Hanna nicht lesen und schreiben kann. (S. 126 ff.)*[1]
- *Er wirft ihr einerseits ihr Verhalten vor, hat aber andererseits auch Verständnis dafür.*
- *Er appelliert an Hanna, sich dem Richter anzuvertrauen und ihm ihr Problem zu schildern.*
- *Beachte unbedingt, dass Michael froh darüber ist, dass Hanna nicht aus der Untersuchungshaft entlassen wird („Ich wollte sie weit weg von mir haben, so unerreichbar …", S. 93). Er will Distanz, fürchtet sich vor einer Begegnung. Bedenke, dass diese Distanz beim Schreiben deines Textes zum Ausdruck kommen sollte, auch in der Anrede.*

Sprachlich *solltest du darauf achten, dass du die Gedanken und Gefühle, Stimmungen und Empfindungen Michaels aus dessen Sicht so anschaulich wie möglich schilderst. Verwende dazu z. B. veranschaulichende Adjektive und treffende Verben.*

1 zitiert nach: Bernhard Schlink: Der Vorleser. Diogenes Verlag: Zürich 1997

*Fertige nun eine **Stoffsammlung** an. Sie könnte z. B. so aussehen:*

Einleitung	Hauptteil (Mitteilung / Schilderung)	Schluss (Appell / Bitte)
Anrede: „Hanna, …“ **Auslöser:** Erkenntnis im Wald: „Hanna konnte nicht lesen und schreiben.“ (S. 126) **Anlass:** einerseits Wunsch nach Distanz, andererseits Beschäftigung mit dem Prozess und Wissen um entlastende Hinweise	Aufgrund der **Erkenntnis**, dass Hanna Analphabetin ist, versteht Michael rückblickend ihr Verhalten: – ihren Zorn über seine Unlust zu lernen – ihren Wunsch, er solle ihr aus Büchern vorlesen – ihre Wut, Aggression und schließlich Resignation im Zusammenhang mit seinem Zettel im Hotel – ihre Flucht vor der bevorstehenden Beförderung zur Straßenbahnfahrerin – die Tatsache, dass sie die Anklageschrift nicht gelesen hat und nicht auf den Prozess vorbereitet ist – die Tatsache, dass sie das Buch der Tochter eines Opfers nicht gelesen hat **Vermutung:** Hanna empfindet große Scham und will sich nicht bloßstellen. **Vorwurf:** – Hanna hat sich schuldig gemacht: Verbrechen in der NS-Zeit (z. B. Mitglied in der SS, Aufseherin in Krakau, hat Frauen nach Auschwitz geschickt, hat Menschen in einer Kirche verbrennen lassen), über die sie geschwiegen hat (auch Michael gegenüber) – Die Scham über ihren Analphabetismus hat Konsequenzen: Hanna redet sich beim Prozess um Kopf und Kragen. Sie lädt auch die Schuld anderer auf sich (gibt zu, Bericht geschrieben zu haben). – „Aus Angst vor der Bloßstellung als Analphabetin die Bloßstellung als Verbrecherin? Aus Angst vor der Bloßstellung als Analphabetin das Verbrechen?“ (S. 127) **eigene Schuldgefühle:** – Michael hat eine NS-Verbrecherin geliebt. – Michael weiß um das „Geheimnis“, er trägt als Jurist Verantwortung für die Aufklärung von Unwahrheiten.	**Ziel:** Michael will Hanna helfen und ein gerechtes Urteil für sie erreichen. **Appell / Bitte:** Hanna soll ihren Stolz überwinden und den Richter über ihren Analphabetismus informieren, damit eine teilweise Entlastung im Prozess und eine Strafminderung möglich werden (Verurteilung nur für tatsächlich begangene Straftaten, nicht für ungerechtfertigte Anschuldigungen).

Mithilfe deiner Vorüberlegungen und der Stoffsammlung kannst du nun die Nachricht, die Michael Hanna auf Band spricht, verfassen.

Aufsatzbeispiel

Heidelberg, 12. Juni 1966

Hanna,
hier spricht Michael. Es fällt mir nicht leicht, diese Worte an dich zu richten. Jahrelang habe ich mich darum bemüht, dich zu vergessen.
Und plötzlich sah ich dich wieder. Ich kam zum Prozess, weil dies zu meiner Ausbildung gehört. Du bist in diesem NS-Verbrecher-Prozess eine der Hauptangeklagten. Ich habe mir all die Dinge angehört, die dir zur Last gelegt werden und die du schweigend zur Kenntnis nimmst.
Viele Dinge verstehe ich noch nicht, aber eines habe ich erkannt: Ich weiß, was du versuchst zu verbergen. Ich weiß, dass du nicht lesen und nicht schreiben kannst. Du bist Analphabetin.
Diese Erkenntnis zwingt mich, an unsere gemeinsame Vergangenheit zu denken. Ich verstehe jetzt, warum ich dein Vorleser wurde. Ich begreife, warum du so zornig wurdest, als ich mich nicht mehr in der Schule anstrengte und es gleichgültig hinnahm, dass ich deswegen vielleicht ein Schuljahr wiederholen sollte. Mir ist klar, warum du mich damals im Hotel geschlagen und behauptet hast, da wäre kein Zettel gewesen. Und ich vermute, du hast die Stadt verlassen, weil du Angst hattest, nachdem dir eine Ausbildung angeboten wurde. Man hätte deine Schwäche entdecken können. Damals verstand ich dich nicht.
Hanna, ich weiß jetzt, dass du schon dein Leben lang eine tiefe Scham empfindest, weil du nicht lesen und schreiben kannst. Du hast Angst, jemand könnte es entdecken. Deshalb verhältst du dich so seltsam während des Prozesses, du willst um jeden Preis vermeiden, dass du bloßgestellt wirst. Erst schweigst du und dann lädst du alle Schuld auf dich.
Ich habe Dinge gehört, die nicht zu meinen Erinnerungen an dich passen. Aber die Tatsachen sprechen für sich – du bist damals zur Verbrecherin geworden. Möglicherweise warst du auch damals, als du zur SS gegangen bist, auf der Flucht vor der Bloßstellung als Analphabetin. Du hast in Auschwitz freiwillig als Aufseherin gearbeitet, in Krakau hast du Frauen in den sicheren Tod geschickt, du hast die Menschen in einer Kirche verbrennen lassen. An all diesen Taten trägst du Schuld. Aber warum übernimmst du auch die Schuld der anderen?
Ich bin vermutlich der Einzige, der weiß, dass du dich nicht auf den Prozess vorbereiten konntest und weshalb du nichts zu deiner Verteidigung sagen wolltest. Die Anklageschrift hast du nie gelesen. Du hast auch keinen gebeten, sie dir vorzulesen, denn damit hättest du dein Geheimnis preisgeben müssen.
Ich weiß, du kannst den Bericht über den Kirchenbrand nicht geschrieben haben. Du kannst auch nicht wissen, was die beiden Überlebenden niedergeschrieben haben. Das Buch hast du niemals gelesen. Wieso ist deine Angst vor der Entdeckung deines Analphabetismus um so vieles größer als die Angst vor einer Verurteilung für Verbrechen, an denen du nicht allein die Schuld trägst?
Hanna, mit deinem Verhalten gibst du den Mitangeklagten die ungerechtfertigte Gelegenheit, dir die Hauptschuld anzulasten. Verstehst du, dass du die alleinige Schuld tragen sollst? Verstehst du, dass damit deine Strafe viel höher sein wird? Es steht außer Frage, dass du schwere Schuld auf dich geladen hast. Dem musst du dich stellen. Aber du solltest nur für das zur Rechenschaft gezogen werden, was du wirklich und wissentlich getan hast!
Hanna, ich bitte dich, bekenne dich zu deinem Analphabetismus und rede mit dem Richter über dein Problem, damit der Prozess endlich gerecht geführt werden kann. Du kannst dich doch nicht ein Leben lang verstecken! Sprich mit dem Richter und nimm deine gerechte Strafe an.

Aus Schaben wird man klug

Schweizer Forscher haben Roboter als Anführer in Kakerlakengruppen eingeschleust. Die Technik hilft beim Bau intelligenter Maschinen – und vielleicht auch bei der Hühnerzucht.

Leise surrende Miniaturroboter und quirlige Kakerlaken sausen hektisch kreuz und quer auf einer weißen, hell erleuchteten Versuchsfläche durcheinander. Doch das vermeintliche Chaos hat System: Nach kurzer Zeit versammeln sich die ungleichen Kreaturen im Schatten einer roten Plexiglasscheibe.

„Uns ist es erstmalig gelungen, statistisch sauber und einwandfrei nachzuweisen, dass es möglich ist, Roboter in eine lebendige, soziale Gruppe von Tieren einzuschleusen", sagt Roland Siegwart, Professor für Autonome Systeme an der Eidgenössischen Technischen Hochschule Zürich (ETH). „Die Kakerlaken und Roboter interagieren miteinander, als seien sie Artgenossen."

Siegwart und sein Team konstruierten den Roboter mit dem Namen „Insbot" (Insect Robot) im Rahmen des europäischen Forschungsprojekts „Leurre" (deutsch: Köder). „Wir forschen praktisch an der Schnittstelle zwischen Biologie und der Modellbildung von Entscheidungsprozessen am Computer", so Siegwart. Gemeinsam mit Forschern aus Frankreich und Belgien zeigten die ETH-Ingenieure, dass Tiere und Roboter miteinander in Kontakt treten und einander beeinflussen können.

Schaben treffen simple Entscheidungen

Die widerstandsfähigen Krabbeltiere boten sich aus mehreren Gründen als Versuchsobjekte an: Kakerlaken leben in Gruppen ohne Hierarchie und treffen Entscheidungen nach einfachen Mustern. Sie bevorzugen dunkle und feuchte Ecken als Aufenthaltsort. Ähnlich wie viele andere Insektenarten kommunizieren Kakerlaken über Duftstoffe: Sie markieren ihren Weg mit Pheromonen[1] und informieren sich so gegenseitig über ihren Standort. Verharrt eine Kakerlake für längere Zeit an einer Stelle, gilt dies für die Artgenossen als Signal, dass es sich um eine Futterquelle oder ein schattiges Plätzchen handelt. Um sich erfolgreich in die Gemeinschaft der Kakerlaken einzuschleichen, mussten sich die Roboter nur an die Verhaltensweisen der Insekten halten.

Dafür statteten die Ingenieure den zündholzschachtelgroßen Roboter mit einem Mikrochip als Steuereinheit aus, eine Miniatur-Zeilenkamera und Infrarotsensoren dienen zur Orientierung und zum Unterscheiden zwischen Roboter und Kakerlake. Durch eine Batterie ist das Gerät vollkommen autonom[2]. Die Forscher programmierten die Insbots so, als ob sie Kakerlaken auf Schattensuche wären, und bedufteten sie zusätzlich mit küchenschabespezifischen Lockstoffen. Dabei imitierten die Maschinen die mäandrischen[3] Suchbewegungen, das plötzliche Stehenbleiben und das Versammeln der Insekten. Wie die Schädlinge suchten die Roboter die gegenseitige Nähe und versammelten sich an dunklen Stellen. „Der Erstkontakt war ein wenig verwirrend für die Tiere, doch bereits nach einigen Minuten gewöhnten sich die Kakerlaken an die Eindringlinge“, sagt Siegwart.

Ausflug ins Licht

Die Forscher konnten sogar das Verhalten der Gruppe durch die Insbots beeinflussen. Dazu programmierten sie die Roboter, sich – anders als die Kakerlaken – im helleren von zwei Verstecken zu versammeln. Und tatsächlich: Die an sich lichtscheuen Kakerlaken folgten den attraktiv duftenden Robotern in den hellen Unterschlupf. „Unsere Vision ist, die gewonnenen Erkenntnisse für andere Dinge zu nutzen“, sagt Siegwart. So könnten Weiterentwicklungen der Roboter das Fress- und Bewegungsverhalten von Nutztieren wie Hühnern stimulieren. „In der Schweiz werden viele Tiere im Freiland gehalten. Roboter könnten die Tiere dazu animieren, mehr an die frische Luft zu gehen und ihre Freiheit auszunutzen. Dadurch lässt sich das Wohlbefinden der Tiere steigern.“ Vorstudien dazu laufen bereits.

„Bei solchen Experimenten handelt es sich um eine hochspannende Entwicklungsrichtung mit großem Zukunftspotenzial“, sagt Norbert Sachser, Verhaltensbiologe an der Universität Münster. Was die Weiterentwicklung angeht, ist er allerdings eher skeptisch: „Kakerlaken reagieren auf Schlüsselreize, das gesamte Erscheinungsbild ist eher nebensächlich. Einem Huhn oder Hund jedoch machen Sie nicht so schnell vor, dass es sich um einen Artgenossen handelt.“

Wenig Hoffnung hat Siegwart, die Kakerlaken-Maschinen als Schädlingsbekämpfer in der Küche einzusetzen. Dazu sind sie nicht beweglich genug: „Bereits kleine Stufen stellen für die Roboter leider unüberwindbare Hürden dar.“

VON MARTIN KAHL

Aus: Financial Times Deutschland vom 2. Januar 2007
Foto: EU-Projekt LEURRE, http://leurre.ulb.ac.be/

Anmerkungen:
1 Pheromone: Duft- und Lockstoffe
2 autonom: unabhängig
3 mäandern: sich schlängelnd bewegen

Teil 1: Textverständnis

1.1 Benenne die Textsorte.

1.2 Sind nachfolgende Aussagen dem Text zu entnehmen?
Kreuze Zutreffendes an.

Aussagen	trifft zu	trifft nicht zu
a) Das Projekt soll zeigen, dass Kakerlaken einfache Lebewesen mit einem ausgeprägten Gemeinschaftssinn sind.	☐	☐
b) „Insbot" ahmt typische Bewegungen von Kakerlaken nach.	☐	☐
c) Mit dem „Insbot" können auch Haushaltsschädlinge bekämpft werden.	☐	☐

1.3 Nenne den Namen des Forschungsprojekts und begründe die Wahl dieses Namens.

1.4 Im Text heißt es:
„Die Kakerlaken und Roboter interagieren miteinander, als seien sie Artgenossen."
(Z. 19–21)
Erkläre die Begriffe „interagieren" und „Interaktion" mithilfe eines Wörterbuchs.
Überlege anschließend, warum sich das beschriebene Forschungsprojekt als „Interaktions-Experiment" bezeichnen lässt.

1.5 Wie funktioniert die Interaktion zwischen Kakerlaken und Robotern?

1.6 Beschreibe, aus welchen Bestandteilen der „Insbot" zusammengesetzt ist und welche Funktion diese Bestandteile jeweils haben.

1.7 Die Überschrift des Berichts spielt auf eine Redewendung an. Nenne die Redewendung und erkläre, welches sprachliche Mittel in der Überschrift zum Einsatz kommt.

1.8 Nimm Stellung zur Frage:
Hat das Projekt einen praktischen Nutzen für den alltäglichen Gebrauch?
Belege deine Entscheidung anhand des Textes.

Teil 2: Textproduktion

Wähle **eine** der folgenden Aufgaben 2.1, 2.2 oder 2.3 aus.

2.1 An deiner Schule soll ein Elternabend zum Thema „Bei Computerspielen müssen sich Erwachsene auskennen – Eltern müssen mitspielen" stattfinden.
„Wer nie mitspielt, verletzt heute seine elterliche Verantwortung." (Z. 59 f.)
Nimm zu dieser Aussage Stellung, indem du als Schüler/in einen einführenden Vortrag zu diesem Elternabend schreibst.

Eltern müssen mitspielen

Bei Computerspielen sollten sich Erwachsene auskennen – nur so können sie ihre Kinder schützen

Nichts ist leichter, als Eltern in die Enge zu treiben. Man muss sie nur auf Computerspiele ansprechen, schon flüchten sie hinter einen inneren Schutzwall. Von dort witzeln sie über die virtuellen Krummschwerter und die Maschinengewehre ihrer Kinder, über ihren Hang zu Orks und Ego-Shootern. Sie nennen es einen hässlichen Teil der Pubertät und versichern sich und anderen, das verschwinde schon wieder – wie Pickel, die erste Freundin und das Poster von Tokio Hotel.

In Wahrheit sind Computerspiele den meisten Eltern fremd geblieben. Ein Ort voller Geheimnisse mitten in ihrem Zuhause. [...]

Auf das Naheliegende kommen die wenigsten: Sie müssen selbst ran. Ran an Tastatur und Handsteuerung. So wie Väter und Mütter jahrzehntelang den Fernsehkonsum ihrer Kinder kontrolliert haben, so müssen sie sich heute mit Computerspielen auseinandersetzen. Das heißt nicht, dass sie besser spielen lernen sollen als ihre Kinder, was ohnehin nie gelingen wird. Um mitreden zu können, reichen Grundfertigkeiten, und die kann man leicht erlernen. Also bitte keine Ausreden.

Computerspiele sind ein Massenmedium geworden. Im Guten wie im Schlechten. Für viele Jungen sind sie das wichtigste Medium überhaupt, und für Mädchen werden sie es zunehmend auch: Rund 70 Prozent der Jugendlichen zwischen 12 und 19 Jahren spielen gelegentlich. Fast 40 Prozent tauchen intensiv und nahezu täglich in Autorennen wie Need for Speed oder Schießorgien wie Half-Life 2 ein. Wie viele Stunden sie das dürfen, dafür gibt es in den meisten Familien sicher Regeln, aber in dem gesetzten Zeitrahmen können die Kids oft machen, was sie wollen. Die Mehrheit von ihnen verfügt bereits über einen eigenen Computer oder einen eigenen Fernseher mit Spielkonsole, und globale Konzerne setzen alles daran, dass sich die Spielkultur noch weiter ausbreitet. [...]

Das ist das Besondere am Computerspiel: Es hinterlässt wesentlich tiefere Spuren als andere Medien – aber Erwachsene und Heranwachsende können darüber oft nicht miteinander reden, weil den Eltern die Kompetenz und damit die Autorität fehlt. [...]

Wer nie mitspielt, verletzt heute seine elterliche Verantwortung. Wer dagegen zwischen Half-Life und dem sehr viel harmloseren World of Warcraft zu unterscheiden vermag, kann seinen Kindern den Spaß gönnen – und sogar selbst welchen haben.

VON GÖTZ HAMANN

Aus: Die Zeit, Nr. 12/2007 vom 15. 3. 2007 (gekürzt)

2.2 Schreibe einen Tagebucheintrag, den die junge Frau nach ihrer Heimfahrt mit der Straßenbahn verfasst.

Tanja Zimmermann: Sommerschnee

Mir ist alles so egal, ich fühle mich gut. Der Regen macht mir nichts aus, meine Stiefel sind durchweicht, die Bahn kommt nicht. Neben mir hält ein Mercedes: „Engelchen, ich fahre dich nach Hause.“

Ich hab keine Angst, setze mich einfach neben eine alte Frau, fühle mich sicher, mir kann nichts passieren! In der Bahn stehe ich eingequetscht zwischen nassstinkenden Persianermänteln und grauen Anzugmännern. Die Bahn bremst, eine dicke Frau fällt gegen mich, drückt mich an die Fensterscheibe. Die Leute fluchen, beschimpfen den Fahrer. Ich lache.

Beim Aussteigen drängt jeder den anderen, ich lasse mich treiben, bin glücklich, denke nur an dich!

An der Ampel merke ich, dass ich zu laut singe. Eine Mutter mit Kinderwagen lacht mich an, eine aufgetakelte Blondine mustert mich von oben bis unten. Ich weiß, ich bin klitschnass, meine weiße Hose ist nach fünf Tagen eher dunkelgrau, doch ich weiß, dass sie dir gefällt. Meine Haare hängen nass und strähnig auf meiner Schulter. Du hast gesagt, du hast dich schon am ersten Tag in mich verliebt, und da hatte ich auch nasse Haare.

Ich laufe schnell über die Straße, leiste mir eine Packung Filterzigaretten, kaufe welche, die mir zu leicht sind, die du am liebsten magst.

Ein grelles Quietschen. Ein wütender Autofahrer brüllt, ob ich Tomaten auf den Augen hätte. Ich lache und beruhige ihn mit einem „kommt nicht noch mal vor“. An einem Schaufenster bleibe ich trotzdem stehen, zupfe an meinen Haaren herum, ziehe die Hose über meine Stiefel, will dir ja gefallen. Ich will dir ja sogar sehr gefallen!

Auf der Apothekenuhr ist es fünf. Ich laufe quer über die nasse Wiese. Schliddere mehr, als dass ich laufe. Aber ich will dich nicht warten lassen, ich kann das auch nicht. Ich werde dann von Minute zu Minute nervöser, also laufe ich. Bevor ich schelle, atme ich erst ein paar Mal tief durch, dann klingle ich, fünfmal hast du gesagt. Und meine Freude, dich zu sehen, ist endgültig Sieger über meine Angst.

Erst dann bemerke ich den kleinen zusammengefalteten Zettel an der Wand. Ja, es tut dir leid, wirklich leid, dass du Vera wieder getroffen hast! Ich soll es mir gut gehen lassen. Richtig gut gehen lassen soll ich es mir! Die brennende Zigarette hinterlässt Wunden auf meiner Hand. Das Rattern der vorbeifahrenden Laster, das Kindergeschrei, Hundegebell und das laut aufgedrehte Radio von gegenüber verschwimmen zu einem nervtötenden, Angst einjagenden Einheitsgeräusch, meine Augen nehmen nur noch die gröbsten Umrisse wahr. Wie eine alte Frau gehe ich den endlos langen Weg zur Haltestelle, meine Füße sind nass und kalt in den durchweichten Stiefeln. Ein glatzköpfiger Mann pfeift hinter mir her, bietet mir sein Zimmer und sich an.

Verschüchtert stehe ich in der Ecke neben dem Fahrplan, mein Gesicht spiegelt sich in der Scheibe. Wann kommt endlich diese elende Straßenbahn?

Aus: Marion Bolte u. a. (Hrsg.): Total verknallt. Ein Liebeslesebuch. Rowohlt: Reinbek bei Hamburg 1984, S. 121 f.

2.3 **Mirjam Pressler: Nathan und seine Kinder**

„Erst als die Mondsichel über dem Feigenbaum stand, verabschiedete er sich."
(Mirjam Pressler: Nathan und seine Kinder. Weinheim: Beltz & Gelberg 2011, S. 243)

Nach dem Besuch von al-Hafi geht Recha zu Daja und erzählt ihr von al-Hafis Besuch. Die beiden unterhalten sich über Nathan, über den Tag, an dem Daja ihr Nathans Geheimnis erzählt hat, und über Rechas klärendes Gespräch mit Nathan.

Schreibe dieses Gespräch.

Lösungsvorschläge

Teil 1: Textverständnis

1.1 Der vorliegende Text ist ein **Bericht**.

Hinweis: Beachte die folgenden Textsortenmerkmale: Ein ***Bericht*** *ist eine ausführliche Nachricht, in der ein aktuelles Ereignis oder ein Sachverhalt von verschiedenen Seiten beleuchtet wird. Dabei werden zunächst die wesentlichen W-Fragen beantwortet: Wer? Was? Wann? Wo? und Wie? Im Gegensatz zu einer knappen Nachricht werden zudem die W-Fragen nach den Gründen und Folgen beantwortet: Warum? Welche Folgen?*

1.2 **Aussagen**

	trifft zu	trifft nicht zu
a) Das Projekt soll zeigen, dass Kakerlaken einfache Lebewesen mit einem ausgeprägten Gemeinschaftssinn sind.	☐	☒
b) „Insbot" ahmt typische Bewegungen von Kakerlaken nach.	☒	☐
c) Mit dem „Insbot" können auch Haushaltsschädlinge bekämpft werden.	☐	☒

Hinweis: Einen Hinweis auf das Forschungsziel des Projekts findest du in Z. 26–34. Die Bestätigung, dass Aussage b) zutrifft, kannst du Z. 68–74 entnehmen. Dass Aussage c) falsch ist, geht aus Z. 113–118 hervor: Es ist zwar nicht völlig ausgeschlossen, dass der „Insbot" zur Schädlingsbekämpfung eingesetzt werden kann, doch äußerst unwahrscheinlich („wenig Hoffnung").

1.3 Das Forschungsprojekt trägt den Namen „Leurre" (frz. Köder), weil es erstmalig gelungen ist, Roboter als Köder oder Lockvögel in lebende Tiergruppen einzuschleusen. Die Roboter schaffen es sogar, die Kakerlaken an Stellen zu locken, die sie unter normalen Bedingungen nicht aufsuchen würden.

Hinweis: Der Projektname und die Begründung für die Namensgebung stehen nicht im selben Textabschnitt. Du findest den Namen des Projektes in Z. 15 und die Begründung in Z. 11–16, 85–88.

1.4 Interaktion: Wechselbeziehung zwischen Personen und Gruppen; interagieren: Interaktion betreiben. Das Forschungsprojekt lässt sich als Interaktions-Experiment bezeichnen, weil die Wechselbeziehung zwischen Kakerlaken und Robotern untersucht wird.

Hinweis: Kläre die Begriffe „Interaktion" und „interagieren" durch Nachschlagen im Duden. Eine Erklärung dafür, warum das Projekt als Interaktions-Experiment bezeichnet werden kann, findest du in Z. 31–34.

1.5 Die Roboter sind so programmiert, dass sie die Verhaltensweisen (schlängelnde Suchbewegung, plötzliches Stehenbleiben und Versammeln, gegenseitige Suche von Nähe) von Kakerlaken auf Schattensuche imitieren. Zusätzlich sind sie mit Lockstoffen beduftet. Die Kakerlaken folgen den vermeintlichen Artgenossen und suchen ihre Nähe.

Hinweis: Hier musst du erklären, wie genau die Interaktion zwischen Kakerlaken und Robotern funktioniert. Hinweise für diese Erklärung findest du in Z. 63–74.

1.6 Der „Insbot" besteht aus einem Mikrochip, einer Miniatur-Zeilenkamera, Infrarotsensoren und einer Batterie. Über den Chip wird der Roboter gesteuert. Mithilfe der Kamera und der Infrarotsensoren kann er sich orientieren und zwischen Roboter und Kakerlake unterscheiden. Die Batterie sorgt dafür, dass der „Insbot" unabhängig ist.

Hinweis: Achte bei der Bearbeitung dieser Aufgabe darauf, keinen Bestandteil, wie z. B. die Batterie zu vergessen. Du findest die entsprechenden Informationen in Z. 56–63.

1.7 Die Redewendung lautet: „Aus Schaden wird man klug".
Durch ein **Wortspiel** (hier: Verwendung eines ähnlich klingenden Wortes) entstand daraus die Überschrift „Aus Schaben wird man klug".

Hinweis: Bei dieser Aufgabe ist dein Allgemeinwissen in Bezug auf Redewendungen gefragt. Eine Redewendung ist eine feststehende Verbindung von mehreren Wörtern, die meist sowohl eine wörtliche als auch eine übertragene Bedeutung hat, z. B. „jemanden übers Ohr hauen" oder „ins Gras beißen". Im engeren Sinne handelt es sich hier sogar um ein Sprichwort, welches sich von der Redewendung dadurch unterscheidet, dass es eine feste und unveränderliche Formulierung (meist im Satz) ist. In der Regel geben beide Formen eine auf Erfahrung begründete, allgemein bekannte Lebensweisheit wieder.

1.8 Derzeit ist kein praktischer Nutzen ableitbar. Die Roboter sind nicht einsetzbar zur Bekämpfung von Küchenschaben im Haushalt, da sie nicht beweglich genug sind und an kleinsten Hindernissen scheitern. Im Text heißt es dazu, dass „bereits kleine Stufen [...] für die Roboter leider unüberwindbare Hürden" (Z. 116–118) darstellen.
Es gibt aber Überlegungen zur Weiterentwicklung der Roboter hinsichtlich der Beeinflussung von Nutztieren. Beispielsweise planen die Forscher, dass der „Insbot" „das Fress- und Bewegungsverhalten" von Hühnern „stimulieren" und sie somit dazu bringen soll, „mehr an die frische Luft zu gehen" (Z. 90–99). Dies würde, so die Hoffnung der Forscher, zum Wohlbefinden der Tiere beitragen.
Solche Visionen sind skeptisch zu sehen. Nach Meinung des Verhaltensbiologen Sachser, spielt das Erscheinungsbild der Roboter bei solchen Tieren, ganz im Gegensatz zu den Kakerlaken, eine wesentliche Rolle. Er behauptet: „Einem Huhn oder Hund jedoch machen Sie nicht so schnell vor, dass es sich um einen Artgenossen handelt." (Z. 110–112)

Hinweis: Anhaltspunkte und Textbelege zur Bearbeitung der Aufgabe konzentrieren sich im letzten Textabschnitt. Die nötigen Informationen findest du in Z. 88–100, 108–118.

Teil 2: Textproduktion

Teilaufgabe 2.1

Hinweis: Um zur Aussage „Wer nie mitspielt, verletzt heute seine elterliche Verantwortung." begründet Stellung nehmen zu können, musst du wissen, was die Aussage bedeutet und welche Schlussfolgerungen und Forderungen man von ihr ableiten kann. In einem ersten Schritt solltest diese Aussage mithilfe der folgenden ***Leitfragen*** *analysieren und dabei eine Stoffsammlung anfertigen. Zur Beantwortung der Leitfragen kannst du Argumente aus dem Text übernehmen, aber auch eigene Überlegungen anstellen.*

Leitfrage 1: Worin besteht die elterliche Verantwortung?

- *im Schutz des Kindes und darin, dass sie für seine positive Entwicklung sorgen*
  → Kinder vor Schaden (körperlich und psychisch) bewahren
  → Zeit mit ihnen verbringen

Leitfrage 2: Inwiefern sind Kinder durch Computerspiele gefährdet?

- *durch Inhalte, die Kinder verstören und verängstigen oder gar zu gefährlichen bzw. kriminellen Handlungen anregen können*
  → Spiele in denen es hauptsächlich darum geht, anderen zu schaden, indem man sie verprügelt oder tötet
- *dadurch, dass Kinder sich in virtuellen Welten verlieren und keine Kontakte außerhalb der ihrer Computerspielwelt pflegen*
  → wenn sich Kinder abschotten, lieber Computerspiele spielen, als sich z. B. mit Freunden auf dem Sportplatz zu treffen oder mit Eltern und Geschwistern Zeit zu verbringen
  → Suchtgefahr: Kinder können häufig mit dem Spielen nicht mehr aufhören, wenn keine Kontrolle von außen gegeben ist.

Leitfrage 3: Weshalb sollten sich Eltern mit Computerspielen auskennen und mitspielen?

- *Sie lernen die Inhalte kennen, erkennen gegebenenfalls die Gefahren und können eingreifen, wenn sie die Spiele für nicht geeignet halten (z. B. sogenannte Ego-Shooter, vgl. Z. 8).*
- *Sie können mit ihren Kindern über die Spiele sprechen und möglichen Ängsten ihrer Kinder entgegenwirken.*
- *Sie können gezielte Maßnahmen ergreifen, um ihre Kinder vor der Vereinsamung am Computer zu bewahren (z. B. attraktive Unternehmungen mit Freunden organisieren).*
- *Sie können die Faszination solcher Spiele nachvollziehen und besser verstehen, wie es dazu kommt, dass Kinder damit viel Zeit verbringen (virtuelle Welten, in denen man versinken kann wie in spannenden Büchern).*
- *Sie lernen eventuell auch positive Seiten von Computerspielen kennen: Kinder spielen in Teams und sind kreativ (schaffen aufregende Welten und statten Figuren mit einer Lebensgeschichte aus).*
- *Sie lernen ihre Kinder besser kennen, indem sie mehr Zeit mit ihnen verbringen, sie erfahren von ihren Interessen und Vorlieben.*

Leitfrage 4: Was sind mögliche Hindernisse, der Verantwortung gerecht zu werden?

- *Scheu der Eltern vor Computerspielen als einem „Ort voller Geheimnisse" (Z. 15 f.)*
- *Eltern haben sich bereits ein (negatives) Urteil über Computerspiele gebildet und halten es nicht für nötig, sich näher mit ihnen auseinanderzusetzen. Dennoch schätzen viele Eltern den Einfluss von Computerspielen auf ihre Kinder nicht richtig ein und sind sich der Gefahren nicht bewusst.*

Leitfrage 5: Welche Forderungen lassen sich ableiten?

- *Ängste und Vorurteile überwinden*
- *Kinder beim gemeinsamen Spielen um Hilfe bitten*

In einem zweiten Schritt entwirfst du eine ***Gliederung*** *des Vortrags. Dabei solltest du die formalen Anforderungen dieser Textsorte (Vortrag) beachten (Begrüßung/direkte Ansprache der Zuhörer, Nennen des Themas und Anlasses und abschließender Dank an das Publikum).*

- ***Einleitung:*** *Anrede, Begrüßung, Anlass (Elternabend), Bedeutsamkeit des Themas (Aktualität: wird seit Längerem in den Medien diskutiert; wichtig für Eltern und Lehrer als diejenigen, die für die Kinder Verantwortung tragen) und Benennen der These: „Wer nie mitspielt, verletzt heute seine elterliche Verantwortung." Besonders lebhaft und interessant wird dein Vortrag, wenn du z. B. mit einem anschaulichen Beispiel beginnst.*
- ***Hauptteil:*** *Hier führst du die Stichpunkte deiner Stoffsammlung mithilfe von Argumenten aus. Beachte, dass jedes Argument aus einer Behauptung, einer Begründung und einem Beispiel bestehen sollte.*
- ***Schluss:*** *Fazit und Dank an die Zuhörer*

Da dein Vortrag gut verständlich und interessant sein soll, solltest du ***anschaulich*** *und in* ***einfachen Sätzen*** *schreiben. Du kannst dich dabei an der gesprochenen Sprache orientieren. Anschaulichkeit erreichst du z. B. dadurch, dass du sprachliche Bilder („in virtuelle Welten abtauchen") und rhetorische Fragen („Worin liegen also mögliche Gefahren?") einbaust.*

Aufsatzbeispiel

Liebe Eltern, liebe Lehrer,
sicher kennen Sie die Situation: Morgens, zu Hause oder in der Schule, kreuzen Wesen Ihre Wege, die Sie zwar täglich sehen, die Ihnen aber dennoch völlig fremd sind. Diese Wesen scheinen eine andere Sprache zu sprechen und verwenden eigentümliche Gesten, von ihrer Kleidung mit zum Teil abenteuerlichen Aufdrucken ganz zu schweigen. Es handelt sich um Ihre Kinder beziehungsweise Schüler und eigentlich sollten Sie diese kennen, denn Sie tragen Verantwortung für sie.
Was tun Sie, wenn Sie diese fremden Wesen kennenlernen möchten? Sie untersuchen am besten, so haben wir es in der Schule gelernt, ihre Lebensbedingungen. Einen Teil davon kennen Sie, liebe Eltern und Lehrer: die Gespräche beim Frühstück und Abendbrot, den Unterricht, Freunde und Hobbys.
Wie steht es aber um die Stunden, in denen Sie Ihre Kinder, Ihre Schüler nicht sehen, in denen diese sich in ihre Zimmer mit den wilden Postern zurückziehen und nur das Klacken der Computertastatur nach außen dringt? Die Zeit also, die sie mit Computerspielen verbringen? Vielen Eltern und auch Lehrern ist jene Welt, die Kinder betreten, wenn sie den Computer anschalten, fremd. Deshalb, und weil das Thema Computerspiele seit Längerem in den Medien heiß diskutiert wird, hat unsere Schule sich dazu entschlossen, einen Elternabend zum Thema „Bei Computerspielen müssen sich Erwachsene auskennen – Eltern müssen mitspielen" zu veranstalten.
Die These, die ich meinem einführenden Vortrag zugrunde lege, lautet: „Wer nie mitspielt, verletzt heute seine elterliche Verantwortung." Sie stammt von Götz Hamann, einem Redakteur der Wochenzeitung „Die Zeit", und stellt die Verantwortung der Eltern in den Mittelpunkt. Die Verantwortung, von der Hamann spricht, betrifft zum Teil auch die Lehrer und besteht – da werden Sie mir sicher zustimmen – vor allem im Schutz der Kinder und darin, für ihre positive Entwicklung zu sorgen. Dazu gehört, sie vor körperlichem und psychischem Schaden zu bewahren, aber auch, Zeit mit ihnen zu verbringen. Wenn Eltern und Lehrer Interesse daran zeigen, womit Kinder sich beschäftigen, trägt dies zur positiven Entwicklung der Kinder bei, das gilt auch für Computerspiele.
Die These legt nahe, dass Computerspiele eine Gefahr für Kinder darstellen können. Worin liegen also diese möglichen Gefahren? Es gibt Computerspiele, z. B. sogenannte Ego-Shooter, die Kindern Angst machen oder sie sogar zu gefährlichen und kriminellen Handlungen verleiten können. Die extremen Beispiele sind uns allen aus den Medien bekannt. In diesen Spielen geht es vor allem darum, anderen zu schaden, indem man sie verletzt oder tötet. Beinahe jeder

von uns Schülern hat selbst schon einmal solche Spiele gespielt oder hat Freunde, die diese spielen. Sie können durch ihre Gewalttätigkeit nicht nur Ängste bei Kindern auslösen, sondern auch dazu führen, dass sie Gewalt gegenüber abstumpfen und aggressiv werden.
Wenn Eltern gemeinsam mit ihren Kindern spielen, können sie diese Gefahren leichter erkennen und, wenn nötig, eingreifen. Nur wenn Eltern mit ihren Kindern über ihre Computerspiele sprechen, ist es ihnen möglich, Ängste zu erkennen und abzubauen. Dazu müssen sie aber wissen, worüber sie sprechen. Sie werden feststellen, liebe Eltern, dass Sie bei diesen Gesprächen über Ängste, aber auch über Interessen und Vorlieben ihrer Kinder, neue Seiten an ihnen kennenlernen. Auch das Verhältnis zu Ihren Kindern kann von den Gesprächen über Computerspiele profitieren, denn Ihre Kinder fühlen sich dabei mit ihren Interessen ernst genommen.
Computerspiele machen nicht nur Angst, sie können auch einsam machen. Die verschlossene Zimmertür, durch die nur das Klacken der Tastatur nach außen dringt, ist häufig ein Zeichen dafür, dass Kinder sich zurückziehen und gegenüber ihrer Umwelt abschotten. Sie spielen lieber am Computer, als mit Freunden auf den Sportplatz zu gehen oder mit Eltern und Geschwistern Zeit zu verbringen. Wenn Ihnen, liebe Eltern und Lehrer, ein solches Verhalten auffällt, ist es wichtig, dass Sie eingreifen, indem sie z. B. attraktive Unternehmungen mit Freunden organisieren oder selbst etwas mit Ihren Kindern unternehmen.
Viele Eltern sind der Ansicht, es genüge, das Spielen am Computer zeitlich zu begrenzen, um einer möglichen Vereinsamung oder Suchtgefahr vorzubeugen. Wenn Sie, die Eltern, die Spiele selbst ausprobieren, können Sie die Faszination, die von ihnen ausgeht, nachvollziehen und besser verstehen, wie es dazu kommt, dass Ihr Kind so viel Zeit am Computer verbringt. Einige der Spiele, von denen wir hier sprechen, sind virtuelle Welten, in die man versinken kann wie in ein spannendes Buch. Wenn Eltern darüber Bescheid wissen, lassen sich eventuell auch leichter Kompromisse finden, wenn es wieder einmal darum geht, welches Spiel wie lange gespielt werden darf.
Vielleicht entdecken Sie sogar positive Seiten an dem einen oder anderen Computerspiel.
In manchen von ihnen spielen Kinder in Teams, lernen und sind kreativ, indem sie aufregende Welten erschaffen und Figuren mit einer Lebensgeschichte ausstatten. Diese Spiele könnten Sie ihren Kindern anbieten, damit wäre beiden gedient: Ihrem Wunsch nach einem glücklichen, aber auch sicheren Kind und ebenso dem Wunsch Ihres Kindes, Zeit mit Computerspielen zu verbringen – alles in Maßen, versteht sich.
Bei all den Vorzügen, die es offenbar mit sich bringt, wenn Eltern mitspielen, stellt sich die Frage, warum dies immer noch eine Ausnahme ist. Warum verbringen nicht mehr Eltern und Kinder einen verregneten Sonntagnachmittag am Computer und tauchen gemeinsam in virtuelle Welten ab? Ein Hauptgrund, so vermute ich, ist die Angst vor dem Unbekannten. Nicht alle Eltern gehen täglich mit dem Computer um und wenige wissen, wie man eine Spielkonsole bedient. Andere wiederum haben sich bereits ein (negatives) Urteil über Computerspiele gebildet und halten es nicht für nötig, sich näher mit ihnen auseinanderzusetzen.
Ersteren möchte ich Mut machen, es einfach auszuprobieren. Trauen Sie sich! Ihre Kinder helfen Ihnen sicher gerne, wenn sie merken, dass Sie wirklich interessiert sind. Letzteren möchte ich zu bedenken geben, dass Sie den großen Einfluss, den Computerspiele – im Positiven wie im Negativen – auf Kinder haben, nur richtig einschätzen können, wenn Sie wissen, worum es sich dabei handelt. Nur so können Sie der Verantwortung Ihrem Kind gegenüber gerecht werden. Seien Sie offen und überprüfen Sie Ihre Vorurteile, ich bin mir sicher, es lohnt sich.
Wir, Ihre Schüler und Kinder laden Sie ganz herzliche zum Mitspielen ein.
Ich bedanke mich für Ihre Aufmerksamkeit.

Teilaufgabe 2.2

Hinweis: Du sollst einen Tagebucheintrag aus der Sicht der Ich-Erzählerin der Kurzgeschichte „Sommerschnee" schreiben. Die junge Frau verfasst den Tagebucheintrag, nachdem sie mit der Straßenbahn nach Hause gefahren ist. Du kannst also davon ausgehen, dass sie darin ihre Gedanken und Gefühle zu dem äußert, was ihr kurz zuvor widerfahren ist: Ihr Freund hat sich nur mittels eines knapp verfassten Zettels von ihr getrennt. Sie wird einerseits sicher ihre Enttäuschung und Wut angesichts dieser feigen Abfertigung ausdrücken, andererseits wird sie wohl auch darüber nachdenken, wie es dazu gekommen ist und wie sie sich vor und nach der Entdeckung des Zettels gefühlt hat.

Gehe dabei folgendermaßen vor: Lies zuerst die Kurzgeschichte gründlich durch. Mache dir dabei klar, worum es in der Kurzgeschichte geht. Notiere Stichworte zu den ***W-Fragen****:*

- ***Wer?*** *Ich-Erzählerin (Mädchen, junge Frau)*
- ***Was?*** *Erzählerin ist sehr verliebt, freut sich zunächst sehr auf ihren Freund, wird aber enttäuscht durch Botschaft auf einem Zettel: Freund beendet Beziehung*
- ***Wann?*** *Gegenwart, keine genaue Zeitangabe, nur der Hinweis: „Auf der Apothekenuhr ist es fünf." (Z. 45)*
- ***Wo?*** *größere Stadt (es gibt dort Straßenbahnen)*
- ***Wie?*** *Erzählerin befindet sich auf dem Weg zu ihrem Freund – Wahrnehmungen, Handlungen und Gedanken sind Ausdruck ihrer Gefühle (Verliebtsein, Vorfreude, Selbstbewusstsein, Glück); findet Zettel an der Wand, beginnt Heimweg – wiederum sind Wahrnehmungen, Handlungen und Gedanken Ausdruck ihrer Gefühle (Enttäuschung, Wut, Selbstzweifel)*

Überlege dir nun, welche Anforderungen du beim Verfassen eines Tagebucheintrags erfüllen musst. Ein Tagebucheintrag ist eine Form des persönlichen Schreibens. In einem Tagebuch werden sehr persönliche Dinge zum Ausdruck gebracht und festgehalten: z. B. Gedanken und Gefühle, heimliche Wünsche, Erinnerungen, Sorgen und Probleme, innere Konflikte und mögliche Entscheidungsfindungen. Ein Tagebuch wird normalerweise von keiner anderen Person gelesen, nur der Schreiber selbst ist auch der Leser des Buches. Der Inhalt des Tagebuchs ist also etwas sehr Privates.

Halte dich bei einem Tagebucheintrag an folgende ***formale Anforderungen****:*

- *Wähle die Ich-Form, denn du schreibst aus der Perspektive der betroffenen Erzählerin.*
- *Achte darauf, dass Satzbau und Wortwahl den Gedanken und Gefühlen der jungen Frau entsprechen und ihre momentane Stimmung wiedergeben. Da sie innerlich sehr aufgewühlt ist, solltest du z. B. verkürzte Sätze, Ausrufe, Gedankensprünge sowie anschauliche Verben, Adjektive und Substantive verwenden.*
- *Umgangssprachliche Wendungen solltest du nur gebrauchen, wenn sie zur Schreiberin des Tagebucheintrages passen.*
- *Verwende als Zeitform das Präsens, da die junge Frau über ihre gegenwärtigen Gefühle und Gedanken schreibt. Wenn sie über Vergangenes nachdenkt, verwendest du das Präteritum.*
- *Beginne den Tagebucheintrag mit der Angabe des Datums: Da aus dem Text keine eindeutige zeitliche Einordnung zu entnehmen ist, kannst du dir etwas ausdenken. Daran kannst du eine Anrede anschließen (z. B. Liebes Tagebuch). Auch wenn es sich bei einem Tagebucheintrag um eine sehr emotionale (gefühlsbetonte) Textart handelt, solltest du darauf achten, eine Gliederung in Einleitung, Hauptteil und Schluss einzuhalten.*

Stelle dir folgende Fragen zum ***Inhalt****:*

- *Wie erlebt die Ich-Erzählerin den Weg zu ihrem Freund? Was denkt und fühlt sie?*
- *Was bedeutet die auf dem Zettel notierte Botschaft für die Ich-Erzählerin?*
- *Wie erlebt die Ich-Erzählerin den Heimweg? Was denkt und fühlt sie?*
- *Was geht im Moment des Schreibens in der Ich-Erzählerin vor? (Selbstzweifel, Wut, Suche nach einem Grund für die Trennung)*
- *Wird sie aus ihren Überlegungen Konsequenzen ziehen (z. B. den Entschluss fassen, sich nicht unterkriegen zu lassen)?*

*Fertige nun eine stichpunktartige **Stoffsammlung** an. Sie könnte z. B. so aussehen:*

	Inhalt
Einleitung	**Anlass des Tagebucheintrags:** große Enttäuschung
Hauptteil	**1. Erinnerung an den Hinweg:** – Gleichgültigkeit gegenüber allem Unangenehmen: schlechtes Wetter, nasse Schuhe, warten auf Straßenbahn, Anmache von einem Fremden (ignoriert ihn), Gedränge in der Straßenbahn, missmutige Menschen – beinahe widersinniges Verhalten: Lachen in unangenehmer Situation, obwohl alle anderen schimpfen (Straßenbahn, Autofahrer), lautes Singen – unerschütterliches Selbstbewusstsein: trotz nasser Haare, schmuddeliger Hose → Sicherheit, Freund liebt sie, so wie sie ist – Bemühen zu gefallen: Zurechtzupfen von Kleidung und Haaren; Kaufen der Zigaretten, die der Freund mag; Bemühen um Pünktlichkeit – Aufregung, Nervosität: Unaufmerksamkeit im Straßenverkehr, quer über die nasse Wiese laufen, tiefes Durchatmen vorm Klingeln
	2. Wendepunkt: Finden des Zettels
	3. Erinnerung an den Rückweg: – Wut: Wiederholung („Richtig gut gehen lassen soll ich es mir!“, Z. 60 f.) – Fassungslosigkeit: spürt Verbrennung nicht, keine deutliche Sinneswahrnehmung mehr – wie nach einer Betäubung (alle unangenehmen Geräusche werden zu einem einzigen nervtötendem Geräusch, sieht nur noch gröbste Umrisse) – Enttäuschung, Selbstzweifel: wie bei einem geschlagenen Tier: Geräusche flößen Angst ein; Laufen wie alte Frau, nasse Sachen werden ihr bewusst, Anmache durch „Glatzköpfigen“ (unangenehm), Verschüchterung
Schluss	**abschließender Gedanke:** mögliche Gefühle: Traurigkeit, Wut („blöder Typ“, „Wieso bin ich auf ihn reingefallen?“), Trotz („Ich werde mich nicht unterkriegen lassen!“) → Entschluss

Mithilfe deiner Überlegungen zu den formalen und inhaltlichen Anforderungen sowie der Stoffsammlung kannst du nun einen zusammenhängenden Text verfassen.

Aufsatzbeispiel

Dresden, 10. Oktober 2007

Liebes Tagebuch,

ich kann es nicht fassen! Ich habe geweint und konnte gar nicht mehr aufhören. Ich wollte eigentlich keine Träne vergießen, aber der Schmerz ist so groß. Mein Magen krampft sich zusammen, mein Herz tut weh und die Schrift verschwimmt, weil mir schon wieder Tränen in den Augen stehen.

Er hat mich verlassen. Einfach so, ohne Vorwarnung. Nur ein Zettel an der Wand neben seiner Tür. Dabei sollte es heute ein so schöner Tag werden! Ich habe mich so sehr auf ihn gefreut. Seit dem Tag, an dem er mich endlich angesprochen hatte, fühlte ich dieses Kribbeln im Bauch, dieses tolle Gefühl, das mich kaum schlafen ließ und mich trotzdem beflügelte. Irgendwie schien alles einfacher. Ich konnte es kaum erwarten, zu ihm zu fahren.

Den ganzen Tag schon regnet es, aber das war mir egal. Ich würde ihn sehen! Völlig durchnässt war ich, aber das schien gleichgültig. Außerdem dachte ich, er mag mich so wie ich bin. Ich habe extra die weiße Hose, von der ich weiß, dass sie ihm gefällt, angelassen, obwohl sie inzwischen eher dunkelgrau war. Ähnlich zerzaust muss ich ausgesehen haben, als wir uns zum ersten Mal begegneten – damals auf dieser Party, als ich zu spät kam wegen des schlechten Wetters. Und er hat gesagt, dass er sich damals in mich verliebt habe.
Weil ich nur an ihn denken konnte, waren mir auch die missgelaunten Menschen so egal, mir war einfach nur nach Singen zumute. Fast hätte ich einen Unfall verursacht, weil ich mich nicht auf die Straße konzentriert habe, die ich überquerte! Ich war so aufgeregt. Sogar seine Lieblingszigaretten habe ich noch für ihn gekauft. Mit jedem Schritt, der mich seinem Haus näher brachte, wurde ich nervöser, wurde dieses Kribbeln im Bauch stärker. War ich schon jemals so verliebt gewesen?
Und dann dieser Zettel … Einfach nur ein Zettel an der Wand! Ein Stück Papier, das alles zerstört, das im Widerspruch steht zu allen Gefühlen, die ich hatte, als ich bei ihm klingeln wollte. Er hat seine ehemalige Freundin wieder getroffen, diejenige, die er vor mit hatte. Die, von der er behauptet hat, es sei vorbei. Die, die es nicht gab, wenn wir zusammen waren. Ich konnte mich kaum bewegen. Es würde ihm leidtun und ich solle es mir gut gehen lassen. Was soll das denn? Wie kann ich es mir gut gehen lassen? Wie soll es mir gut gehen ohne ihn? Es tut weh! Er tut mir weh!
Ich weiß nicht, wie lange ich dort vor dem Haus stand, mit diesem Zettel in der Hand. Mit einem Mal änderte sich alles. Alles schien unwirklich, war laut und schmerzte in meinem Kopf. Mir war kalt. Ich fühlte mich unwohl in meinen Sachen und mit den nassen Haaren. Was die Leute wohl von mir dachten? Und dann machte mich auch noch dieser unangenehme, glatzköpfige Mann an. Ich wollte weg, einfach nur nach Hause. Endlich allein sein. Der Heimweg schien mir nun unendlich lang zu sein.
Wie konnte das nur passieren? Wie kann sich in einem so kurzen Augenblick die Welt so sehr verändern? Wie kann ein einzelner Mensch bewirken, dass plötzlich alles anders aussieht? Wie konnte er mir so wehtun?
Wieso hat er mich damals angesprochen? Hat er mich belogen? Hab ich es nur nicht bemerkt? Können Gefühle so täuschen? Warum fühle ich mich so klein, warum so verletzt? Ist es das, was alle als mit „gebrochenem Herz“ meinen?
Nein, nicht mit mir! Ich muss aufhören, mir solche Fragen zu stellen! Ich bin traurig, denn ich habe etwas verloren. Ich bin wütend, denn er hat mir etwas genommen. Aber morgen wird es besser. Oder übermorgen. Irgendwann wird es gut sein. Und vielleicht werde ich irgendwann wieder auf der Straße singen. Nur nicht heute.

Teilaufgabe 2.3

Hinweis: Von dir wird verlangt, einen ***Dialog*** *zu schreiben. Analysiere zuerst die* ***Aufgabenstellung****. Stelle dir im Vorfeld Fragen zur Aufgabe, z. B.: Wie stehen die beiden Personen zu diesem Zeitpunkt zueinander? Welche Inhalte müssen im Gespräch vorkommen? Welche Gefühle haben die beiden Figuren dabei? Erstelle auch eine Liste mit Merkmalen/Kriterien zur verlangten Textsorte (Gespräch).*

Beachte, welche ***inhaltlichen Anforderungen*** *die* ***Schreibsituation*** *an dich stellt: In welcher Situation befinden sich die beiden Frauen zum Zeitpunkt des Gesprächs? Finde heraus, welchen Stellen des Romans du Informationen für deinen Text entnehmen kannst, und lies die betreffenden Seiten nochmals gründlich nach.*

- *Verlangt wird ein Gespräch zwischen Recha und Daja. Das Gespräch findet am Ende des Romans statt. Nathan ist bereits verstorben und Recha hat seinen Platz im Haus eingenommen.*
- *Al-Hafi, Nathans Freund, hat Recha gerade besucht. Er hat ihr Geschenke des Sultans überbracht und die beiden haben über Nathan gesprochen. Auch das letzte Gespräch, das Recha mit Nathan geführt hat, war Thema.*
- *Recha hat al-Hafi auch erzählt, dass sie eines Tages einen Sohn haben werde, den sie Nathan nennen und den sie lehren wolle, dass Liebe und Barmherzigkeit das Wichtigste auf der Welt seien.*
- *Al-Hafi und Recha sitzen bis zum späten Abend beieinander, es ist also schon spät, als Recha Daja aufsucht.*
- *Laut Aufgabenstellung sprechen die beiden Frauen außer über al-Hafis Besuch auch über Nathan, über Rechas letztes Gespräch mit ihm (als sie erfahren hatte, dass Nathan nicht ihr leiblicher Vater ist) und über den Tag, als Daja Recha dieses Geheimnis offenbart hat.*

Überlege, welche ***formalen und sprachlichen Anforderungen*** *du bei einem Gespräch erfüllen musst.*

- *Wörtliche Aussagen der Figuren in verteilten Rollen*
- *Regieanweisungen zur Verdeutlichung von Gefühlen und der Situation*
- *Ich-Form und Berücksichtigung der Perspektive beider Gesprächsteilnehmer (dafür nicht nur in eine Figur, sondern in alle Beteiligten hineinversetzen!)*
- *Möglichst ausgeglichener Redeanteil der Beteiligten*
- *Gesprochene Sprache, also Alltags- bzw. Umgangssprache; Wichtig: Sprache muss zu den Figuren passen → Wortwahl und Stil an die Figuren anpassen*
- *Nicht nur abwechselnd persönliche Meinung der Figuren darstellen, sondern: Figuren sollen im Gespräch aufeinander eingehen, sich Fragen stellen, Fragen beantworten, auf den anderen reagieren, Aussagen des anderen aufgreifen, etwas einwenden, sich möglicherweise auch einmal unterbrechen usw.*

Fertige nun eine ***Stoffsammlung*** *mit wichtigen Inhalten, die im Gespräch vorkommen können, an. Sie könnte z. B. so aussehen:*

Themen	**Mögliche Inhalte**
Al-Hafi	– sein Besuch am Abend (Recha berichtet): • Geschenke des Sultans (Öle, Salben, Perlenschnur) und sein Versprechen für Hilfe und Schutz von ihm und seiner Schwester Sittah • Verhältnis zwischen Sultan und Nathan • Nathans Vergangenheit • Al-Hafis Fazit über Nathans Charakter: *„Das ist wahrlich ein großer Mensch, der Verzweiflung und Rachsucht überwindet und sie in Liebe zu den Menschen verwandelt."* (S. 242) • Ankündigung bezüglich ihres späteren Sohnes

	– Freundschaft von al-Hafi und Nathan allgemein, ihr regelmäßiges Schachspiel – al-Hafis tägliche Besuche bei Recha ab dem ersten Tag nach Nathans Tod – Ringparabel (von der ihnen al-Hafi einige Tage zuvor berichtet hat) – al-Hafis Vergangenheit und sein Charakter
Nathan	– Nathans Tod als großer Verlust für beide Frauen – Nathans Charakter: angesehener und hilfsbereiter Mann → zahlreiche Trauergäste mit Gaben – Nathans gute Tat an Daja (Retter) und ihr Verhältnis zu ihm – Dajas eigene Vergangenheit (Kindheit bei der Großmutter, Kreuzzug, Tod des Mannes) – der Mord an Nathan: unbekannte Täter, Rachegedanken Elijahus und des Tempelritters, Rechas Ablehnung von Rache: *„Mein Vater hat nie vom Gott der Rache gesprochen, immer nur vom Gott der Liebe.“* (S. 237)
Nathans letztes Gespräch mit Recha	– Rechas Gespräch mit Nathan, als dieser aus Hebron zurückgekommen war: wie sie ihn auf das Geheimnis angesprochen hat (beschlossen am Tag, als Daja es ihr verraten hat) – Nathans Verzweiflung über den Verlust seiner Familie und seine Dankbarkeit für Recha, Rechas Name, den seine Frau einer Tochter gegeben hätte – Nathans Worte, dass Liebe stärker als Blut und Recha seine Tochter, obwohl nicht ihr leiblicher Vater – Bedeutung dieses Gesprächs für Recha, ihre Freude darüber, dass sie es mit ihm hatte
Verrat des Geheimnisses	– Evtl. Dajas nochmalige Erklärung, wie es zu dem Verrat kam (Achtung: Es muss hervorgehen, dass die beiden schon einmal darüber gesprochen haben.) und ihr schlechtes Gewissen deswegen – Rechas Gefühle, als Daja ihr das Geheimnis erzählte: erst wollte sie es nicht glauben, dann wollte sie nichts mehr hören, ihr Weltbild erschüttert, fühlte sich ihrer Zugehörigkeit zu Nathan und zu ihrem Leben beraubt, war wie gelähmt → so einsam wie nie zuvor, während Daja sie weiter kämmte und redete – ihre anschließende Verzweiflung: wie sie durch die Straßen gelaufen ist und am Bach Kidron nachgedacht hat – ihr Entschluss, Nathan darauf anzusprechen – Rechas Begegnung und Unterhaltung mit Geschem, ihre Feststellung, dass sie, im Vergleich zu ihm, großes Glück hatte
Geschem	– Nathans Hilfe für den Jungen, sein Name, den er von Nathan hat – die Rolle Elijahus und Ziporas in Bezug auf Geschems Rettung
Zukunft	– mögliche Zukunftspläne – Recha als neue Hausherrin; – Elijahus Absicht, bei Recha zu bleiben

Verfasse nun, mithilfe deiner Vorüberlegungen und der Stoffsammlung, das Gespräch zwischen Recha und Daja.

Aufsatzbeispiel

So könnte das Gespräch beginnen:

(Recha geht zu Dajas Zimmer, klopft leise an die Tür und tritt gleich darauf leise in das Zimmer ein.)

RECHA: Daja? Bist du noch wach?

DAJA *(setzt sich auf)*: Ja, Recha, ich bin wach. Kannst du nicht schlafen?

RECHA: Gerade erst habe ich mich von al-Hafi verabschiedet. Er lässt dich grüßen.

DAJA: Jeden Tag war er nun da, nicht wahr? Er war Nathan ein guter Freund und jetzt ist er dir einer.

(Recha setzt sich zu Daja ans Bett.)

RECHA: Ja, das ist wahr. Vater und er waren viel mehr als nur Schachpartner und es tut mir gut, dass er da ist, dass ich mit ihm sprechen kann. Er ist fast wie ein Oheim für mich.

(Daja streicht Recha übers Haar.)

DAJA: Wir werden alle für dich da sein, Recha, so lange du uns brauchst.

RECHA: Er kam mit Geschenken des Sultans, heute. Mit Salben, Ölen und mit einer Perlenschnur …

DAJA *(verblüfft)*: Mit Geschenken des Sultans?

RECHA: Ja. Er sagte, der Sultan habe Vater sehr geschätzt und dass er geweint habe, als er von seinem Tod erfahren hat. Er sagte, ich könne mich an ihn wenden, und an seine Schwester, wenn ich Hilfe brauche oder Schutz.

DAJA: Dein Vater war ein guter Mann, Recha. Und jeder, der ihn kennengelernt hat, wusste das. Es verwundert mich nicht, dass der Sultan das auch erkannt hat. Er kann grausam sein, das wahrlich, aber er ist auch klug und großzügig. Er weiß um die Ungerechtigkeit dieser Tat und dass Nathans Tod ein Verlust ist, nicht nur für dich, sondern für viele Menschen.

RECHA *(nickt)*: Ja, er hat vielen geholfen. Es war ihm egal, ob sie jüdisch, christlich oder muslimisch sind. Wenn Menschen Hilfe brauchten, dann war er für sie da. Er hatte so ein großes Herz …

DAJA: Mir hat er auch geholfen. Ich habe es dir schon oft erzählt, dass er mein Retter war, nicht wahr? Ich weiß nicht, was ohne ihn aus mir geworden wäre … Einsam und verzweifelt war ich, gerade hatte ich die Gräuel des Kreuzzugs hinter mir, hatte meinen Mann, meinen Gisbert, verloren und wusste nicht weiter. Und dann kam er, wie ein rettender Engel, und nahm mich mit.

RECHA: Uns beide hat er gerettet, Daja, uns beide.

…

Siegfried Lenz: Eine Liebesgeschichte

Joseph Waldemar Gritzan, ein großer, schweigsamer Holzfäller, wurde heimgesucht von der Liebe. Und zwar hatte er nicht bloß so ein mageres Pfeilchen im Rücken sitzen, sondern, gleichsam seiner Branche angemessen, eine ausgewachsene Rundaxt. Empfangen hatte er diese Axt in dem Augenblick, als er Katharina Knack, ein ausnehmend gesundes, rosiges Mädchen, beim Spülen der Wäsche zu Gesicht bekam. Sie hatte auf ihren ansehnlichen Knien am Flüßchen gelegen, den Körper gebeugt, ein paar Härchen im roten Gesicht, während ihre beträchtlichen Arme herrlich mit der Wäsche hantierten. In diesem Augenblick, wie gesagt, ging Joseph Gritzan vorbei, und ehe er sich's versah, hatte er auch schon die Wunde im Rücken.

Demgemäß ging er nicht in den Wald, sondern fand sich, etwa um fünf Uhr morgens, beim Pfarrer von Suleyken[1] ein, trommelte den Mann Gottes aus seinem Bett und sagte: „Mir ist es", sagte er, „Herr Pastor, in den Sinn gekommen zu heiraten. Deshalb möchte ich bitten um einen Taufschein."

Der Pastor, aus mildem Traum geschreckt, besah sich den Joseph Gritzan ziemlich ungnädig und sagte: „Mein Sohn, wenn dich die Liebe schon nicht schlafen läßt, dann nimm zumindest Rücksicht auf andere Menschen. Komm später wieder, nach dem Frühstück. Aber wenn du Zeit hast, kannst du mir ein bißchen den Garten umgraben. Der Spaten steht im Stall."

Der Holzfäller sah einmal rasch zum Stall hinüber und sprach: „Wenn der Garten umgegraben ist, darf ich dann bitten um den Taufschein?"

„Es wird alles genehmigt wie eh und je", sagte der Pfarrer und empfahl sich.

Joseph Gritzan, beglückt über solche Auskunft, begann dergestalt den Spaten zu gebrauchen, daß der Garten schon nach kurzer Zeit umgegraben war. Dann zog er, nach Rücksprache mit dem Pfarrer, den Schweinen Drahtringe durch die Nasen, melkte eine Kuh, erntete zwei Johannisbeerbüsche ab, schlachtete eine Gans und hackte einen Berg Brennholz. Als er sich gerade daranmachte, den Schuppen auszubessern, rief der Pfarrer ihn zu sich, füllte den Taufschein aus und übergab ihn mit sanften Ermahnungen Joseph Waldemar Gritzan. Na, der faltete das Dokument mit umständlicher Sorgfalt zusammen, wickelte es in eine Seite des Masuren-Kalenders und verwahrte es irgendwo in der weitläufigen Gegend seiner Brust. Bedankte sich natürlich, wie man erwartet hat, und machte sich auf zu der Stelle am Flüßchen, wo die liebliche Axt Amors[2] ihn getroffen hatte.

Katharina Knack, sie wußte noch nichts von seinem Zustand, und ebenso wenig wußte sie, was alles er bereits in die heimlichen Wege geleitet hatte. Sie kniete singend am Flüßchen, walkte und knetete die Wäsche und erlaubte sich in kurzen Pausen, ihr gesundes Gesicht zu betrachten, was im Flüßchen möglich war.

Joseph umfing die rosige Gestalt – mit den Blicken, versteht sich –, rang ziemlich nach Luft, schluckte und würgte ein Weilchen, und nachdem er sich ausgeschluckt hatte, ging er an die Klattkä, das ist ein Steg, heran. Er hatte sich heftig und lange überlegt, welche Worte er sprechen sollte, und als er jetzt neben ihr stand, sprach er so: „Rutsch zur Seite."

Das war, ohne Zweifel, ein unmißverständlicher Satz. Katharina machte ihm denn auch schnell Platz auf der Klattkä, und er setzte sich, ohne ein weiteres Wort, neben sie. Sie saßen so – wie lange mag es gewesen sein? – ein halbes Stündchen vielleicht und schwiegen sich gehörig aneinander heran. Sie betrachteten das Flüßchen, das jenseitige Waldufer, sahen zu, wie kleine Gringel in den

Grund stießen und kleine Schlammwolken emporrissen, und zuweilen verfolgten sie auch das Treiben der Enten.

Plötzlich aber sprach Joseph Gritzan: „Bald sind die Erdbeeren soweit. Und schon gar nicht zu reden von den Blaubeeren im Wald.“ Das Mädchen, unvorbereitet auf seine Rede, schrak zusammen und antwortete: „Ja.“

So, und jetzt saßen sie stumm wie Hühner nebeneinander, äugten über die Wiese, äugten zum Wald hinüber, guckten manchmal auch in die Sonne oder kratzten sich am Fuß oder am Hals.

Dann, nach angemessener Weile, erfolgte wieder etwas Ungewöhnliches: Joseph Gritzan langte in die Tasche, zog etwas Eingewickeltes heraus und sprach zu dem Mädchen Katharina Knack: „Willst“, sprach er, „Lakritz?“

Sie nickte, und der Holzfäller wickelte zwei Lakritzstangen aus, gab ihr eine und sah zu, wie sie aß und lutschte. Es schien ihr gut zu schmecken. Sie wurde übermütig – wenn auch nicht so, daß sie zu reden begonnen hätte –, ließ ihre Beine ins Wasser baumeln, machte kleine Wellen und sah hin und wieder in sein Gesicht. Er zog sich nicht die Schuhe aus.

Soweit nahm alles einen ordnungsgemäßen Verlauf. Aber auf einmal – wie es zu gehen pflegt in solchen Lagen – rief die alte Guschke, trat vors Häuschen und rief: „Katinka, wo bleibt die Wäsch’!“

Worauf das Mädchen verdattert aufsprang, den Eimer anfaßte und mir nichts dir nichts, als ob die Lakritzstange gar nichts gewesen wäre, verschwinden wollte. Doch, Gott sei Dank, hatte Joseph Gritzan das weitläufige Gelände seiner Brust bereits durchforscht, hatte auch schon den Taufschein zur Hand, packte ihn sorgsam aus und winkte das Mädchen noch einmal zu sich heran.

„Kannst“, sprach er, „lesen?“

Sie nickte hastig.

Er reichte ihr den Taufschein und erhob sich. Er beobachtete, während sie las, ihr Gesicht und zitterte am ganzen Körper.

„Katinka!“, schrie die alte Guschke, „Katinka, haben die Enten die Wäsch’ gefressen?“

„Lies zu Ende“, sagte der Holzfäller drohend. Er versperrte ihr, weiß Gott, schon den Weg, dieser Mensch.

Katharina Knack vertiefte sich immer mehr in den Taufschein, vergaß Welt und Wäsche und stand da, sagen wir mal: wie ein träumendes Kälbchen, so stand sie da.

„Die Wäsch’, die Wäsch’“, keifte die alte Guschke von neuem.

„Lies zu Ende“, drohte Joseph Gritzan, und er war so erregt, daß er sich nicht einmal wunderte über seine Geschwätzigkeit.

Plötzlich schoß die alte Guschke zwischen den Stachelbeeren hervor, ein geschwindes, üppiges Weib, schoß hervor und heran, trat ganz dicht neben Katharina Knack und rief: „Die Wäsch’, Katinka!“ Und mit einem tatarischen Blick[3] auf den Holzfäller: „Hier geht vor die Wäsch’, Cholera[4]!“

O Wunder der Liebe, insbesondere der masurischen; das Mädchen, das träumende, rosige, hob seinen Kopf, zeigte der alten Guschke den Taufschein und sprach: „Es ist“, sprach es, „besiegelt und beschlossen. Was für ein schöner Taufschein. Ich werde heiraten.“ Die alte Guschke, sie war zuerst wie vor den Kopf getreten, aber dann lachte sie und sprach: „Nein, nein“, sprach sie, „was die Wäsch’ alles mit sich bringt. Beim Einweichen haben wir noch nichts gewußt. Und beim Plätten ist es schon soweit.“

Währenddessen hatte Joseph Gritzan wiederum etwas aus seiner Tasche gezogen, hielt es dem Mädchen hin und sagte: „Willst noch Lakritz?“

Aus: Siegfried Lenz: So zärtlich war Suleyken. *(Der Text folgt in Rechtschreibung und Zeichensetzung der Vorlage.)*

Anmerkung: Siegried Lenz wurde 1926 in Masuren geboren. In seinen Masurischen Erzählungen („So zärtlich war Suleyken“) hat er die Welt der Menschen, die in Masuren lebten, dargestellt. Seit 1945 lebt der Autor in Hamburg.

1 Suleyken: ein Dorf in Masuren (im damaligen Ostpreußen, heute in Polen) – 2 Amor: Gott der Liebe –
3 tatarischer Blick: hier: böser Blick (Tataren: Volksstamm weit im Osten, galt als besonders fremdartig) –
4 Cholera: hier: ungestümer Mensch

Teil 1: Textverständnis

Kreuze jeweils die richtige Aussage an.

1.1 Überlege, zu welcher Zeit die dargestellte Handlung spielen könnte:

- ☐ innerhalb der letzten zehn Jahre
- ☐ in den Sechzigerjahren des 20. Jahrhunderts
- ☐ in der ersten Hälfte des 20. Jahrhunderts
- ☐ im 19. Jahrhundert

1.2 Was gefällt dem Holzfäller am meisten an der Wäscherin?

- ☐ Sie ist hübsch.
- ☐ Sie ist rosig und gesund.
- ☐ Sie kann gut mit der Wäsche umgehen.
- ☐ Sie ist verträumt.

1.3 Wie viel Zeit vergeht zwischen dem Moment, in dem sich Joseph Gritzan verliebt, und dem Moment, als er den Heiratsantrag macht? Kreuze die Zeitspanne an, die am besten zum dargestellten Handlungsverlauf passt.

- ☐ zwischen 3 und 6 Stunden
- ☐ zwischen 6 und 12 Stunden
- ☐ zwischen 12 und 24 Stunden
- ☐ mehr als 24 Stunden

1.4 Warum lässt der Pastor den Holzfäller für sich arbeiten?

- ☐ Er möchte prüfen, ob er es ernst meint.
- ☐ Er ist zuerst noch müde.
- ☐ Er braucht Hilfe.
- ☐ Es handelt sich um eine Art Bezahlung für den Taufschein.

1.5 Weshalb führt Joseph Gritzan für den Pastor so viele Arbeiten aus?

- ☐ Er will sich die Zeit vertreiben.
- ☐ Es handelt sich um eine übliche Dienstleistung für Pastoren.
- ☐ Er hält das für die Bedingung, um den Taufschein zu bekommen.
- ☐ Er ist aufgeregt und muss sich abreagieren.

1.6 Woran zeigt sich am deutlichsten, dass das Mädchen den Holzfäller mag?

- ☐ Sie rückt sofort zur Seite, als er sie dazu auffordert.
- ☐ Sie spielt mit ihren Füßen im Wasser.
- ☐ Sie schaut ihm manchmal ins Gesicht.
- ☐ Sie schweigt.

1.7 Woran zeigt sich am deutlichsten, dass Joseph Gritzan verliebt ist?

- ☐ Er findet keine Worte.
- ☐ Er arbeitet mit enormer Geschwindigkeit.
- ☐ Er schenkt ihr eine Lakritzstange.
- ☐ Er setzt sich neben sie.

1.8 Entscheide, welche der folgenden Aussagen richtig oder falsch ist, und kreuze entsprechend an.

Aussagen	trifft zu	trifft nicht zu
a) Der Holzfäller zeigt seine Gefühle nicht.	☐	☐
b) Der Holzfäller ist aufgeregt.	☐	☐
c) Der Holzfäller hat nicht gelernt, wie man sich richtig benimmt.	☐	☐
d) Der Holzfäller ist es nicht gewohnt, viel zu reden.	☐	☐

1.9 Entscheide, welche der folgenden Aussagen richtig oder falsch ist, und kreuze entsprechend an.

Aussagen	trifft zu	trifft nicht zu
a) Die Wäscherin freut sich, als sich der Holzfäller neben sie setzt.	☐	☐
b) Die Wäscherin möchte sich mit dem Holzfäller unterhalten.	☐	☐
c) Die Wäscherin hat Mühe beim Lesen des Taufscheins.	☐	☐
d) Die Wäscherin freut sich über den Heiratsantrag.	☐	☐

1.10 Ordne zu, welche Eigenschaften zu dem Holzfäller und welche zu dem Mädchen passen.
Hinweis: Du kannst einige Eigenschaften auch beiden Figuren zuordnen.

Holzfäller:	
Mädchen:	

a) aufgeregt
b) schweigsam
c) ungebildet
d) ungeduldig
e) vergnügt

1.11 a) Im Text findest du mehrere Diminutive (Verkleinerungsformen). Schreibe Sie heraus.

b) Welcher Eindruck entsteht durch die Verwendung der Diminutive? Formuliere dazu einen Satz.

1.12 Erläutere den Sinn dieser beiden sprachlichen Bilder:

a) „Und zwar hatte er nicht bloß so ein mageres Pfeilchen im Rücken sitzen, sondern [...] eine ausgewachsene Rundaxt.“ (Z. 3–7)

b) „saßen sie stumm wie Hühner nebeneinander“ (Z. 104 f.)

Teil 2: Textproduktion

Wähle **eine** der folgenden Aufgaben 2.1, 2.2 oder 2.3 aus.

2.1 Gestalte auf der Grundlage dieser Fabel eine Erzählung, in deren Verlauf sich die in der Fabel aufgezeigten Verhaltensweisen im menschlichen Zusammenleben widerspiegeln. Du kannst deine eigenen Erfahrungen mit einbeziehen.

Johann Gottfried Herder: Der Löwe und die Stiere

Eine zärtliche und enge Freundschaft verband vier junge, kräftige Stiere.
Ein Löwe, der in einem nahen Wald seinen Schlupfwinkel hatte, beobachtete sie aus sicherer Entfernung, und seine Begierde nach ihnen wuchs von Tag zu Tag. „Vor diesen acht spitzen Hörnern“, sagte er sich aber, „müsste ich fliehen! Ja, diese vier Stiere könnten mich sogar töten, wenn sie mich gemeinsam angreifen. Aber ich weiß, was ich tun muss!“
Er verbarg sich am Rande der grünen saftigen Wiese, auf der die Stiere weideten, und wartete geduldig, bis sich einer von den anderen ein wenig entfernte. Dann schlich der Löwe hin und flüsterte dem Stier zu: „Die anderen drei sind eifersüchtig auf dich, weil du größer und schöner bist als sie.“
Am Anfang hörten die Stiere nicht auf den Löwen, aber bald fingen sie an, sich gegenseitig zu misstrauen. Sie gingen nicht mehr gemeinsam auf die Weide, und nachts rückten sie voneinander ab. Das alles machte sie noch viel misstrauischer, und jeder dachte von den anderen: Sie warten auf eine Gelegenheit, mir ein Leid anzutun.
Als der Löwe schließlich die Nachricht verbreitete, die vier Stiere wollten sich gegenseitig bekämpfen, weil jeder der Stärkste sein und die anderen von der Weide verjagen wolle, da fielen sie einander sofort in heller Wut an. Bald sahen die vier prächtigen jungen Stiere nicht mehr prächtig aus. Sie schlugen mit ihren Hufen aufeinander ein und zerfetzten sich mit ihren Hörnern die Lenden.
Als der Löwe einen von ihnen anfiel, tötete und fortschleppte, kamen die anderen ihrem Gefährten nicht zu Hilfe. Der Löwe zerriss bald danach den zweiten, dann tötete er den dritten, und auch der vierte Stier wurde in einigen Tagen, als der Löwe wieder Hunger hatte, dessen Opfer.

Aus: J. G. Herder: Das große Fabelbuch. Wien und Heidelberg: Carl Ueberreuter Verlag 1995

2.2 Schreibe zum Geschehen einen Kommentar. Gehe davon aus, dass dieser Kommentar am Tag nach dem Ereignis in einer Zeitung veröffentlicht werden soll (also im Jahr 1930).

Erich Kästner: Die Ballade vom Nachahmungstrieb

Es ist schon wahr: Nichts wirkt so rasch wie Gift!
Der Mensch, und sei er noch so minderjährig,
ist, was die Laster dieser Welt betrifft,
früh bei der Hand und unerhört gelehrig.

Im Februar, ich weiß nicht am wievielten,
geschah's, auf irgendeines Jungen Drängen,
dass Kinder, die im Hinterhofe spielten,
beschlossen, Naumanns Fritzchen aufzuhängen.

Sie kannten aus der Zeitung die Geschichten,
in denen Mord vorkommt und Polizei.
Und sie beschlossen, Naumann hinzurichten,
weil er, so sagten sie, ein Räuber sei.

Sie steckten seinen Kopf in eine Schlinge.
Karl war der Pastor, lamentierte[1] viel
und sagte ihm, wenn er zu schrein anfinge,
verdürbe er den anderen das Spiel.

Fritz Naumann äußerte, ihm sei nicht bange.
Die andern waren ernst und führten ihn.
Man warf den Strick über die Teppichstange.
Und dann begann man, Fritzchen hochzuziehn.

Er sträubte sich. Es war zu spät. Er schwebte.
Dann klemmten sie den Strick am Haken ein.
Fritz zuckte, weil er noch ein bisschen lebte.
Ein kleines Mädchen zwickte ihn ins Bein.

Er zappelte ganz stumm, und etwas später
verkehrte sich das Kinderspiel in Mord.
Als das die sieben kleinen Übeltäter
erkannten, liefen sie erschrocken fort.

Noch wusste niemand von dem armen Kinde.
Der Hof lag still. Der Himmel war blutrot.
Der kleine Naumann schaukelte im Winde.
Er merkte nichts davon. Denn er war tot.

Frau Witwe Zickler, die vorüberschlurfte,
lief auf die Straße und erhob Geschrei,
obwohl sie doch dort gar nicht schreien durfte.
Und gegen sechs erschien die Polizei.

Die Mutter fiel in Ohnmacht vor dem Knaben.
Und beide wurden rasch ins Haus gebracht.
Karl, den man festnahm, sagte kalt: „Wir haben
es nur wie die Erwachsenen gemacht."

Anmerkung: Der Ballade liegt ein Pressebericht aus dem Jahre 1930 zugrunde.

Aus: Erich Kästner: Gesammelte Schriften. Gedichte. Gemeinschaftsausgabe der Verlage Atrium: Zürich, Cecilie Dressler: Berlin, Kiepenheuer & Witsch: Köln 1959, S. 258f.

1 lamentieren: klagen, jammern

2.3 **Johann Wolfgang von Goethe: Faust I, Szene „Am Brunnen“**
Versetze dich, ausgehend von der Szene „Am Brunnen“, in Gretchens Lage und schreibe einen Tagebucheintrag, in dem deutlich wird, welchem gesellschaftlichen Druck Gretchen ausgesetzt ist und welche Wandlung sich daraufhin in ihrem Denken vollzieht.

Lösungsvorschläge

Teil 1: Textverständnis

1.1 ☒ in der ersten Hälfte des 20. Jahrhunderts

Hinweis: Dass dies die richtige Aussage ist, lässt sich insbesondere aus der Anmerkung ablesen, die unter dem Text abgedruckt ist: Der Verfasser erzählt eine Geschichte aus seiner Heimat, in der er zu Anfang des 20. Jahrhunderts aufgewachsen ist.

1.2 ☒ Sie ist rosig und gesund.

Hinweis: Der erste Eindruck, den der Holzfäller von der Wäscherin hat, ist der, dass sie „ein ausnehmend gesundes, rosiges Mädchen“ (Z. 9 f.) ist. Daraufhin verliebt er sich in sie.

1.3 ☒ zwischen 3 und 6 Stunden

Hinweis: Die Handlung beginnt früh morgens und erstreckt sich etwa bis zum Mittag. Nachdem der Holzfäller das Mädchen gesehen hat, geht er „um fünf Uhr morgens“ (Z. 21 f.) zum Pfarrer. Den Taufschein erhält er „nach dem Frühstück“ (Z. 34) des Pfarrers, vermutlich also ca. zwei bis drei Stunden später. Als er zur Wäscherin zurückkehrt, sitzt er ca. „ein halbes Stündchen“ (Z. 90 f.) neben ihr, bevor er zu sprechen beginnt und ihr den Taufschein zeigt. Alles in allem nimmt die Handlung also max. vier bis sechs Stunden ein. Das wird auch aus den Worten der alten Guschke deutlich: „Beim Einweichen haben wir noch nichts gewußt. Und beim Plätten ist es schon soweit.“ (Z. 178–180)

1.4 ☒ Er ist zuerst noch müde.

Hinweis: Es heißt im Text, dass der Pastor „aus mildem Traum geschreckt“ worden sei (Z. 28 f.).

1.5 ☒ Er hält das für die Bedingung, um den Taufschein zu bekommen.

Hinweis: Dass er im Verrichten der Arbeiten eine Bedingung sieht, um den Taufschein zu bekommen, wird aus dieser Äußerung deutlich: „Wenn der Garten umgegraben ist, darf ich dann bitten um den Taufschein?“ (Z. 39–41) Mit der Konjunktion „wenn“ bringt der Holzfäller zum Ausdruck, dass er das Umgraben für eine Bedingung hält.

1.6 ☒ Sie schaut ihm manchmal ins Gesicht.

Hinweis: Wenn sie ihm „hin und wieder in sein Gesicht“ (Z. 121 f.) sieht, zeigt sie damit, dass sie an ihm interessiert ist. Sie will gewissermaßen in seinem Gesicht „lesen“, ob er sie mag. Damit drückt sie indirekt aus, dass sie ihn mag.

1.7 ☒ Er arbeitet mit enormer Geschwindigkeit.

Hinweis: Die Schnelligkeit, mit der er arbeitet, zeigt, dass er sehr verliebt ist. Er kann es kaum erwarten, dem Mädchen seinen Heiratsantrag zu machen. Da er glaubt, das Verrichten der Arbeiten sei eine Bedingung dafür, dass er den Taufschein erhält, beeilt er sich sehr.

1.8 **Aussagen**	trifft zu	trifft nicht zu
a) Der Holzfäller zeigt seine Gefühle nicht.	☐	☒
b) Der Holzfäller ist aufgeregt.	☒	☐
c) Der Holzfäller hat nicht gelernt, wie man sich richtig benimmt.	☐	☒
d) Der Holzfäller ist es nicht gewohnt, viel zu reden.	☒	☐

Hinweis: Der Holzfäller spricht seine Gefühle zwar nicht aus, aber er zeigt sie durch seine Körpersprache. – Dass er aufgeregt ist, zeigt sich z. B. darin, dass er am ganzen Körper zittert, als er dem Mädchen den Taufschein zeigt (vgl. Z. 143).– Der Holzfäller benimmt sich zwar grob, aber er hat offenbar doch gewisse Anstandsregeln gelernt. Das ist z. B. daran zu erkennen, dass er sich beim Pfarrer bedankt, als dieser ihm den Taufschein aushändigt (vgl. Z. 62 f.). Mit diesem Verhalten erfüllt er die allgemeinen Erwartungen („wie man erwartet hat", Z. 63). – Das Reden macht dem Holzfäller viel Mühe (vgl. Z. 81–83).

1.9 **Aussagen**	trifft zu	trifft nicht zu
a) Die Wäscherin freut sich, als sich der Holzfäller neben sie setzt.	☒	☐
b) Die Wäscherin möchte sich mit dem Holzfäller unterhalten.	☐	☒
c) Die Wäscherin hat Mühe beim Lesen des Taufscheins.	☐	☒
d) Die Wäscherin freut sich über den Heiratsantrag.	☒	☐

Hinweis: Die Wäscherin macht dem Holzfäller sofort Platz, als er das von ihr fordert (vgl. Z. 86 f.). Offenbar freut sie sich also darüber, dass er sich zu ihr setzt. – Die Wäscherin ist geradezu erschrocken, als der Holzfäller anfängt zu reden (vgl. Z. 101–103). Daraus lässt sich ableiten, dass sie es gar nicht erwartet, dass er sich mit ihr unterhält. – Sie vertieft sich zwar in den Taufschein, aber Mühe beim Lesen hat sie nicht (vgl. Z. 150–153). Ihre Reaktion zeigt eher, dass sie ihr Glück gar nicht fassen kann („vergaß Welt und Wäsche", Z. 151 f.).

1.10

Holzfäller:	a) aufgeregt; b) schweigsam; c) ungebildet; d) ungeduldig
Mädchen:	b) schweigsam; c) ungebildet; e) vergnügt

Hinweis: Zwei Eigenschaften (schweigsam, ungebildet) musst du sowohl dem Holzfäller als auch dem Mädchen zuordnen. Ungeduld und Aufgeregtheit sind dagegen nur bei dem Holzfäller zu erkennen. Seine Ungeduld zeigt sich vor allem an der Geschwindigkeit, mit der er die Arbeiten für den Pfarrer erledigt. Seine Aufregung erkennt man auch daran, dass er „erregt" (Z. 157) ist, als er das Mädchen beim Lesen des Taufscheins beobachtet (vgl. Z. 142 f.). Vergnügt ist nur das Mädchen: Sie singt beim Waschen (vgl. Z. 70 f.), und als sie neben dem Holzfäller auf dem Steg sitzt, heißt es, sie werde richtiggehend „übermütig" (Z. 118 f.).

1.11 a) Diminutive: „Pfeilchen", „Flüßchen" (mehrmals), „Härchen", „Weilchen", „Stündchen", „Häuschen", „Kälbchen"

Hinweis: Die häufigste Diminutivendung ist die Endung „-chen", die an ein Nomen oder einen Namen angehängt werden kann (z. B. „Pfeilchen"). Suche im Text nach Nomen, die diese Endung haben.

b) Der Erzähler zeigt mit den Diminutiven Sympathie für den Holzfäller und das Mädchen. Es scheint so, als würde er die beiden regelrecht niedlich finden, denn er erzählt die Handlung so, als ginge es um zwei Kinder.

Hinweis: Diminutive drücken, neben der Aussage, dass etwas besonders klein ist, häufig auch eine emotionale Bewertung einer Sache oder Person aus. So kann durch die Verwendung eines Diminutivs z. B. deutlich gemacht werden, dass jemand oder etwas als niedlich empfunden und mit Zuneigung betrachtet wird. Überlege, ob dies auch hier der Fall ist.

1.12 a) Siegfried Lenz stellt das Geschehen übertrieben dar. Das zeigt sich auch an den sprachlichen Bildern, die er verwendet. So heißt es ausdrücklich, dass den Holzfäller nicht etwa nur ein „mageres Pfeilchen" Amors (Z. 4) im Rücken getroffen habe, sondern eine „ausgewachsene Rundaxt" (Z. 6 f.). Mit diesem Bild wird ausgedrückt, dass Joseph Gritzan über alle Maßen verliebt ist.

b) Auch die Schweigsamkeit des Holzfällers und des Mädchens beschreibt Lenz mithilfe eines sprachlichen Bildes. Er schreibt, dass die beiden „stumm wie Hühner nebeneinander" (Z. 104 f.) sitzen. Hühner gelten im Allgemeinen nicht als ausgesprochen ruhige oder gar stumme Tiere. Der Gegensatz, der also in dem sprachlichen Bild „stumm wie Hühner" zum Ausdruck kommt, betont, wie außergewöhnlich schweigsam die beiden sind.

Hinweis: In beiden sprachlichen Bildern wandelt Lenz bekannte Redewendungen ab („der Pfeil Amors trifft jemanden", „gackern wie die Hühner"). Überlege, worin jeweils der Unterschied besteht („Pfeil" – „ausgewachsene Rundaxt", „gackern" – „stumm"). Durch diese Abweichung wird auf übertreibende und witzige Weise auf die Gefühle und das Verhalten der beiden handelnden Personen hingewiesen.

Teil 2: Textproduktion

Teilaufgabe 2.1

Hinweis: Bei dieser Aufgabe wird von dir erwartet, dass du die menschlichen Verhaltensweisen, die in der Fabel dargestellt sind, erkennst und diese in einen neuen Zusammenhang stellst, indem du einen eigenen Erzähltext schreibst. Dazu musst du die hier anhand von Tieren vorgeführten menschlichen Eigenschaften und Handlungen auf Personen übertragen, die sich entsprechend verhalten. Ersetze also nicht nur die Tiere durch Menschen, sondern überlege dir auch eine passende Handlung (Wofür könnte z. B. das „Fressen" des Löwen im menschlichen Bereich stehen?). Dafür kannst du auch auf deine eigenen Erfahrungen und Erlebnisse zurückgreifen.
*Gehe dabei folgendermaßen vor: Lies zuerst das Gedicht gründlich durch. Mache dir klar, welche **menschlichen Verhaltensweisen** durch die **Tiere** in der Fabel dargestellt werden. Notiere dir Stichpunkte dazu. Als Vorarbeit für deinen Erzähltext kannst du auch eine Tabelle anlegen, die sich am Aufbau der Fabel orientiert.*

	Löwe	**Stiere**
Ausgangs-situation	– gierig – berechnend – hinterlistig – gerissen → weiß um die Stärke anderer, will aber eigene Gier befriedigen → braucht einen Plan	– jung – vor Kraft strotzend – eng befreundet

Handlung	handelt … – schlau – wortgewandt → intrigiert, um Ziel zu erreichen	reagieren … – eitel – leichtgläubig – misstrauisch – geltungsbedürftig → lassen sich von Außenstehendem beeinflussen → kein Vertrauen mehr zu Freunden
Ergebnis (Pointe)	Ziel erreicht: schafft, dass Freundschaft zu Feindschaft wird	– angreifbar – leichte Beute → gehen aufeinander los → aus Freundschaft wird Feindschaft
Fabelmoral	Einigkeit macht stark! Gemeinsam sind wir stark!	

Fertige nun eine ***Stoffsammlung*** *entsprechend dem Aufbau einer Erzählung an.*

Aufbau einer Erzählung	**Stoffsammlung (Beispiele)**
Einleitung – kurze Einführung in die Situation (W-Fragen) – eventuell Hinweise auf Vorgeschichte	– Freundschaft zwischen Jugendlichen
Hauptteil – Handlung: Personen, die etwas tun bzw. erleben, Dialoge führen – Handlung spitzt sich zu und erreicht Schritt für Schritt ihren Höhepunkt (Spannungskurve steigt an)	– Misstrauen wird durch außenstehende Person gesät: Sticheleien, Intrigen, bewusstes Ausspielen gegeneinander → führt zu Konflikt zwischen Freunden
Schluss – der Konflikt löst sich – es kommt zu einem Ergebnis – Spannungskurve fällt ab – eventuell überraschender Schluss – Ausblick auf die Folgen des Geschehens	– handelnde Personen erkennen Ursache des Konfliktes → lösen den Konflikt oder → lösen den Konflikt nicht und beenden die Freundschaft

Beachte, dass es nicht darum geht, eine exakt entsprechende Handlung zu entwickeln, sondern darum, die in der Fabel verschlüsselten menschlichen Verhaltensweisen in einen neuen Zusammenhang zu übertragen. Demzufolge muss die Anzahl der handelnden Personen in deinem Text nicht mit der Zahl der Figuren in der Fabel übereinstimmen. Du kannst dich z. B. auf drei Personen beschränken.

Entscheide dich, aus welcher ***Perspektive*** *du deine Erzählung schreiben willst:*

- *Wenn du dich für einen* ***Ich-Erzähler*** *entscheidest, musst du dir überlegen, ob er an den Ereignissen selbst beteiligt ist, also aus eigenem Erleben und eigener Erfahrung berichtet, oder ob er das Geschehen nur beobachtet. In jedem Fall spielt bei einer Ich-Erzählung die persönliche Sichtweise des Ich-Erzählers eine wichtige Rolle.*
- *Deine Geschichte kannst du aber auch in der* ***Er-Form*** *verfassen. In diesem Fall kannst du dich entweder für einen allwissenden (auktorialen) Erzähler entscheiden, der über die Gedanken und Gefühle aller handelnden Personen Bescheid weiß. Oder du wählst die Perspektive eines personalen Er-Erzählers, der an der Handlung selbst beteiligt ist und die die Ereignisse so darstellt, wie er sie erlebt.*

*Um deine Erzählung **abwechslungsreich** und **anschaulich** zu gestalten, verwendest du*
- *sprachliche Bilder (z. B. bildliche Vergleiche: wie Pech und Schwefel),*
- *treffende Verben (z. B. beobachten, abwarten, klatschen, tratschen, säuseln …)*
- *veranschaulichende Adjektive (z. B. arglos, heimlich …) und*
- *wörtliche Rede.*

*Stelle nun einen **Erzählplan** (Gliederung) auf. Achte darauf, Brüche im Erzählablauf zu vermeiden. Denke dir auch eine passende **Überschrift** aus, z. B. „Der Neue“.*

Aufsatzbeispiel

Der Neue

Niemand konnte sie entzweien, sie gehörten zusammen wie Pech und Schwefel, Freunde für immer. Und dann stellte Frau Springer ihnen Tom, einen neuen Mitschüler vor. Aus Frankenberg sei er, sagte sie, und sie hoffe, er werde bald Freunde finden in der Klasse.

Als es klingelte, sammelten sich die Schüler der Klasse wie immer zum Frühstücken und zu Gesprächen in Grüppchen. Tom saß abseits und beobachtete die Schülergruppen aufmerksam. Fast schien es, als würde er überlegen, zu welcher er sich dazugesellen sollte. Dann kam er auf Paul und seine Freunde zu und setzte sich neben sie.

Paul, Philipp und Lukas hatten sich für den heutigen Abend zu einer LAN-Party verabredet und besprachen jetzt, bei wem sie sich treffen würden. Interessiert hörte Tom zu. Nach einer Weile beugte er sich zu Paul und flüsterte ihm ins Ohr: „Sag mal, hast du das wirklich nötig, dich mit solchen Kindern abzugeben? Die spielen doch nur kindische Computerspiele wie ‚Jewel Master‘.“ Dabei schaute er so arglos in die Runde, dass Paul kaum glauben konnte, was er eben gehört hatte. Kinder? Das waren doch Philipp und Lukas, seine besten Kumpels seit er denken konnte.

Doch Tom murmelte weiter: „Mit denen kannst du doch nicht wirklich etwas erleben. Warst du schon mal auf einer richtigen Party? Mit Mädchen, Bier und so?“ Paul sah Tom erstaunt an und schüttelte den Kopf. Computer und Comics waren zurzeit ihre Lieblingsbeschäftigung nach dem Unterricht. Natürlich gab es auch andere Dinge im Leben. Aber davon wollten die beiden nichts wissen. Paul hatte auch manchmal den Eindruck, dass er viel reifer, eben anders war als Philipp und Lukas.

Misstrauisch blickte Paul zu Tom, der gerade genussvoll in seinen Apfel biss und ganz teilnahmslos aus dem Fenster blickte. Woher wusste der von seinen heimlichen Gedanken? Verunsichert drehte sich Paul zu Philipp und Lukas zurück und versuchte, dem Gespräch der beiden zu folgen. Tom säuselte hinter seinem Rücken leise weiter: „Also bis heute Abend, um acht an der alten Eiche. Ohne deine Spielkinder. Ich verlass mich auf dich!“

Bevor Paul überhaupt etwas antworten konnte, war Tom bereits auf dem Weg zu seinem Platz. Ein leichtes Grinsen lag auf seinem scheinbar unbeteiligten Gesicht, als er sich setzte und sein Mathebuch aufschlug. Zudem klingelte es zum Unterricht, und bald schon hatte er über den kniffligen Matheaufgaben Toms letzte Bemerkung vergessen.

In der nächsten Pause saßen die drei Freunde wieder zusammen und planten weiter an ihrer abendlichen LAN-Party. Diese sollte bei Paul zu Hause stattfinden, und Philipp und Lukas wollten so gegen sieben bei ihm sein.

Auf dem Heimweg fielen Paul noch einmal Toms Worte ein und er war froh darüber, dass er sich nicht von ihm hatte verunsichern lassen: Philipp und Lukas waren seine besten Freunde und heute Abend würden sie, wie immer, gemeinsam ihrem Hobby nachgehen.

Als Philipp und Lukas gegen acht Uhr immer noch nicht bei ihm waren und er weder den einen noch den anderen telefonisch erreichte und nicht wusste, wo er noch nach ihnen fragen sollte, beschloss er, einfach mal so an der alten Eiche vorbeizuschlendern. Schließlich hatte er lange genug auf die beiden Freunde gewartet und was sollte er sonst mit dem freien Abend anfangen? Einfach so, ganz zufällig, an der alten Eiche vorbeilaufen? Es konnte ja gar nichts passieren, wenn er einfach mal überprüfte, ob Tom sein Angebot ernst meinte. Er müsste ja nicht tatsächlich mit ihm mitgehen. Oder doch? Was würden seine Freunde sagen? Wie sollte

er ihnen das erklären? Er dachte noch über das Wort „Spielkinder“ nach, als er in der Ferne schon die Eiche erkennen konnte. Noch war es nicht zu spät umzukehren. Tom würde morgen sicher über ihn lachen, aber Phillip und Lukas würde er noch in die Augen sehen können, ohne das Gefühl zu haben, er hätte ihre Freundschaft verraten. Immer näher kam er dem Baum.
Plötzlich trat eine Gestalt aus dem Schatten der Eiche. Mit einem lauten Hallo wurde er von Tom empfangen: „Hey, ich habe doch gewusst, dass du kommst, mein Freund. Das sind Maxi, Beatrix, Piet und Simon. Leute, das ist Paul. Ach, und dein alter Freund Lukas ist übrigens auch schon da!“ Paul traute seinen Augen nicht: Lukas trat hinter der Eiche hervor, sichtlich erschrocken darüber, dass Paul hier aufgetaucht war. Paul wusste gar nicht, was er sagen sollte. Er war enttäuscht. Da ertönte schon wieder Toms Stimme: „Schaut mal, wer da kommt: Philipp, mein Freund, schön, dass auch du dich zu uns gesellst. Wir haben schon auf dich gewartet.“
Da standen sie nun alle drei und wussten nicht, wie sie sich verhalten, was sie sagen sollten. Sie wussten nur eines: Freunde waren sie nicht mehr!

Teilaufgabe 2.2

Hinweis: In einem Kommentar gibt der Verfasser zu bestimmten aktuellen Ereignissen eine ausführliche Bewertung ab (positiv/negativ). Dabei begründet er seine Meinung eingehend. Nimm zu Anfang kurz Bezug auf das schreckliche Geschehen. Die Leser müssen schließlich als Erstes darüber informiert werden, worauf sich der Kommentar überhaupt bezieht. Stelle dir anschließend die Frage, wie es zu so einer furchtbaren Tat kommen konnte, und suche dann nach möglichen Erklärungen dafür. Beginne mit der naheliegendsten Erklärung (Eltern haben ihre Aufsichtspflicht verletzt). Überlege anschließend, ob es auch gesellschaftliche Ursachen geben könnte (1. Kritik an der Presse: Berichterstattung über Hinrichtungen → Kinder orientieren sich daran; 2. Todesstrafe: evtl. grundsätzlich infrage zu stellen). Geschickt ist es, wenn du die möglichen Erklärungen mit Appellen verknüpfst (Eltern sollten sich mehr um ihre Kinder kümmern; Journalisten sollten verantwortungsvoll berichten, nicht die Sensationsgier der Leser befriedigen; Diskussion über Todesstrafe sollte geführt werden, Todesstrafe evtl. abschaffen). Dann zeigst du als Kommentator, dass es dir nicht nur wichtig ist, auf gesellschaftliche Missstände hinzuweisen, sondern dass du auch nach möglichen Wegen suchst, um dagegen vorzugehen.
Gestalte deinen Text so, dass ihn ein Zeitungsleser gerne lesen würde. Achte also darauf, dass du interessant und abwechslungsreich schreibst. Gut ist es z. B., wenn du zwischendurch auch einmal eine Frage einfügst, etwa so: „Wie konnte es dazu kommen?“ Das regt den Leser zum Nachdenken an – und es motiviert ihn dazu, weiterzulesen, weil er dann darauf hofft, vom Text eine Antwort auf diese Frage zu bekommen.

Aufsatzbeispiel

Wer ist schuld am Tod des kleinen Fritz?

Berlin, 26. Februar 1930. Der Tod des kleinen Fritz N. erschüttert ganz Deutschland. Dass Jungen einmal miteinander raufen oder sich prügeln, ist nichts Ungewöhnliches. Aber dass sie imstande sind, ein anderes Kind umzubringen, ist alarmierend. Wie konnte es dazu kommen?
Der Hauptvorwurf richtet sich zunächst an die Eltern. Sie haben ihre Aufsichtspflicht vernachlässigt. Wie sonst ist es zu erklären, dass die Kinder ein so brutales „Spiel“ durchführen konnten, ohne dass sie von einem Erwachsenen daran gehindert wurden? Der kleine Fritz N. hing ja sogar eine ganze Weile leblos an der Teppichstange, ehe sein Tod überhaupt bemerkt wurde. Hat seine Mutter ihn denn nicht vermisst? Anscheinend nehmen einige Eltern ihre Verantwortung als Erzieher nicht mehr ernst genug. Es wird Zeit, dass sich Väter und Mütter wieder mehr um ihre Kinder kümmern. Statt ihren persönlichen Interessen nachzugehen, sollten sie ihre Kinder lieber beim Spielen beaufsichtigen.
Allerdings wäre es voreilig, den Eltern die alleinige Schuld zuzuschieben. Immerhin scheinen die Kinder durch Veröffentlichungen in den Zeitungen beeinflusst worden zu sein. In der

Presse wird immer wieder über Hinrichtungen berichtet. Die Kinder kannten solche Berichte sehr genau, denn sie wussten, dass ein zum Tode Verurteilter vor seiner Hinrichtung noch Anspruch auf geistlichen Beistand hat. Es stellt sich die Frage, ob es wirklich nötig ist, dass in Zeitungen so detailliert über Hinrichtungen berichtet wird. Solche Presseberichte scheinen Kinder und Jugendliche dazu zu verleiten, sich in ihren Spielen daran zu orientieren. Am Ende können sie nicht mehr zwischen Spiel und Wirklichkeit unterscheiden, wie das auch hier der Fall war. Es ist also zu befürchten, dass die Presseberichterstattung zu einer Zunahme der Gewalt unter Minderjährigen führt. Auch die Journalisten sollten sich also ihrer Verantwortung bewusst sein. Sie dürfen sich nicht dazu verleiten lassen, die Sensationsgier ihrer Leser zu befriedigen, indem sie detailliert den Ablauf von Hinrichtungen schildern.
Vor allem eine Frage stellt sich aber nach diesem grausigen Ereignis: Ist es überhaupt zu rechtfertigen, dass ein Verbrecher für seine Tat hingerichtet wird? Kann sich der Staat anmaßen, Menschen zu töten, selbst wenn sie ein Verbrechen begangen haben? Hat er nicht vielmehr dafür zu sorgen, dass es gar nicht erst zu solchen Verbrechen kommt? Eines ist klar: Die Hinrichtung kann höchstens als allerletztes Mittel im Kampf gegen das Verbrechen angesehen werden. Eigentlich sollten wir aber anfangen, darüber zu diskutieren, ob es nicht richtig wäre, die Todesstrafe ganz abzuschaffen!

Teilaufgabe 2.3

Hinweis: Bei dieser Aufgabe wird von dir erwartet, dass du dich in die Lage der Figur Gretchen hineinversetzt und aus ihrer Sicht einen Tagebucheintrag über das Gespräch mit Lieschen schreibst. Zur Vorbereitung solltest du die Szene „Am Brunnen" in „Faust I" noch einmal gründlich lesen. Markiere dabei die entscheidenden Textstellen, in denen du etwas über Gretchens Gedanken und Gefühle erfährst.

*Zudem musst du dir darüber klar werden, welche Anforderungen du bei einem **Tagebucheintrag** erfüllen sollst: Ein Tagebucheintrag ist eine Form des persönlichen Schreibens. In einem Tagebuch werden ganz persönliche Dinge zum Ausdruck gebracht und festgehalten (z. B. Gedanken und Gefühle, heimliche Wünsche, Erinnerungen, Sorgen und Probleme, innere Konflikte und mögliche Entscheidungsfindungen). Ein Tagebuch wird normalerweise von keiner anderen Person gelesen, nur der Schreiber selbst ist auch der Leser des Buches. Der Inhalt des Tagebuchs ist also etwas sehr Privates.*

*Beachte folgende **formale Anforderungen**:*
- *Schreibe in der Ich-Form, denn du schreibst aus der Perspektive von Gretchen.*
- *Achte darauf, dass Satzbau und Wortwahl den Gedanken und Gefühlen von Gretchen entsprechen und ihre momentane Stimmung wiedergeben. Da sie innerlich sehr aufgewühlt ist, solltest du z. B. verkürzte Sätze, Ausrufe, Gedankensprünge sowie anschauliche Verben, Adjektive und Substantive verwenden.*
- *Orientiere dich bei deinen Formulierungen an Gretchens Äußerungen im Drama. Sie verwendet z. B. keine Umgangssprache. Verzichte also auf umgangssprachliche Formulierungen in deinem Tagebucheintrag.*
- *Verwende als Zeitform das Präsens, da Gretchen über ihre gegenwärtigen Gefühle und Gedanken schreibt. Wenn sie über Vergangenes nachdenkt, verwendest du das Präteritum.*
- *Beginne den Tagebucheintrag mit der Angabe des Datums. Die Handlung spielt zu Lebzeiten des historischen Faust (ca. 1480–1538), also an der Wende vom Mittelalter zur Neuzeit.*
- *Daran kannst du eine Anrede anschließen (z. B. Mein liebes Tagebuch).*
- *Auch wenn ein Tagebucheintrag eine etwas freiere Form des Schreiben ist, solltest du deinen Aufsatz in Einleitung, Hauptteil und Schluss gliedern.*

*Stelle dir folgende **Fragen zum Inhalt**:*

- *Welche Gedanken und Gefühle beschäftigen Gretchen während des Gesprächs mit Lieschen?*
- *Welche Gründe gibt es für Gretchen, so zu denken und zu fühlen? Wann ist ein Wandel in ihrem Denken erkennbar?*
- *Welche Konsequenzen hat Gretchen aufgrund ihrer Schwangerschaft voraussichtlich von ihren Mitmenschen zu erwarten?*
- *Welche Gedanken und Gefühle bewegen Gretchen in Bezug auf Faust und die Zukunft ihrer Liebe? (vgl. V. 3585 f.: „alles, was dazu ich trieb, Gott! war so gut! ach war so lieb!")*
- *Welche Hoffnungen und Wünsche könnte Gretchen haben?*

*Fertige nun eine **Stoffsammlung** an, indem du mögliche Fakten und Argumente notierst, mit denen du die inhaltlichen Anforderungen des Tagebucheintrages erfüllen kannst.*
Deine Stoffsammlung könnte z. B. so aussehen:

Aufbau	Inhalt	Stichpunkte
Einleitung	Anlass (Gründe) für den Eintrag	– Klatsch und Tratsch am Brunnen mit Lieschen – Bärbelchen vom Geliebten verlassen, obwohl sie ein Kind erwartet – Bärbelchen wird öffentlich geächtet (Gesellschaft) → Sind das Hinweise auf Gretchens eigenes Schicksal?
Hauptteil	Gefühle und Gedanken	– hat früher auch leichtfertig und überheblich über die Fehltritte anderer Mädchen geredet – hat Mitleid mit Bärbelchen – Bärbelchen wird mit Kind nicht mehr heiraten können – Bärbelchen muss für den Unterhalt des Kindes selbst aufkommen (vermutlich durch Prostitution) – Bärbelchen wird von der Familie ausgestoßen – innere Zerrissenheit: hat selbst gesündigt, muss dafür büßen; aber: hat sich aus Liebe Faust hingegeben, empfand Liebe als gut und schön
	vermutete Konsequenzen	– erleidet das gleiche Schicksal wie Bärbelchen – bringt Schande über die Familie – wird allein dastehen, wird verspottet – Freundinnen werden über sie wie über Bärbelchen klatschen, sie verhöhnen – kann Ausmaß ihres Unglücks nicht einschätzen
Schluss	Hoffnungen und Wünsche	– möglicherweise Heirat mit Heinrich – Rettung aus ihrer Situation, wie auch immer

Mithilfe deiner Vorüberlegungen und der Stoffsammlung kannst du nun den Tagebucheintrag schreiben.

Aufsatzbeispiel

6. September 1529

Mein liebes Tagebuch,
ich fühle mich allein und verlassen. Ich muss mir meine Not von der Seele reden.

Als ich heute Mittag am Brunnen Wasser holen wollte, habe ich meine Freundin Lieschen getroffen. Wie immer haben wir über alles Mögliche geredet, bis unser Gespräch auf Bärbelchen kam. Ich hatte schon lange nichts mehr von ihr gehört. Jetzt weiß ich warum! Erst wollte ich es nicht glauben, aber Lieschens Worte ließen keinen Irrtum zu.

Bärbelchen hatte eine Liebelei mit einem jungen Mann! Sie wurde schwanger und er hat sie sitzen gelassen. Jetzt spricht keiner hier in der Stadt mehr mit ihr, man missachtet und beschimpft sie. Sie wird öffentlich geächtet.

Es tut mir so leid, was Bärbelchen passiert ist. Mit einem unehelichen Kind wird sie kein Mann jemals mehr zur Frau nehmen. Sie wird ihr Kind allein großziehen und für den Unterhalt aufkommen müssen. Und wer nimmt sie noch in Brot und Lohn mit einem Kind? Niemand wird ihr zur Seite stehen, weder ihre Familie, noch ihre Freunde. Sie ist aus der Gesellschaft ausgestoßen, muss ewig Buße tun. Eigentlich ist ihr Leben jetzt schon vorbei. Und weißt du, was das Schlimmste ist? Ich glaube, nein, ich weiß es: Mich wird das gleiche Schicksal wie Bärbelchen ereilen.

Wie konnte ich früher nur so leichtfertig und überheblich über die Mädchen reden, die sich heimlich mit einem Mann eingelassen haben? Was wusste ich damals schon über das Verliebtsein? Nichts! Aber auch gar nichts!

Schon als ich Heinrich zum ersten Mal sah, war dieses merkwürdige Kribbeln in meinem Magen. Er ist ein so gut aussehender Mann und so klug. Er hat mich umworben und mir das Gefühl gegeben, etwas ganz Besonderes zu sein. Ich konnte an nichts anderes mehr denken, nur noch an ihn. Ich liebe alles an ihm, sein Lächeln, seine Stimme und seine Berührungen. Und aus guter, reiner Liebe habe ich ihm auch seinen letzten Wunsch, eine Liebesnacht, erfüllt. Es war eine so schöne Nacht! Ich war so glücklich.

Aber nun befürchte ich, dass sie nicht ohne Folgen bleiben wird. Ich fühle ein Kind in mir wachsen. Ich weiß, dass ich gesündigt habe. Ich werde dafür büßen müssen! Ich werde mein Zuhause verlieren und man wird mich verspotten und beschimpfen. Die Freundinnen werden über mich tratschen und klatschen und mich verhöhnen wie Bärbelchen.

Wie kann bestraft werden, was mich so glücklich gemacht hat? Mit meinem Herzen kann ich das nicht verstehen. Aber mein Verstand sagt mir, es war eine Sünde. Kann mir diese Sünde vergeben werden und sich mein Schicksal zum Guten wenden? Kann ich die Hoffnung haben, dass aus mir doch eine ehrbare Frau wird, wenn Heinrich mich zur Frau nimmt? Ich liebe ihn und hoffe sehr, dass er ebensolche starken Gefühle für mich hegt. Hätte er sich sonst so sehr um meine Zuneigung bemüht? Ist es möglich, dass er mich heiraten wird? Ich wünsche mir so sehr eine gemeinsame Zukunft mit ihm und unserem Kind.

Liebes Tagebuch, mir wird ganz schwindelig bei dem Gedanken an das, was in der Zukunft auf mich zukommen wird. Ich habe immer Bärbelchens Schicksal vor Augen. Das macht mich ängstlich. Wer kann mir jetzt noch helfen? Wer wird mir beistehen? Wohin soll ich gehen in meiner Not? Liebes Tagebuch, wer rettet mich aus meiner Verzweiflung, meiner Bedrängnis?

Margarete

Vom Moppelchen zum Monster

Dicke Kinder werden ausgegrenzt und stigmatisiert. Eine Diät und mehr Sport allein helfen den Kleinen auf lange Sicht nur selten. Denn Übergewicht ist oft ein soziales Problem.

Besonders seit vor zwei Jahren die damalige grüne Ernährungsministerin Renate Künast verkündete, Deutschlands Kinder seien zu dick, beherrscht das Thema die öffentliche Diskussion. Nun leben unter uns nicht mehr Moppel, Pummel oder Wonneproppen, sondern kleine Monster, die laut Zeitungsberichten „immer fetter und fauler werden" und unser Gesundheitssystem ruinieren. Dabei sind wenige Erkenntnisse über Fettleibigkeit so unumstritten wie diese: Übergewichtige leiden, ob Kinder oder Erwachsene, bis zur Depressivität unter Hänseleien, Gemeinheiten und Ausgrenzung. Sie futtern ihren Kummer dann erst recht in sich hinein. Es ist, als wollte man gerade – ausgerechnet! – an den Kindern das Exempel gegen den Normenbruch einer schlankheitsbesessenen Gesellschaft statuieren, in der der Körper kein Zuhause ist, sondern „Statussymbol". […]

Bei vielen Kindern schwankt das Körpergewicht allerdings je nach Entwicklungs-, Hormon- und Seelenlage, und ob das schädlich ist, kann bislang niemand wirklich beantworten. Auch die scheinbare Binsenweisheit, dass aus dicken Kindern dicke Erwachsene würden, sei nur in wenigen internationalen Studien und nur für einen harten Kern Adipöser belegt, sagt die Epidemiologin am Robert-Koch-Institut Bärbel-Maria Kurth. Bei vielen anderen Tönnchen, die mit acht oder 13 Jahren zu viele Kilos auf die Waage bringen, weiß niemand, ob sie das zwei Jahre später auch noch tun. Schließlich gehen Kinder nicht nur in die Breite, sondern auch in die Höhe. […]

Umstritten ist allerdings auch […] der so genannte Body Mass Index (BMI), weil er zwischen Fett und Muskelmasse keinen Unterschied macht; als dick gelten auch Kinder, die nicht schwabbelig, sondern stramm sind. Außerdem ist die Definition, von welchem BMI-Wert an das Übergewicht beginnt, wann es sich gar zur bedenklichen Adipositas auswächst, rein statistisch festgelegt:

Übergewicht und Adipositas (Fettsucht) bei Jungen und Mädchen von Geburt an bis zur Vollendung des 17. Lebensjahres (Angaben in Prozent)

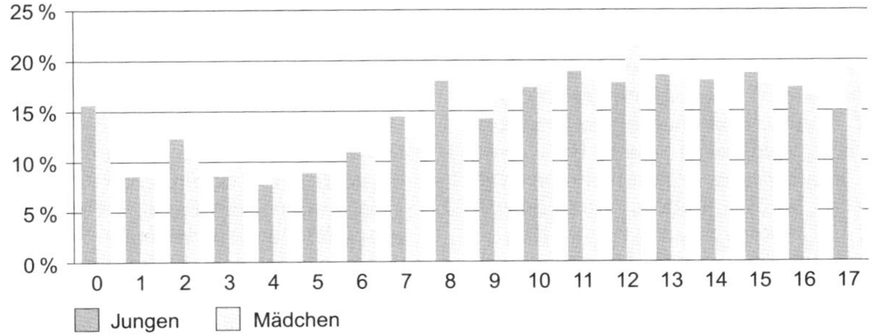

Im Vergleich mit diesen Werten ist nun immerhin der Trend erkennbar, und der geht tatsächlich nach oben: Laut Studie ist der BMI heute bei 14,6 Prozent aller Kinder zu hoch. Die Übergewichtskurve beginnt just mit dem Zeitpunkt der Einschulung, mit sechs Jahren, zu steigen; vielleicht weil nicht nur das Fernsehen, sondern auch der Unterricht ohne Bewegungsfreiheit organisiert ist und zweimal Schulsport in der Woche alles andere als ausreichend ist? Eine zweite Auffälligkeit findet sich im Alter von zwölf Jahren, besonders bei Mädchen.

Bärbel-Maria Kurth warnt zwar davor, „jetzt jedes übergewichtige Kind gleich zum Abspecken zu treiben, das man früher durchaus akzeptiert hat. Denn besteht nicht die Gefahr, dass man neurotisiert und Essstörungen erzeugt?“ Aber bedenklich findet sie, was sich bei den im Wortsinn schwerwiegenden Betroffenen tut. Die Zahl der sehr dicken Kinder nämlich hat sich von drei auf sechs Prozent verdoppelt und ist bei den 14- bis 17-Jährigen sogar auf acht Prozent gestiegen: „Das ist eine deutliche Verschlimmerung.“

Das macht auch Thomas Reinehr Sorgen. Der Mediziner an der Vestischen Kinder- und Jugendklinik in Datteln und Sprecher der Arbeitsgemeinschaft Adipositas im Kinder- und Jugendalter rät nämlich allen Eltern, die unsicher sind, ob ihr Kind zu schwer ist, den Arzt aufzusuchen, um Risiken für Folgeerkrankungen auszuschließen. Reinehr hat für adipöse Kinder ein erfolgreiches Rundum-Therapieprogramm namens „Obeldicks“ mitentwickelt, das nicht schnelles Abspecken erreichen will, sondern eine schrittweise, langfristige Änderung der Essgewohnheiten. Über zwölf Monate lernen die Jungen und Mädchen spielerisch, ihre Ess- und Trinkrituale besser wahrzunehmen und die Wertigkeit von Lebensmitteln einzuordnen. Sie kochen selbst, und Bewegungskurse, die nicht auf Leistung, sondern auf Selbstbestimmung, Sinnlichkeit und Spaß setzen, bauen ihr verletztes Selbstbewusstsein wieder auf. Die Eltern, manchmal auch Großeltern werden einbezogen; Psychologen gehen auf mögliche seelische Ursachen ein. [...]

Dennoch ist Reinehr eher skeptisch, was die Behandlungserfolge betrifft. Denn solche Therapien setzen Durchhaltevermögen und damit höchste Motivation voraus und erreichen fast nur Mittelstandsfamilien. Oft sind die Rückfallquoten relativ hoch, und auch alle Vorbeugung sei weitgehend gescheitert. „Das müssen wir Ärzte uns eingestehen“, sagt Reinehr, „die Zahlen gehen trotz aller Aufklärung über Ernährung und Fitness weiter nach oben.“ Es gibt kein Patentrezept. [...]

Die Entstehung von Übergewicht sei eine hochkomplexe Angelegenheit, bekräftigt der Kieler Professor für Humanernährung und Lebensmittelkunde Manfred Müller, bei der Vererbung und biologische Regelkreise ebenso eine Rolle spielten wie psychische Faktoren. [...] Wenn sich Therapie und Prävention allein auf das „Paradigma der Energiebilanz“, sprich: viel essen bei wenig Bewegung, konzentrierten, dann scheitere das an den realen Lebensbedingungen: „Was nützt es, wenn ich aus der Arztpraxis komme, und da steht gleich die nächste Currywurstbude? Wenn die Gesellschaft Gewinn, Konsum und Lebensfreude belobigt, aber nicht Anstrengung und Verzicht?“ [...]

Die Erkenntnis, dass Übergewicht, Fehl- und Mangelernährung „gemeinschaftliche Lösungen“ brauchen, hat man in verschiedenen Projekten umzusetzen versucht.

So zeichnete jüngst die Plattform Ernährung und Bewegung (peb) Präventionsprojekte gegen Übergewicht und schlechte Ernährung [...] aus, die auf koordinierte Vorbeugung in Netzwerken zielen. Da arbeiten etwa Schulen und Naturschutzorganisationen gemeinsam daran, den öffentlichen Raum so zu gestalten, dass Kinder wieder draußen spielen oder zu Fuß in die Schule gehen. Kritisiert wird peb allerdings wegen des Einflusses der Industrie. Neben Medizinern, Ernährungs- und Sportexperten, Eltern und Verbraucherschützern und auf gleicher Ebene wie die Vertreter der

Regierung ist darin die gesamte Branche der Kinderverführer vertreten: vom Bundesverband der deutschen Süßwarenindustrie bis zu Firmen wie Coca-Cola, Ferrero oder Intersnack.
Die Unternehmen nutzten die Mitarbeit zu „Imagepflege und Ablasshandel", kritisiert Barbara Hohl von Foodwatch. „Das ist wie bei den Zigaretten: Auch die Tabakindustrie hat gesundheitliche Aufklärung mitfinanziert, um Werbe- und Rauchverbote zu vermeiden." [...]
Dabei wäre die To-do-Liste für die Unternehmen lang: Zu süße Säfte, Kekse, Snacks prägen Geschmacksvorlieben in der Kindheit. Vermeintlich gesunde „Kinderlebensmittel", deren Angebot sich in den letzten Jahren verdreifacht hat, machen oft mit irreführenden Botschaften Werbung. [...]
„Es wäre eine Herausforderung", sagt Mathilde Kersting vom Dortmunder FKE [Forschungsinstitut für Kinderernährung], „entsprechend ausgeklügelte Werbetechniken auch für Lebensmittel wie Obst, Gemüse und Getreideprodukte zu entwickeln."

VON CHRISTIANE GREFE

Aus: Die Zeit, Nr. 40/2006 vom 28. 09. 2006 (gekürzt und leicht verändert)

Teil 1: Textverständnis

1.1 Werte das Diagramm hinsichtlich der Häufigkeit von Übergewicht bei Jungen (a) und Mädchen (b) aus. Gehe auch auf mögliche Erklärungen ein und beziehe dich dabei auf den Text.

a) Jungen

b) Mädchen

1.2 Begründe die Wahl der Überschrift mithilfe des Textes.

1.3 Sind nachfolgende Aussagen dem Text zu entnehmen?
Kreuze Zutreffendes an.

Aussagen	trifft zu	trifft nicht zu
a) Übergewichtigen Kindern helfen nur Sport und eine langfristige Diät.	☐	☐
b) Als dick gelten nicht nur Kinder, die schwabbelig, sondern auch jene, die stramm gebaut sind.	☐	☐
c) Aus dicken Kindern werden dicke Erwachsene.	☐	☐
d) Die Familie von dicken Kindern wird in die therapeutische Behandlung von Übergewicht mit eingebunden.	☐	☐

1.4 Erkläre das Wort „Epidemiologin" mithilfe eines Wörterbuchs. Erläutere, wie es hier im Textzusammenhang (Z. 38 f.) zu verstehen ist.

1.5 „Dicke Kinder werden ausgegrenzt und stigmatisiert." (Z. 1 f.) Was ist mit dem Wort „stigmatisieren" in diesem Zusammenhang gemeint? Kreuze Zutreffendes an.

- ☐ Dicke Kinder werden diskriminiert.
- ☐ Dicke Kinder werden ausgelacht.
- ☐ Dicke Kinder werden beschimpft.

1.6 Nenne die im Text erwähnten Ursachen für das Entstehen von Übergewicht.

1.7 Die Autorin geht auf das Therapiekonzept „Obeldicks" des Mediziners Thomas Reinehr ein.

a) Was beinhaltet das Therapiekonzept?

b) Warum ist dieses Konzept so erfolgreich?

c) Erkläre die Wahl des Programmnamens „Obeldicks".

1.8 Im Text steht: „[…] solche Therapien setzen Durchhaltevermögen und damit höchste Motivation voraus" (Z. 115–117).
Notiere mögliche Gründe, die Kinder und Jugendliche zum Durchhalten eines solchen Therapieprogramms motivieren können.

1.9 Welche Rolle spielt die Werbung bei der Entstehung von Übergewicht?
Ergänze die Aussagen des Textes durch ein eigenes Beispiel.

1.10 Das Dortmunder Forschungsinstitut für Kinderernährung empfiehlt ausgeklügelte Werbetechniken für gesunde Lebensmittel. Entwirf einen Werbeslogan für ein gesundes Lebensmittel, der Lust auf den Genuss dieses Produktes macht.

Teil 2: Textproduktion

Wähle **eine** der folgenden Aufgaben 2.1, 2.2 oder 2.3 aus.

2.1 Auch im deutschen Privatfernsehen wurde eine Live-Schönheitsoperation gezeigt. Nimm in einem Brief an den Fernsehsender Stellung zur Frage, ob solche Operationen öffentlich gezeigt werden sollten.

Psychotherapie mit Skalpell

Weltweit leiden Millionen Menschen unter der Zwangsvorstellung, körperlich entstellt zu sein. Über die richtige Therapie streiten die Ärzte noch.

„Extreme Makeover" nennt sich eine Fernsehshow des US-Senders ABC, die neuerdings verunsicherten Amerikanern das verschafft, wovon die meisten träumen: ein möglichst perfektes Äußeres. Dankbare Durchschnittsbürger legen sich da zur besten Sendezeit vor laufender Kamera unter das Messer eines Schönheitschirurgen: Nasenhügel verschwinden, schlaffe Haut wird wieder straff, hängende Lider heben sich, Brüste schwellen an und Zähne blitzen neu auf.

Sie staunen? Nun – die Besessenheit vom eigenen Körper nimmt mitunter noch ausgefallenere Formen an. So hat die französische Künstlerin Orlan seit 1990 ihr Gesicht mit Dutzenden von Operationen nach Ikonen[1] der abendländischen Malerei modelliert. „Ich habe meinen Körper der Kunst geschenkt", erklärt sie dazu kryptisch[2]. Andere Menschen wollen ihre Körper gar regelrecht zurechtstutzen: sich etwa von einem ganzen Bein oder Arm trennen, weil sie glauben, der Körperteil „passe nicht" zu ihnen.

Wer so wahnhaft glaubt, sein Äußeres sei makelhaft, leidet an einer Krankheit: Dysmorphophobie, auf deutsch „Hässlichkeitsangst". Der italienische Psychiater Enrique Morselli prägte den Begriff bereits Ende des 19. Jahrhunderts, nachdem er das Krankheitsbild bei Dutzenden Personen festgestellt hatte. Zu kräftige Hüften, zu kleine Brüste, Bierbauch, Stiernacken, Höckernase, Doppelkinn, Hüftrollen oder eine zerfurchte Stirn – all das kann Menschen peinigende Dornen ins Selbstbewusstsein treiben. Ständig kontrollieren sie sich im Spiegel – oder vermeiden es geradezu ängstlich, ihr Antlitz zu erblicken. Diese Personen fürchten sich regelrecht davor, unter Menschen zu geraten, weil sie sich ihrer eingebildeten Missgestalt dann umso schmerzhafter bewusst werden. Damit gehört die Dysmorphophobie zu den Zwangsstörungen, die Denken und Verhalten massiv bestimmen.

Ihren Anfang nimmt die Dysmorphophobie meist im Teenager- oder frühen Erwachsenenalter, einer Zeit also, in der man in aller Regel nicht gerade vor Selbstbewusstsein strotzt. Die Vorstellung, missgestaltet zu sein, beherrscht das Denken mancher Leute so stark, dass sie kein normales Leben mehr führen können.

Freilich, der Wunsch nach einer Schönheitsoperation ist für sich noch kein Kennzeichen einer Psychose[3]. Wer sich einmal liften oder Fett absaugen lässt, ist nach der Operation meist zufrieden. Doch es gibt etliche, die sich wiederholt unters Skalpell legen, um eingebildete Fehler zu korrigieren – ohne ein in ihren Augen annehmbares Ergebnis.

VON HUBERTUS BREUER

Aus: Gehirn & Geist. Magazin für Psychologie und Hirnforschung, Heft 3/2003, S. 26 f. (gekürzt)

Anmerkungen:
1 Ikone: religiöses Kultbild, hier: Vorbild
2 kryptisch: unklar, schwer zu deuten/zu verstehen
3 Psychose: psychische Krankheit

2.2 Lies die Ballade.
Forme den Inhalt der Ballade in eine kurze Erzählung um, die das Geschehen aus der Sicht eines der Söhne darstellt.

Gottfried August Bürger:
Die Schatzgräber

Ein Winzer, der am Tode lag,
Rief seine Kinder an und sprach:
„In unserm Weinberg liegt ein Schatz,
Grabt nur darnach!“ – „An welchem Platz?“
Schrie alles laut den Vater an.
„Grabt nur!“ – O weh! Da starb der Mann.

Kaum war der Alte beigeschafft,
So grub man nach aus Leibeskraft.
Mit Hacke, Karst[1] und Spaten ward
Der Weinberg um und um gescharrt.
Da war kein Kloß, der ruhig blieb;
Man warf die Erde gar durch ein Sieb,

Und zog die Harken kreuz und quer
Nach jedem Steinchen hin und her.
Allein da ward kein Schatz verspürt
Und jeder hielt sich angeführt.

Doch kaum erschien das nächste Jahr,
So nahm man mit Erstaunen wahr,
Dass jede Rebe dreifach trug.
Da wurden erst die Söhne klug,
Und gruben nun Jahr ein Jahr aus
Des Schatzes immer mehr heraus.

Aus: Deutsche Gedichte, Hamburger Lesehefte Verlag, Heft 69, S. 39

Anmerkung:
1 Karst: zweizinkige Erdhacke

2.3 **Bernhard Schlink: Der Vorleser**
Kurz vor ihrer Entlassung aus dem Gefängnis begeht Hanna Schmitz Selbstmord. Verfasse einen Beitrag für die Zeitung, in dem du die Leser über das Geschehene informierst und die mutmaßlichen Gründe für Hannas Freitod erörterst. Über die Hintergründe hast du dich mithilfe der Prozessakten informiert, zudem hast du mit der Leiterin des Gefängnisses über die Haft von Hanna Schmitz gesprochen.

Lösungsvorschläge

Teil 1: Textverständnis

1.1 a) Die Häufigkeit von Übergewicht bei Jungen sinkt im ersten Jahr nach der Geburt im Durchschnitt. Den tiefsten Punkt erreicht sie im 4. Lebensjahr (ca. 7 %), danach steigt sie bis zum 8. Lebensjahr stetig an. Nach einem geringen Rückgang ist die Häufigkeit von Übergewicht im 11. Lebensjahr mit ca. 18 % am höchsten. Vom 11. bis zum 15. Lebensjahr hält sie sich auf einem hohen Niveau und sinkt erst nach dem 15. Lebensjahr wieder ab. Im 17. Lebensjahr, dem letzten Jahr, das von der Grafik erfasst wird, erreicht sie in etwa wieder das Niveau des 7. Lebensjahres.
Erklärung: Das Ansteigen des Übergewichts mit dem schulfähigen Alter kann mit dem Schuleintritt zusammenhängen, da dieser häufig eine Umstellung, hin zu weniger Bewegung, mit sich bringt. Weitere Ursachen für den Spitzenwert können die in diesem Alter bei Jungen aktuellen Freizeitinteressen (steigendes Interesse an Fernsehen und Computer) sowie eine unausgewogene Ernährung sein. Das Absinken der Häufigkeit von Übergewicht bis zum 17. Lebensjahr lässt sich vermutlich auf das verstärkte Wachstum in diesem Alter zurückführen.

b) Die Häufigkeit von Übergewicht sinkt auch bei Mädchen direkt nach der Geburt und erreicht mit dem ersten Lebensjahr ihren Tiefpunkt (ca. 8 %). Ab dem 5. Lebensjahr steigt sie bis zum 12. Lebensjahr kontinuierlich an und erreicht dort (mit ca. 22 % als höchstem Wert im Diagramm) ihren Höhepunkt. Danach fällt die Häufigkeit von Übergewicht bei Mädchen wieder und schwankt bis zum 17. Lebensjahr zwischen 15 und 18 %.
Erklärung: Wie bei den Jungen hängt das erste Ansteigen wahrscheinlich mit der Umstellung durch den Schuleintritt zusammen. Auch bei den Mädchen können die Ursachen für den Spitzenwert in der veränderten Freizeitgestaltung, einer unausgewogenen Ernährung sowie der hormonellen Umstellung mit der beginnenden Pubertät liegen.

Hinweis: Achte vor allem auf auffällige Werte (besonders hohe bzw. niedrige). Mögliche Erklärungen für diese auffälligen Werte findest du im Text (Z. 62–69). Darüber hinaus kannst du aber auch eigene Überlegungen anstellen.

1.2 „Moppelchen" ist eine liebevolle Bezeichnung für kleine, etwas dickere Kinder. Früher ging man davon aus, dass ein gesundes Kind durchaus „Babyspeck" haben kann. Was früher süß oder niedlich war, ist heute in unserer schlankheitsbesessenen Gesellschaft verpönt. Dies bringt die Autorin durch die Wortwahl „Monster" auf drastische Weise zum Ausdruck.

Hinweis: Die Antwort findest du im Text (Z. 11–16).

1.3 **Aussagen**

	trifft zu	trifft nicht zu
a) Übergewichtigen Kindern helfen nur Sport und eine langfristige Diät.	☐	☒
b) Als dick gelten nicht nur Kinder, die schwabbelig, sondern auch jene, die stramm gebaut sind.	☒	☐
c) Aus dicken Kindern werden dicke Erwachsene.	☐	☒
d) Die Familie von dicken Kindern wird in die therapeutische Behandlung von Übergewicht mit eingebunden.	☒	☐

Hinweis: Du findest die Antwort zu b) in Z. 50–52 und zu d) in Z. 119–111. Dass Aussage a) nicht zutrifft, kannst du den Zeilen 2–4 entnehmen. Die Information dazu, dass Aussage c) nicht richtig ist, findest du dagegen in Z. 33–38.

1.4 Eine Epidemiologin ist eine Expertin, die sich mit Seuchen oder anderen Massenerkrankungen befasst. Die Epidemiologin Bärbel-Maria Kurth beschäftigt sich mit der Massenerkrankung Fettleibigkeit.

Hinweis: Wenn du den Begriff nicht aus dem Textzusammenhang heraus erschließen kannst, solltest du ihn in einem Rechtschreib- oder Fremdwörterbuch nachschlagen.

1.5 ☒ Dicke Kinder werden diskriminiert.

Hinweis: Auch hier kannst zur Lösung ein Rechtschreib- oder Fremdwörterbuch verwenden. Achte darauf, dass die Bedeutung auch zum Text passt.

1.6 Ursachen für Übergewicht können Fehl- oder Mangelernährung, fehlende Bewegung, Vererbung, biologische Regelkreise sowie psychische Faktoren sein.

Hinweis: Die Antwort findest du in Z. 29–31, 130–132 und Z. 144 f.

1.7 a) Der Mediziner Thomas Reinehr möchte erreichen, dass die Kinder ihre Ess- und Trinkgewohnheiten bewusst wahrnehmen und langfristig ändern, dass sie die Wertigkeit von Lebensmitteln richtig einschätzen und letztendlich zu einem größeren Selbstbewusstsein gelangen. Dafür bietet er Koch- und Bewegungskurse an und bindet nicht nur die Familien, sondern auch Psychologen in die Behandlung mit ein.

b) Der Erfolg des Konzepts beruht auf der Tatsache, dass es sich um ein „Rundum-Therapieprogramm" handelt, das sowohl das Ernährungs- und Bewegungsverhalten der Kinder als auch die psychischen Ursachen berücksichtigt.

c) Der Titel „Obeldicks" ist ein Wortspiel, das sich auf den Namen „Obelix" bezieht. Obelix ist eine kugelrunde (übergewichtige) Comicfigur, die sehr lebenslustig und vor allem außergewöhnlich stark ist sowie große Freude am Essen hat. In gleicher Weise sollen die Kinder ihre Freude am Leben und Essen nicht verlieren, und ihr Selbstbewusstsein soll gestärkt werden.

Hinweis: Die Lösung zu allen drei Teilaufgaben findest du in Z. 94–112. Die Antwort zu Frage a) kannst du dem Text direkt entnehmen. Zur Beantwortung der Fragen b) und c) musst du aus den im Text enthaltenen Informationen eigene Schlüsse ziehen. Formuliere deine Aussagen möglichst mit eigenen Worten.

1.8 Zum Durchhalten könnten folgende Gründe motivieren:
- das Erreichen einer sichtbaren Gewichtsreduzierung
- das Kennenlernen neuer Freunde mit ähnlichen Problemen
- Spaß bei Bewegung und Spiel
- sportliche Erfolge
- neues Selbstbewusstsein infolge der Therapie

Hinweis: Überlege, welche Ergebnisse bei den Kindern erzielt werden können. Leite davon die Gründe zur Motivation ab.

1.9 Irreführende Werbebotschaften vermitteln den Eindruck, es gebe spezielle, gesunde „Kinderlebensmittel" (Z. 180), sodass sich Eltern für diese Produkte interessieren und sie auch kaufen, da ihnen die Gesundheit ihrer Kinder wichtig ist. Dadurch wird das Kaufverhalten von Eltern und Kindern beeinflusst, und somit können Geschmacksvorlieben schon im Kindesalter geprägt werden. Da diese Werbebotschaften sich meist auf ungesunde Produkte beziehen, tragen sie zur Entstehung von Übergewicht bei.

Hinweis: Die Antwort findest du in Z. 178–183. Überlege, wie Werbung funktioniert. Hilfreich ist das AIDA-Modell, das die Wirkung von Werbung in vier Stufen beschreibt:
A*ttention: Die Aufmerksamkeit des Kunden wird geweckt.*
I*nterest: Er interessiert sich für das Produkt.*
D*esire: Der Wunsch nach dem Produkt wird geweckt.*
A*ction: Der Kunde kauft das Produkt möglicherweise.*

1.10 Mögliche Werbeslogans:
Lust auf mehr? Obst und Gemüse müssen her!
Lieber Milch-Bart als Cola-Bauch!
Vollkornnudeln, Vollkornbrot bringen dein Gewicht ins Lot!

Hinweis: Mit einem Werbeslogan wird ein Produkt angepriesen, der Kunde soll zum Kauf angeregt werden. Slogans bleiben deshalb gut Gedächtnis haften, weil sie Wortwiederholungen, Wortspiele (häufig mit Doppeldeutigkeit!) oder Reime enthalten.

Teil 2: Textproduktion

Teilaufgabe 2.1

Hinweis: Nach der Lektüre des Textes „Psychotherapie mit Skalpell" gibt es eigentlich nur eine Möglichkeit, dass du folgende Meinung i dem Brief an den Fernsehsender vertrittst: Du musst Schönheitsoperationen, die im Fernsehen übertragen werden, ablehnen! Überlege also, welche Argumente sich anführen lassen, um eine ablehnende Haltung zu rechtfertigen.
Du kannst dich zunächst am Text orientieren; dort werden wichtige Gesichtspunkte genannt, die sich nutzen lassen, um eine kritische Einstellung zu solchen Sendungen zu begründen: Menschen, die von der Idee besessen sind, nicht schön genug zu sein, werden als psychisch krank bezeichnet. Darauf verweist auch die Überschrift: „Psychotherapie mit Skalpell". Ihre Schönheitsfehler, so heißt es, seien „eingebildet" (Z. 66 f.). Zudem wird gesagt, dass diejenigen, die unter „Hässlichkeitsangst" (Z. 30 f.) leiden, sich oft mehrmals operieren lassen und dass die Operationen sie dennoch nie zufriedenstellen (vgl. Z. 65–68.). Wenn sie sich immer wieder unters Messer legen, wird das eigentliche Problem dieser Menschen aber nicht gelöst: Es ist ihr geringes Selbstbewusstsein, das sie quält, welches sie allein auf Mängel in ihrem Aussehen zurückführen, und nur deshalb lassen sie sich operieren. Richtiger wäre es aber, dafür zu sorgen, dass ihr Selbstbewusstsein gestärkt wird. Eine Schönheitsoperation ist sicher nicht der richtige Weg, um das zu erreichen. Notiere alle Argumente, die der Text bietet, stichwortartig auf einem Extrablatt. Ergänze dann möglichst noch weitere Argumente, die dir einfallen, um dich kritisch zu einer Sendung zu äußern, die Schönheitsoperationen zeigt (möglicher Werbeeffekt → Zahl der Schönheitsoperationen könnte steigen; Risiken, die grundsätzlich mit Operationen verbunden sind → gefährlich; Schönheitsoperationen unnötig …).
Bringe deine Stichworte anschließend in eine Reihenfolge, die es dir ermöglicht, Überleitungen zwischen den einzelnen Argumenten zu finden. (Du sollst die Argumente nicht nur nacheinander aufzählen, sondern musst zeigen, dass du einen Gedankengang entwickeln kannst, der Zusammenhänge erkennen lässt.)
Beim Schreiben nennst du als Erstes den Anlass, der dich bewegt, den Brief zu schreiben: Du sagst, dass du die Sendung im Fernsehen gesehen hast. Danach äußerst du deine grundsätzliche Meinung dazu; anschließend folgen deine Argumente. Runde deinen Brief mit einer persönlichen Aussage ab. Vergiss nicht, deinen Text so zu gestalten, dass er einem förmlichen Brief entspricht (Briefkopf mit der Adresse des Absenders und der Anschrift des Empfängers, Datum, Anrede, abschließender Gruß). Du kannst dir die erforderlichen Angaben ausdenken.

Aufsatzbeispiel

Martina Schönbaum
Heckenweg 9
32373 Lindenau

Fernsehsender YZ
Konzernstr. 9
12345 Velberstadt

3. 1. 2004

Sehr geehrte Damen und Herren,

gestern habe ich im Fernsehen ihre Sendung „Schönheitsoperationen live" gesehen. Da konnte ich am Bildschirm live mit ansehen, wie sich eine durchschnittlich aussehende junge Frau unters Messer legte, um ihrem Schönheitsideal näher zu kommen. Sie ließ sich ihre Nase verkleinern, weil sie aussehen wollte wie Barbie.
Ich finde das unmöglich. Meiner Meinung nach vermitteln Sie dem Zuschauer durch diese Sendung eine falsche Vorstellung vom Umgang mit dem eigenen Körper. Er muss denken, dass nur derjenige „perfekt" ist, der überall Idealmaße vorweisen kann. Und wer kann das schon? Bestimmt hat jeder etwas an sich auszusetzen! Meiner Ansicht nach ist es oberflächlich und falsch, den Eindruck zu erwecken, dass ein ideales Aussehen so wichtig ist.
Ich fürchte, viele Zuschauer könnten nach dieser Sendung auf die Idee kommen, ihr Körper ließe sich beliebig nach dem Baukastenprinzip formen. Und das wird vermutlich dazu führen, dass die Zahl der Schönheitsoperationen weiter ansteigt. Das ist ein gefährlicher Trend. Schließlich ist jede Operation mit Risiken verbunden. Schon bei der Narkose kann es zu Komplikationen kommen. Noch gefährlicher ist der eigentliche Eingriff. Wenn ein Arzt einen entzündeten Blinddarm entfernt, dann ist das medizinisch gesehen notwendig, um die Gesundheit des Patienten wiederherzustellen. Aber eine Schönheitsoperation ist in meinen Augen völlig überflüssig. Verständnis hätte ich nur dann dafür, wenn jemand durch einen Unfall so entstellt ist, dass er in der Öffentlichkeit immer wieder mitleidige Blicke auf sich zieht.
Menschen, die sich nur deshalb unters Messer legen, weil sie sich verschönern lassen wollen, könnten auch eine böse Überraschung erleben. Schließlich wissen sie vorher ja gar nicht, wie sie hinterher aussehen werden. Vielleicht sind sie mit dem Ergebnis gar nicht zufrieden. Außerdem sind sie doch seit vielen Jahren mit ihrem Aussehen vertraut. Wenn sie nach einer erfolgten „Körperkorrektur" in den Spiegel schauen, kann es passieren, dass sie sich in ihrer „neuen Haut" ganz fremd und unwohl fühlen. Die Operation lässt sich aber nicht mehr rückgängig machen. Womöglich werden dann weitere Eingriffe folgen, in der Hoffnung, dass man dem Ziel eines perfekten Äußeren nach und nach doch näherkommt.
Jemand, der bereit ist, das Risiko einer Schönheitsoperation auf sich zu nehmen, muss ein Problem mit seinem Selbstbewusstsein haben. Wahrscheinlich glaubt er, es würde von seinem Aussehen abhängen, ob er von anderen gemocht und geschätzt wird. Aber Sympathie und Anerkennung bekommt man doch nicht durch eine schöne Nase oder durch eine „maßgeschneiderte" Figur, sondern durch die Art und Weise, wie man anderen begegnet. Statt sich operieren zu lassen, sollten solche Menschen wohl eher eine Psychotherapie machen. Das könnte ihnen helfen, mit ihren Unsicherheiten fertig zu werden.
Dass das Aussehen in unserer Gesellschaft für viele eine so große Bedeutung hat, ist ohnehin bedenklich. Diese Entwicklung geht wohl vor allem auf den Einfluss der Medien zurück: Wahrscheinlich vergleichen sich viele Bürger mit den Models, die sie ständig in der Werbung und im Fernsehen sehen, und dann fühlen sie sich minderwertig, bloß weil sie denken, dass sie ein bisschen zu dick sind oder dass ihre Nase etwas zu lang ist.
Aber es gibt doch auch andere Möglichkeiten, kleine Schönheitsfehler zu korrigieren oder zu kaschieren. Vielleicht helfen schon eine neue Frisur und ein wenig Make-up, um von der angeblich hässlichen Nase abzulenken. Figurprobleme lassen sich oft durch geschickte Kleidung verbergen. Häufig genügt auch regelmäßiger Sport, um lästige Pfunde loszuwerden.

Bei den Schönheitsoperationen geht es doch im Grunde nur ums Geschäft! Geldgierige Schönheitschirurgen reiben sich jetzt bestimmt schon die Hände. Die Sendung lief schließlich zur besten Sendezeit; eine bessere Werbung hätten sie sich sicherlich nicht wünschen können. Ich finde, dass das Fernsehen den Zuschauern gegenüber eine Verantwortung hat. Statt durch eine solche Live-Show Propaganda für Schönheitsoperationen zu machen, hätte Ihr Sender darüber informieren sollen, wie riskant solche Eingriffe sind.
Eines weiß ich jedenfalls: Die nächste Sendung schaue ich mir bestimmt nicht an! Und ich hoffe, dass es viele Zuschauer gibt, die es mir gleichtun.

Mit freundlichen Grüßen
Martina Schönbaum

Teilaufgabe 2.2

Hinweis: Du sollst den Inhalt der Ballade „Die Schatzgräber" so umschreiben, als würden die Ereignisse von einem der Söhne erzählt werden. Dabei musst du alle wesentlichen Informationen der Ballade in deine Erzählung einarbeiten und durch eigene Gedanken (als Gedanken des Sohnes) ergänzen kannst.

Lies zunächst die Ballade aufmerksam durch. Mache dir klar, worum es darin geht. Notiere Stichpunkte zum ***Inhalt*** *mithilfe von* ***W-Fragen****. Die Antworten kannst du als Grundlage für den Inhalt deiner Erzählung verwenden.*
- *Wer spricht in der Ballade? Erzähler, beschreibt die Ereignisse rückblickend, mit Sicht von außen (lyrisches Ich)*
- *Was geschieht in der Ballade? Ein sterbender Winzer teilt seinen Söhnen mit, dass in ihrem Weinberg ein Schatz verborgen sei. Nach seinem Tod graben die Söhne auf der Suche nach dem Schatz den gesamten Weinberg um.*
- *Welche Folgen? Ein Schatz in Form von Gold oder Geld kann nicht gefunden werden, aber nach einem Jahr zeigt sich, dass das gründliche Umgraben den Söhnen zu einem „Schatz" in Form einer reichen Ernte verholfen hat.*

Gliedere deine Erzählung in Einleitung, Hauptteil und Schluss. In der ***Einleitung*** *beantwortest du die W-Fragen und führst in die Handlung ein. Im* ***Hauptteil*** *schilderst du die Ereignisse und baust den Spannungsbogen auf. Zum* ***Schluss*** *solltest du die Spannung wieder auflösen, z. B. in Form einer Erklärung dazu, was der Vater mit dem Schatz gemeint hat.*

Die Aufgabenstellung verlangt, dass du aus der ***Perspektive eines Sohnes*** *schreibst. Aus deinem Text sollte hervorgehen, wie viele Söhne der Winzer hat und welcher Sohn der Erzähler ist (z. B. jüngster, mittlerer oder ältester Sohn). Du kannst den Söhnen Namen geben. Achte darauf, dass du in der Ich-Form schreibst. Versetze dich dafür in die Perspektive des Erzählers (eines Sohnes) und beachte, dass du gleichzeitig auch Beteiligter der Handlung bist.*

Achte auf ***anschauliche Formulierungen****. Stelle dir das Geschehen genau vor! Male dir z. B. für die Beschreibung der Schatzsuche aus, wie der Weinberg (Erde, Gras, Rebstöcke, andere Pflanzen, der Himmel …) aussieht und wie etwas riecht oder schmeckt (z. B. die frisch umgegrabene Erde). Verwende*
- *treffende Verben (z. B. „graben", „hacken", „sieben", „schaufeln"),*
- *veranschaulichende Adjektive („heftig", „verbissen", „geheimnisvoll"),*
- *wörtliche Rede, wenn es erforderlich ist,*
- *Vergleiche und passende Redewendungen (z. B. „guter Rat ist teuer", „etwas mit Argusaugen beobachten", „jemanden an der Nase herumführen").*

Beachte auch die ***Zeitform*** *des Erzählens. In der Regel wird in der schriftlichen Erzählung das Präteritum verwendet. Solltest du wörtliche Rede verwenden, dann schreibe im Präsens. Stelle nun einen* ***Erzählplan*** *(Gliederung) auf. Denke dir auch eine passende* ***Überschrift*** *aus, z. B. „Der Schatz im Weinberg".*

Aufsatzbeispiel

Der Schatz im Weinberg

Es war ein grauer, regnerischer Tag, als unser Vater uns zu sich rief. Fritz und ich liefen rasch zu ihm, denn wir wussten, das Unvermeidliche stand bevor. Unser Vater lag im Sterben. Er sah uns lange an und sprach dann: „Lieber Hans, lieber Fritz, meine Zeit auf der Erde ist abgelaufen und schon bald werde ich nicht mehr bei euch sein. Ihr werdet nun allein klarkommen müssen. Ich will euch jedoch noch ein Geheimnis anvertrauen: In unserem Weinberg liegt ein Schatz vergraben.“ Wir sahen uns fragend an. Ein Schatz? Hier bei uns? Warum sagte er uns das erst jetzt? Wo genau sollten wir suchen? Doch wir konnten unserem Vater all diese Fragen nicht mehr stellen. Er schloss die Augen und starb.

Kaum war er beerdigt, begannen wir mit der Schatzsuche. Wir standen am Fuße des großen Weinberges und nun war guter Rat teuer. Wo sollten wir mit dem Graben anfangen? Oben? Unten? Von rechts nach links oder von links nach rechts? Uns hatte die harte Arbeit eines Weinbauern nie wirklich interessiert, wir halfen nur ab und zu unserem Vater. Aber er blieb zeitlebens beharrlich und arbeitete auf seinem Weinberg. So viel harte Arbeit und so geringer Verdienst am Ende! Und nun hatten wir die Chance, hier einen Schatz zu finden! Wir überlegten schon, was wir mit dem plötzlichen Reichtum machen würden. Wir grübelten, was da wohl zu finden sei: Geld, Gold, Schmuck, Diamanten? Da ich der Ältere von uns beiden war, beschloss ich, die Sache in die Hand zu nehmen. Und so beauftragte ich meinen jüngeren Bruder, geeignete Werkzeuge zu beschaffen und zum Weinberg zu kommen.

Wir begannen ganz oben und stachen mit Hacken und Spaten in die Erde. Der harte Boden brach auf und je tiefer wir gruben, desto reichhaltiger duftete die Erde und desto satter wurde ihre Farbe. Wir hatten aber keinen Sinn dafür. Wie besessen gruben und hackten wir Stück für Stück und Tag für Tag bis spät in die Nacht. Kein Stück Boden blieb wie es war. Wir ließen die Erde durch unsere Finger gleiten und siebten sie anschließend sogar, damit uns kein Stück des Schatzes entginge. Weder heftiger Regen noch brennender Sonnenschein hielten uns von unserem Vorhaben ab. Verbissen wühlten wir in der Erde des Weinberges. Jedes noch so kleine Steinchen sammelten wir ein und trugen es weg, um es mit Argusaugen zu begutachten, doch wir fanden nichts.

Und so kam der Tag, an dem wir den gesamten Berg tief und gründlich abgesucht hatten. Wir hatten gehackt, gegraben, gesiebt. Kein Gras, kein Kraut, kein Stein war mehr zu sehen, nur noch Vaters alte Rebstöcke. Einige Wochen waren vergangen, seit wir mit der Suche nach dem geheimnisvollen Schatz begonnen hatten und nun sagte mein jüngerer Bruder völlig entkräftet: „Hans, ich kann nicht mehr und ich habe auch keine Lust mehr. Vater wollte uns bestimmt nur an der Nase herumführen. Hier ist nie und nimmer ein Schatz versteckt. Lass uns aufhören und nach Hause gehen. Lass uns den Weinberg vergessen!“

Ich stimmte ihm zu, denn ich fühlte ganz genauso wie er. Ich war müde und enttäuscht. Und so packten wir unsere Werkzeuge zusammen und gingen heim.

Ein Jahr verging und an den Weinberg dachten wir nur sehr selten. Doch nun führte mich einer meiner Spaziergänge wieder an diesem Berg vorbei. Was war das? Ich traute meinen Augen kaum. Die Rebstöcke waren grün und kräftig, an jedem hingen viele schwere große, blaue Trauben. Die Stöcke konnten ihre reife Last kaum tragen!

Ich rannte so schnell mich meine Beine trugen nach Hause, um meinem Bruder diese Neuigkeit zu berichten, und als wir dann endlich beide fassungslos am Weinberg standen, wurde uns plötzlich bewusst, welchen Schatz unser Vater gemeint hatte. Das versprach eine Ernte zu werden, wie wir sie noch nie hatten!

Durch unser unermüdliches Graben und Wühlen hatten wir die Bodenverhältnisse verbessert, die Erde durchlüftet, das Unkraut beseitigt und so selbst für diese üppige Pracht gesorgt. Stolz erfüllte uns. Nicht Geld, Gold oder Edelsteine lagen hier im Berg versteckt, sondern fruchtbare Erde, die uns eine reiche Traubenernte bescherte, wenn wir den Weinberg gut pflegten. Dankbar dachten wir an unseren Vater – wir hatten seinen Schatz gefunden und würden auch in den nächsten Jahren für unser Suchen belohnt werden.

Teilaufgabe 2.3

Hinweis: In einem Zeitungsbeitrag sollst du die Leser über Hannas Freitod kurz vor ihrer Entlassung aus dem Gefängnis informieren und mögliche Gründe für ihren Selbstmord erörtern. Hanna Schmitz selbst hat den Grund für ihren Suizid in ihrem letzten Brief nicht erwähnt, sodass alle Betroffenen etwas hilflos sind angesichts ihres unerwarteten Todes. Du kannst also lediglich Vermutungen über ihre Beweggründen für den Selbstmord anstellen.

Mache dir zunächst klar, welche Anforderungen du bei einem Zeitungsartikel erfüllen musst. In der Aufgabenstellung wirst du darauf hingewiesen, dass der Zeitungsartikel eine ***Mischform*** *aus Berichten und Erörtern darstellen soll: Du sollst sowohl über den Freitod von Hanna Schmitz* ***berichten****, als auch mögliche Gründe für ihren Selbstmord* ***erörtern****. Daraus ergeben sich die folgenden Anforderungen:*

- ***Berichtende Texte*** *sollen informieren. Dabei musst du darauf achten, das Ereignis sachlich und knapp wiederzugeben. In der Regel gibt der Bericht Antwort auf die W-Fragen: Wer? (beteiligte Personen), Was? (Geschehen in der richtigen Reihenfolge), Wann? (Zeitpunkt des Geschehens), Wo? (Ort des Geschehens) und Warum? (Grund und Folgen des jeweiligen Geschehens). Die Zeitform eines Berichtes ist in der Regel das Präteritum.*
- ***Erörternde Texte*** *dienen der Urteils- oder Meinungsbildung zu bestimmten Sachverhalten oder Problemen. Orientiere dich daran, was du über die Erörterung gelernt hast: Jedes Argument sollte aus Behauptung, Begründung und Beispiel bestehen. Ordne die Argumente nach dem Prinzip der gesteigerten Wichtigkeit, das wirkt überzeugender. Achte auch auf die sprachliche Verknüpfung deiner Argumente.*

Es bietet sich an, deinen Zeitungsartikel mit einem Bericht über den Freitod Hannas zu beginnen und daran einen erörternden Teil anzuschließen. Du kannst die letzte W-Frage (Warum?) als Überleitung zu deiner Erörterung nutzen: Warum hat sich Hanna Schmitz am Tag ihrer Entlassung aus dem Gefängnis umgebracht? Dabei musst du dich argumentativ mit dem Sachverhalt (Selbstmord) auseinandersetzen, indem du mögliche Gründe aufzeigst.

Fertige nun eine ausführliche ***Stoffsammlung*** *an. Sie könnte z. B. so aussehen:*

Einleitung	**Wer?** Hanna Schmitz, ehemalige KZ-Aufseherin, zu lebenslanger Haft verurteilt, amtliche Begnadigung erhalten **Was?** Selbstmord, ohne Angabe des Grundes in ihrem Abschiedsbrief, völlig überraschend **Wann?** Sommer 1984, am Tag ihrer Freilassung nach 18 Jahren Haft **Wo?** in der Gefängniszelle **Überleitung:** Hanna Schmitz' Freitod wirft die Frage auf: **Warum** hat sich Hanna Schmitz am Tag ihrer Entlassung aus dem Gefängnis das Leben genommen?			
Hauptteil	**Behauptung**	**Begründung**	**Beispiel**	**Folgerung**
1. Argument	Hanna hatte Angst vor dem Leben außerhalb des Gefängnisses.	18 Jahre hinter Gefängnismauern, im Alter von 62 Jahren (geb. 1922) → Veränderungen in der Welt → gesundheitlicher Zustand	technische Veränderungen/ moderne Welt (1966–1984), Krankheit/ Kraftlosigkeit	Hanna würde nicht klarkommen, würde sich nicht mehr zurechtfinden, konnte so nicht leben. → Unfähigkeit, für sich zu sorgen

2. Argument	Hanna fühlte sich von Michael verlassen – trotz der guten Vorbereitung (Arbeit, Wohnung) für die Zeit nach ihrer Entlassung	Michael war ihr einziger Kontakt zur Außenwelt. Er hat kaum persönlichen Kontakt zu ihr aufgenommen, nur ein kurzer Besuch.	Hanna kannte niemanden außer Michael.	Hanna glaubte, eine Belastung zu sein (Michael hat sich entfremdet). Sie wollte nicht, dass er sich um sie kümmert. Gefühle, die ihr Geborgenheit geben, fehlten.
3. Argument	Hannas Selbstmord ist das Ergebnis der untragbar schweren Schuld an den Verbrechen im KZ und am Tod Hunderter von Frauen in einer Kirche.	Sie wollte Schuld sühnen, sie wollte Buße tun, sie wollte endlich Verantwortung für ihr Handeln übernehmen.	Sie las Bücher über KZs, von Holocaustüberlebenden und Tätern. Während des Prozesses: Zusammentreffen mit Opfern. Vor dem Prozess: Versteckspiel aufgrund ihrer Vergangenheit (Nachbarn, keine Freunde).	Einsicht in Nazi-Verbrechen entwickelte sich, sie setzte sich mit ihrer Schuld auseinander. → Sie konnte so nicht weiterleben. Sie spendete Geld an Überlebende in Amerika. → heimliche Bitte um Vergebung?
Schluss	Vermutung: Aus welchem der drei Gründe hat Hanna Selbstmord begangen?			

*Überlege dir eine passende **Überschrift**, z. B. „Selbstmord am Tag der Haftentlassung“. Mithilfe deiner Vorüberlegungen und der Stoffsammlung kannst du nun den Artikel schreiben.*

Aufsatzbeispiel

Selbstmord am Tag der Haftentlassung

Nach 18 Jahren Inhaftierung erhängte sich Hanna Schmitz gestern, am Tag ihrer Freilassung, in ihrer Gefängniszelle.

Aufgrund ihrer Tätigkeit als KZ-Aufseherin und den damit verbundenen schweren Verbrechen gegen die Menschlichkeit, wurde Schmitz 1966 zu einer lebenslangen Freiheitsstrafe verurteilt, die nun durch eine amtliche Begnadigung aufgehoben wurde.

Ihr Freitod kam völlig unerwartet für alle Beteiligten, da die Freilassung der 62-Jährigen seit Langem gut vorbereitet war. Schmitz hinterließ weder einen Abschiedsbrief mit Angaben zum Grund ihres Selbstmordes noch hatte man ihrem Verhalten Hinweise für einen Suizid entnehmen können. Ihr Tod wirft damit die Frage auf, warum Hanna Schmitz sich am Tag ihrer Entlassung aus dem Gefängnis das Leben genommen hat. Hatte sie Angst vor dem Leben außerhalb der sicheren Gefängnismauern?

1966 inhaftiert, sollte Schmitz jetzt – 1984 – nach 18 Jahren in die Freiheit entlassen werden. Was wusste sie von den Veränderungen draußen in der Welt? Würde sie in ihrem Alter noch zurechtkommen mit den technischen Neuerungen, dem erhöhten Verkehrsaufkommen, den veränderten Einkaufsbedingungen? Würde sie bestehen können in ihrem neuen Leben, hätte sie noch die Kraft für einen Neubeginn? Würde sie mit 62 Jahren für sich selbst sorgen kön-

nen? Vielleicht waren es diese Befürchtungen, die Hanna Schmitz zu der tragischen Entscheidung trieben, ihrem Leben ein Ende zu setzen.
Oder fühlte Schmitz sich von Michael Berg, ihrem einzigen Kontakt zur Außenwelt während ihrer Inhaftierung, alleingelassen? Berg hatte sich um eine Arbeit und eine Wohnung für Schmitz gekümmert. Persönlichen Kontakt zu ihr hatte er jedoch, bis auf einen kurzen Besuch, immer vermieden. Wollte Hanna Schmitz möglicherweise nicht, dass sich Michael Berg um sie kümmert? Sie spürte vielleicht, dass sie für Berg nur eine Belastung darstellte, dass sie sich entfremdet hatten. Vielleicht glaubte sie auch, dass ihr Michael Berg nicht die Geborgenheit geben konnte, die sie sich von ihm erhoffte.
Wenn man sich mit Hanna Schmitz' Vergangenheit beschäftigt, liegt die Vermutung sehr nahe, dass ihr Selbstmord ein Eingeständnis ihrer Schuld ist. Als KZ-Aufseherin war sie an zahlreichen Verbrechen beteiligt und mitverantwortlich für die Verbrennung Hunderter von Frauen in einer Kirche.
Später, in ihrer Gefängniszelle, arbeitete Hanna Schmitz ihr Defizit auf, indem sie das Schreiben und Lesen erlernte. Sie las viel über Konzentrationslager, über Holocaustopfer und auch über Täter wie sich selbst. Die Bücher waren mit Bedacht ausgewählt. Dadurch war sie in der Lage, sich systematisch mit ihrer Vergangenheit auseinanderzusetzen und das Ausmaß ihrer Schuld zu begreifen. Konnte sie mit diesem Wissen weiterleben?
In einem letzten Brief bittet Hanna Schmitz Michael Berg, das Geld aus ihrer Teedose sowie auf ihrem Konto den Nachkommen der Überlebenden des Kirchenbrandes zu übergeben. Es ist ihr letzter Brief, der einem Testament gleicht, in welchem Hanna Schmitz um Vergebung ihrer Schuld bittet.
Da Hanna Schmitz ihren Selbstmord nicht erklärt hat, bleibt die Frage weiterhin offen, warum er für sie der letzte Ausweg schien. Vermutlich spielen dabei alle der folgenden Gründe eine Rolle: Sie hatte sicher Angst vor ihrem weiteren Leben, einem Leben außerhalb des Gefängnisses, in Einsamkeit und mit ihrer untilgbaren Schuld.

Türkische Minderheit in Deutschland

In den Jahren des „Wirtschaftswunders" machte sich in der Bundesrepublik ein steigender Bedarf an Arbeitskräften bemerkbar. Daher schloss die Bundesregierung von 1955 bis 1968 mit mehreren Staaten Anwerbeabkommen, darunter 1961 mit der Türkei.
Bis Mitte der 1960er-Jahre war es allgemeiner Konsens[1], dass die ausländischen Arbeitskräfte – die „Gastarbeiter", wie sie bald im öffentlichen Sprachgebrauch hießen – nur vorübergehend in Westdeutschland leben und arbeiten sollten. Da lediglich der Bedarf der Wirtschaft nach Arbeitskräften erfüllt werden sollte, gab es keine Überlegungen oder gar Planungen hinsichtlich einer dauerhaften Ansiedlung der Zuwanderer. Eine mögliche Integration der Arbeiter und eine Auseinandersetzung mit ihrem Herkunftsland, ihren Traditionen und ihrer Religion schien nicht notwendig zu sein, da Arbeitskräfte nur kurzfristig benötigt wurden und im wirtschaftlichen Krisenfall wieder in ihre Heimat zurückkehren sollten.
Im Oktober 1973 erließ die Bundesregierung wegen der Ölkrise und des darauf befürchteten wirtschaftlichen Rückgangs einen Anwerbestopp.

Familienzusammenführung

Bis zum Anwerbestopp waren vor allem junge Männer nach Deutschland gekommen. Im Rahmen der Familienzusammenführung ab 1974 begannen die Arbeitskräfte verstärkt, ihre Angehörigen nachzuholen. Damit stieg auch die Aufenthaltsdauer. 2004 lebten mehr als 73 Prozent der Türken länger als zehn Jahre in Deutschland, davon 20,5 Prozent sogar länger als 30 Jahre.
Aus „Gastarbeitern" waren de facto Einwanderer geworden. Viele Vertreter der ersten Generation von Arbeitsmigranten blieben im Land – ungeachtet ihres früheren Vorsatzes, in Deutschland rasch Geld zu verdienen, um sich zu Hause eine gesicherte Existenz aufbauen zu können. Oftmals wollten die Kinder und Enkelkinder nicht zurück in die Türkei, und so blieben auch die Älteren bei den Familien in Deutschland.

Arbeitslosigkeit

Mit verlängerter Aufenthaltsdauer waren die in Deutschland lebenden Türken auch stärker von Arbeitslosigkeit betroffen. Entgegen dem Vorurteil, die Türken würden den Deutschen die Arbeitsplätze wegnehmen, sind mit 25,5 Prozent überproportional viele Türken arbeitslos (Stand: 2005), davon sind 40 Prozent langzeitarbeitslos. Ihre Arbeitsplätze in der Industrie fielen der Rationalisierung zum Opfer. Dennoch stimmten laut einer Allbus-Umfrage 2004 46 Prozent der Bevölkerung der Aussage zu: „Zuwanderer nehmen Menschen, die in Deutschland geboren sind, Arbeitsplätze weg."
Die Aufrechnung von freien Stellen gegen die von Ausländern eingenommenen Arbeitsplätze ist jedoch nicht angebracht: Tatsächliche Konkurrenz gibt es nur bei Stellen, die mit ungelernten Arbeitern besetzt werden könnten. Diese meist schlecht bezahlten und körperlich anstrengenden Arbeiten werden von Deutschen aber nur in seltenen Fällen angenommen.
Nicht zuletzt wegen der anhaltend hohen Arbeitslosigkeit machen sich immer mehr Türken selbstständig. Die Zahl der türkischen Unternehmer in Deutschland stieg von 3 000 im Jahr 1970 auf 61 300 im Jahr 2003. Und keineswegs bestätigt sich dabei das Klischee vom „Döner-Türken" oder vom Inhaber eines Obst- und Gemüseladens; es gibt auch türki-

sche Anwälte, Architekten, Juweliere, Rechtsanwälte und Handwerker.

Integrationsprobleme

Bis heute gelten die Türken als die am schwersten zu integrierende Bevölkerungsgruppe. Einer Umfrage von 2002 zufolge lehnen 39 Prozent der Ostdeutschen und 28 Prozent der Westdeutschen Türken als Nachbarn ab. Eines der größten Probleme für die türkische Minderheit wie für die deutsche Mehrheit ist die Erziehungs- und Bildungssituation der jungen Türken. Immer noch verfügen manche türkische Kinder nicht über ausreichende Sprachkenntnisse, um dem deutschen Schulunterricht folgen zu können. Die Folge sind fehlende Schulabschlüsse, die wiederum eine erfolgreiche berufliche Eingliederung erschweren. Daraus entstehen soziale Probleme, die eine weitergehende Integration verhindern. Die Aufstiegschancen junger Türken hängen damit auch wesentlich von der Toleranz und Offenheit des Elternhauses ab. Türkische Kinder, deren Familien sich weitgehend vom deutschen Umfeld abschotten, haben deutlich schlechtere Bildungschancen. Ein Umdenken in der Schulpolitik, mehr Deutschunterricht in den Kindergärten, aber auch für die Eltern, insbesondere für die Mütter, sind dringend erforderlich.

Angelika Königseder und Birgit Schulze: Türkische Minderheit in Deutschland, in: Informationen zur politischen Bildung, hrsg. von der Bundeszentrale für politische Aufklärung, Heft 271/2005 (gekürzt und leicht geändert)

Anmerkung:
1 Konsens: Einigkeit, Übereinstimmung bezüglich einer Meinung

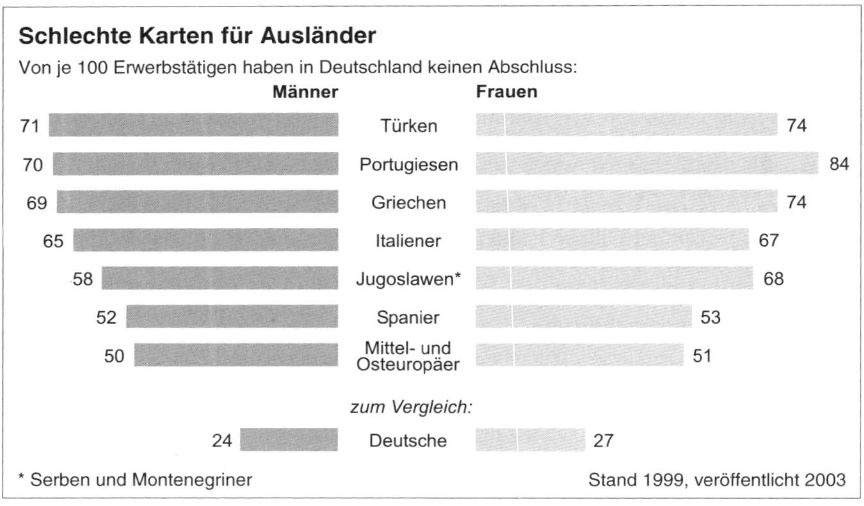

Quelle: Institut Arbeit und Technik, Daten übernommen aus Globus-Grafik 8739

Teil 1: Textverständnis

Lies den Text „Türkische Minderheit in Deutschland“ mit der Grafik „Schlechte Karten für Ausländer“ sorgfältig durch. Beantworte anschließend die Fragen.

1.1 Welche der folgenden Aussagen ist richtig? Beziehe dich dabei auf den Text. Kreuze jeweils an, ob die Aussage zutreffend ist oder nicht.

	trifft zu	trifft nicht zu
a) Die angeworbenen ausländischen Arbeitskräfte sollten dauerhaft in Deutschland leben und arbeiten.	☐	☐
b) Zunächst kamen vor allem junge Männer aus der Türkei nach Deutschland.	☐	☐
c) Seit 1974 kommen häufig ganze Familien aus der Türkei nach Deutschland.	☐	☐
d) Immer mehr Türken blieben dauerhaft in Deutschland.	☐	☐
e) Prozentual gesehen sind mehr Türken arbeitslos als Deutsche.	☐	☐
f) Türken und Deutsche konkurrieren um gut bezahlte Arbeitsplätze.	☐	☐

1.2 Kreuze jeweils an, ob die Aussage zutreffend ist oder nicht.

Das vorliegende Schaubild zeigt, …	trifft zu	trifft nicht zu
a) dass unter den ausländischen Arbeitnehmern mehr Frauen als Männer keinen beruflichen Abschluss haben.	☐	☐
b) dass unter den deutschen Arbeitnehmern mehr Frauen als Männer keinen beruflichen Abschluss haben.	☐	☐
c) dass es unter ausländischen Arbeitnehmern mehr Frauen als Männer gibt.	☐	☐
d) dass Ausländer ohne beruflichen Abschluss häufig arbeitslos sind.	☐	☐
e) dass Mittel- und Osteuropäer häufiger als andere ausländische Arbeitnehmer einen beruflichen Abschluss haben.	☐	☐
f) dass portugiesische Frauen seltener als andere ausländische Arbeitnehmer einen beruflichen Abschluss haben.	☐	☐

1.3 Die Überschrift für das Schaubild lautet: *„Schlechte Karten für Ausländer“*. Überlege, ob die Überschrift auch zum vorausgehenden Text passt.

a) Kreuze die Meinung an, der du eher zustimmst.

☐ Die Überschrift passt genau zum Text.

☐ Die Überschrift passt nicht genau zum Text.

b) Begründe deine Entscheidung anhand des Textes.

1.4 Welches im Text angesprochene Problem wird durch das Schaubild veranschaulicht? Vervollständige die folgende Aussage.

Ich glaube, dass das Schaubild …

1.5 In einer Umfrage aus dem Jahr 2004 stimmten 46 Prozent der Bevölkerung der Aussage zu: *Zuwanderer nehmen Menschen, die in Deutschland geboren sind, Arbeitsplätze weg.* Erkläre, warum diese Vorstellung falsch ist. Beziehe dich dabei auf den Text.

Die Vorstellung, dass Zuwanderer den in Deutschland geborenen Menschen Arbeitsplätze wegnehmen, ist falsch, weil …

1.6 In Z. 19–23 heißt es: „*Eine mögliche Integration der Arbeiter und eine Auseinandersetzung mit ihrem Herkunftsland, ihren Traditionen und ihrer Religion schien nicht notwendig zu sein […].*"
Was kommt durch diese Aussage zum Ausdruck? Kreuze jeweils an, ob die Aussage zutreffend ist oder nicht.

Die Deutschen …	trifft zu	trifft nicht zu
a) wollten nicht, dass sich die ausländischen Arbeiter in die Gesellschaft einfügten.	☐	☐
b) hielten es für überflüssig, dass sich die ausländischen Arbeiter in die Gesellschaft einfügten.	☐	☐
c) hatten kein Interesse an einem Kontakt mit den ausländischen Arbeitern.	☐	☐
d) schätzten die Verweildauer ausländischer Arbeitskräfte falsch ein.	☐	☐

1.7 Im Text werden einige Erklärungen dafür gegeben, wie es dazu gekommen ist, dass es Integrationsprobleme mit Ausländern gibt. Kreuze an, welche der folgenden Aussagen dem Text sinngemäß entsprechen.

	trifft zu	trifft nicht zu
a) Die Ausländer wurden von Anfang an als Einwanderer angesehen.	☐	☐
b) Kultur und Lebensweise der ausländischen Arbeitnehmer blieben den Deutschen fremd.	☐	☐
c) Die Deutschen möchten Arbeiten übernehmen, die von ausländischen Arbeitnehmern erledigt werden.	☐	☐
d) Viele ausländische Kinder sprechen kein Deutsch.	☐	☐
e) Es gibt türkische Familien, die kaum Kontakt mit Deutschen haben.	☐	☐
f) Viele Deutsche wollen keinen Kontakt mit Türken haben.	☐	☐
g) Die Bildungspolitik hat die Kinder ausländischer Arbeitnehmer in der Vergangenheit vernachlässigt.	☐	☐

1.8 Laut Bildungsbericht haben es Migrantenkinder in deutschen Schulen besonders schwer, einen guten Schulabschluss zu erzielen. Deshalb sollen Migrantenkinder in der Schule und im Kindergarten künftig besser gefördert werden, damit sie im Schulsystem bessere Chancen haben. In Chatforen konnte man dazu unterschiedliche Kommentare lesen, z. B. solche:

Lars:

Ich finde es nicht richtig, wenn jetzt verlangt wird, dass Migrantenkinder in der Schule besser gefördert werden sollen.
Am Ende muss bloß wieder der deutsche Steuerzahler dafür aufkommen. Die Türken und andere Migrantenkinder sollten sich eben ein bisschen mehr Mühe geben, dann würden sie schon in der Schule klarkommen. Von nichts kommt eben nichts!

Kemal:

Wie sollen türkische Eltern ihre Kinder denn unterstützen, wenn sie selber nicht gut Deutsch können? Das ist ja wohl zu viel verlangt. Und warum können sie nicht richtig Deutsch? Weil die Deutschen sich zu vornehm sind, um mit ihnen Kontakt zu haben. Wie sollen sie es also lernen? Es ist deshalb ganz richtig, dass für Migrantenkinder endlich was getan werden soll!

Nicole:

Tatsache ist nun mal, dass viele Kinder von Ausländern in der Schule scheitern, und dann sind sie später arbeitslos und kriegen Sozialhilfe. Das kostet den Steuerzahler am Ende viel mehr Geld. Da ist es doch besser, wenn man frühzeitig was tut, damit Migrantenkinder richtig Deutsch lernen. Wir brauchen kein Heer von Hartz-IV-Empfängern, sondern qualifizierte Arbeitskräfte!

Welchem der Kommentare stimmst du am ehesten zu? Begründe deine Entscheidung und beziehe dich dabei auf die Informationen aus dem Text und aus dem Schaubild.

Teil 2: Textproduktion

Wähle **eine** der folgenden Aufgaben 2.1, 2.2 oder 2.3 aus.

2.1 Verfasse eine Erörterung zum Thema:
Ist es sinnvoll, wenn Kinder und Jugendliche in ihrer Freizeit einer Arbeit nachgehen?
Beziehe dich dabei auf den Text „Jetzt wird wieder in die Händchen gespuckt“ und die Daten aus der Umfrage des Deutschen Wirtschaftsinstituts.

Jetzt wird wieder in die Händchen gespuckt

Daniel ist gerade 15 geworden, schuftet aber schon wie ein Erwachsener. Mehrere Tage die Woche, stundenlang, und das seit vier Jahren. Kinderarbeit. „Ich finde, das kann man wirklich nicht als Arbeit bezeichnen“, wiegelt er ab, „es macht mir enormen Spaß, und dann werde ich auch noch dafür bezahlt.“ Was er mit seinem Lohn macht? „Das Geld ist auf der Bank.“

Daniel, das ist Daniel Radcliffe, der Harry Potter-Darsteller. Wie er arbeiten rund 40 Prozent der deutschen Schüler zwischen 12 und 16 Jahren – die wenigsten am glamourösen Film-Set, die meisten in unspektakulären Jobs wie Nachhilfelehrer oder Prospekteverteiler. Das Interview mit Daniel Radcliffe, in dem er von seiner Arbeit erzählt, hängt an der Wand des Büros von Beatrice Hungerland. Die Sozialwissenschaftlerin leitet das Forschungsprojekt „Kinder und Arbeit“ an der Technischen Universität Berlin. Mit ihren Kollegen hat sie 38 Kinder zwischen 9 und 15 Jahren zu ihren Erfahrungen mit der Arbeitswelt befragt und dabei festgestellt: „Die reden genauso wie Daniel Radcliffe.“ [...]

„Die meisten Kinder sehen in ihrer Arbeit mehr als reinen Gelderwerb“, sagt Beatrice Hungerland, „sie finden in ihrem Job Anerkennung. Sie sehen, dass sie selbst etwas leisten können.“ Besonders Kinder, die in der Schule Probleme haben, erhielten so die nötige Selbstbestätigung. Dass umgekehrt die Arbeit die schulischen Probleme verstärke, habe sie nur in einem Fall beobachtet. [...]

In ihren Gesprächen hat Hungerland festgestellt: „Kinder wollen nicht rumgammeln, sie wollen arbeiten.“ Eine Befragung des Landes Thüringen unter 2 477 Schülern der siebten bis neunten Klassen aus dem Jahr 1999 untermauert das: 89 Prozent würden arbeiten, wenn sie die Gelegenheit dazu bekämen. Doch die Möglichkeiten sind begrenzt – durch den schwachen Arbeitsmarkt, aber auch durch rigide[1] Gesetze. [...]

Enge rechtliche Grenzen

Das Jugendarbeitsschutzgesetz steckt die Grenzen bei der Kinderarbeit. Grundsätzlich gilt: Wer noch zur Schule gehen muss, darf nicht jobben. Für Kinder ab 13 Jahren öffnet der Gesetzgeber die Arbeitswelt zumindest ein wenig. Sie passen auf das Baby der Nachbarn auf, geben dem Sohn von Tante Trude Nachhilfe oder kaufen für Oma Meier aus dem Erdgeschoss ein. Sie ziehen die Linien auf dem Fußballplatz nach, verteilen Flugzettel für Parteien oder rupfen das Unkraut vom Acker des Bauern Paschulke. [...] Der Job-Klassiker schlechthin ist das Austragen von Anzeigenblättern. 80 000 Schüler ziehen mittwochs um die Häuser – samstags dürfen sie nämlich nicht. Kindern ist es nur erlaubt, von montags bis freitags zu arbeiten, und das maximal zwei Stunden am Tag zwischen 8 und 18 Uhr.

Ausgenommen sind Ferienjobs. Aber die gibt's erst ab 15 Jahren und dann auch nur für vier Wochen im Jahr. [...]

Rechte statt Verbote

Nach Studien aus mehreren Bundesländern verstoßen zwischen 40 und 60 Prozent der arbeitenden Kinder und Jugendlichen mit ihrem Job gegen das Gesetz. Ein Bericht der Bundesregierung zur Kinderarbeit aus dem Jahre 2000 zeigte, dass die Eltern sich meist keiner Schuld bewusst sind. Sie sehen die Arbeit ihrer Sprösslinge als sinnvolle Freizeitbeschäftigung, als Möglichkeit, das Taschengeld aufzubessern und erste Einblicke ins Berufsleben zu gewinnen. Eltern bringen daher wenig Verständnis für staatliche Reglementierungen[2] auf. Und weil die meisten Kinder arbeiten wollen, fordert Sozialwissenschaftlerin Hungerland, dass die Rechtslage umgekehrt wird: „An die Stelle von Verboten sollten Rechte treten." Nur so könnten die Kinder wirklich geschützt werden. Sie könnten Löhne einklagen oder seien bei Unfällen versichert.

Den raffgierigen Geschäftemacher, der Knirpse ausbeutet, muss man in Deutschland ohnehin mit der Lupe suchen. Denn es gibt genügend Erwachsene, die für ein paar Euro sozialversicherungsfrei als Minijobber zupacken. „Den 15-Jährigen, der morgens Kisten auf dem Großmarkt schleppt, gibt es nicht", heißt es aus dem Berliner Amt für Arbeitsschutz. Die gleichen Erfahrungen machen die Kollegen aus Köln. [...]

Nachwuchsstars sind auch nur Kinder

Heute richten die Kölner Arbeitsschützer ihre Augen vor allem auf die Filmindustrie. 3 000 Kinder standen im vergangenen Jahr vor den Kameras in der Domstadt, meist als Statisten. Den Dreh mit den jungen Darstellern müssen sich die Produktionsfirmen von der Behörde genehmigen lassen. Verstöße gegen die Auflagen halten sich in engen Grenzen. [...]

David Kötter ist auch eines der sogenannten Medienkinder. Der 13-jährige Gymnasiast aus Wuppertal steht seit seinem neunten Lebensjahr vor der Kamera [...]. Als stressig empfindet er die Schauspielerei nicht: „Das Drehen macht Spaß. Und es ist schön, wenn man sich selbst im Fernsehen sieht."

Nach kurzem Grübeln legt David nach: „Eigentlich ist das gar keine Arbeit."

Die Schule leidet – wie Mutter Sabine beteuert – nicht unter der Schauspielerei. Als David im vergangenen Sommer für den Rosamunde-Pilcher-Film „Solange es Dich gibt" in England drehte, bekam er die Hausaufgaben vier Wochen lang per Fax nachgeliefert. Die ersten Brocken seiner neuen Fremdsprache Französisch brachte er sich selbst bei. Zeit für sein liebstes Hobby, Fußball, findet er auch noch, gibt aber zu: „Als ich in England war, hat mir schon der Fuß gejuckt."

In seinen Einstellungen ähnelt David sehr dem Harry-Potter-Darsteller Daniel Radcliffe. Von den Summen, die der Engländer verdient, kann David allerdings nur träumen. „Es wird für den Führerschein und einen kleinen Gebrauchtwagen reichen", wenn er in ein paar Jahren Auto fahren darf, sagt David – der Wunsch eines ganz normalen, arbeitenden Kindes in Deutschland.

Aus: Daniel Schneider: Kinderarbeit in Deutschland. Jetzt wird wieder in die Händchen gespuckt. SPIEGEL ONLINE – 30. Juli 2004. Im Internet unter: http://www.spiegel.de/unispiegel/jobundberuf/0,1518,310668,00.html (gekürzt)
Foto: Fotolia.com/Marie Hermine Parecker

Anmerkungen:
1 rigide: streng
2 Reglementierung: Aufstellen von Regeln durch Vorschriften

Umfrage des Deutschen Wirtschaftsinstituts (DIW)

Verteilung des Alters beim ersten Jobben

Befragung von 17-jährigen Schülerinnen und Schülern in den Jahren 2000 bis 2002

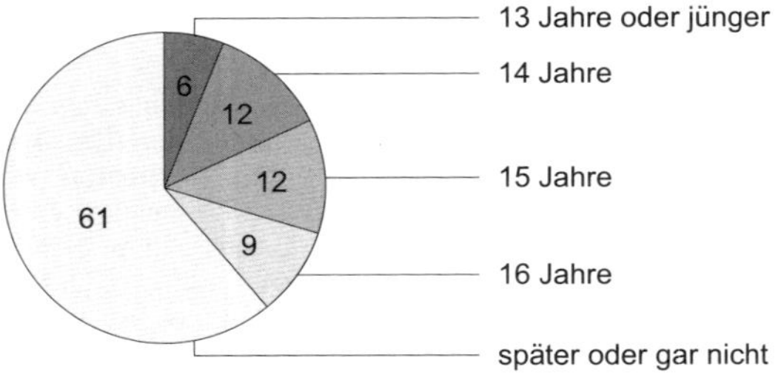

Angaben in Prozent
Insgesamt wurden 738 Schülerinnen und Schüler befragt.

Schulische Leistungen und Jobben von 17-jährigen Schülerinnen und Schülern	
	Schulnote im letzten Zeugnis
Deutsch	
noch nicht gejobbt	2,8
gejobbt	2,9
Mathematik	
noch nicht gejobbt	3,0
gejobbt	3,1
Erste Fremdsprache	
noch nicht gejobbt	2,9
gejobbt	2,9
	Klasse wiederholt in %
noch nicht gejobbt	25
gejobbt	20

Aus: Thorsten Schneider/Gert G. Wagner: Wochenbericht des DIW Berlin 38/03: Jobben von Jugendlichen beeinträchtigt weder Schulleistungen noch Freizeit. Ergebnisse des SOEP für die Jahre 2000 bis 2002. Tabellen stellenweise reduziert. Im Internet unter: http://www.diw.de/deutsch/produkte/publikationen/wochenberichte/docs/03-38-2.html

2.2 An einem verregneten Tag nutzt die Hauptperson die Mittagspause, um einen Brief an ihre Tante zu schreiben. Sie weiß, dieser Frau kann sie ihre Erlebnisse, Probleme und Wünsche anvertrauen. Schreibe diesen Brief.

Wolf Wondratschek: Mittagspause

Sie sitzt im Straßencafé. Sie schlägt sofort die Beine übereinander. Sie hat wenig Zeit. Sie blättert in einem Modejournal. Die Eltern wissen, dass sie schön ist. Sie sehen es nicht gern.

Zum Beispiel. Sie hat Freunde. Trotzdem sagt sie nicht, das ist mein bester Freund, wenn sie zu Hause einen Freund vorstellt.

Zum Beispiel. Die Männer lachen und schauen herüber und stellen sich ihr Gesicht ohne Sonnenbrille vor.

Das Straßencafé ist überfüllt. Sie weiß genau, was sie will. Auch am Nebentisch sitzt ein Mädchen mit Beinen.

Sie hasst Lippenstift. Sie bestellt einen Kaffee. Manchmal denkt sie an Filme und denkt an Liebesfilme. Alles muss schnell gehen.

Freitags reicht die Zeit, um einen Cognac zum Kaffee zu bestellen. Aber freitags regnet es oft.

Mit einer Sonnenbrille ist es einfacher, nicht rot zu werden. Mit Zigaretten wäre es noch einfacher. Sie bedauert, dass sie keine Lungenzüge kann.

Die Mittagspause ist ein Spielzeug. Wenn sie nicht angesprochen wird, stellt sie sich vor, wie es wäre, wenn ein Mann sie ansprechen würde. Sie würde lachen. Sie würde eine ausweichende Antwort geben. Vielleicht würde sie sagen, dass der Stuhl neben ihr besetzt sei. Gestern wurde sie angesprochen. Gestern war der Stuhl frei. Gestern war sie froh, dass in der Mittagspause alles sehr schnell geht.

Beim Abendessen sprechen die Eltern davon, dass sie einmal jung waren. Vater sagt, er meine es nur gut. Mutter sagt sogar, sie habe eigentlich Angst. Sie antwortet, die Mittagspause ist ungefährlich.

Sie hat mittlerweile gelernt, sich zu entscheiden. Sie ist ein Mädchen wie andere Mädchen. Sie beantwortet eine Frage mit einer Frage.

Obwohl sie regelmäßig im Straßencafé sitzt, ist die Mittagspause anstrengender als Briefeschreiben. Sie wird von allen Seiten beobachtet. Sie spürt sofort, dass sie Hände hat.

Der Rock ist nicht zu übersehen. Hauptsache, sie ist pünktlich.

Im Straßencafé gibt es keine Betrunkenen. Sie spielt mit der Handtasche. Sie kauft jetzt keine Zeitung.

Es ist schön, dass in jeder Mittagspause eine Katastrophe passieren könnte. Sie könnte sich sehr verspäten. Sie könnte sich sehr verlieben. Wenn keine Bedienung kommt, geht sie hinein und bezahlt den Kaffee an der Theke.

An der Schreibmaschine hat sie viel Zeit, an Katastrophen zu denken. Katastrophe ist ihr Lieblingswort. Ohne das Lieblingswort wäre die Mittagspause langweilig.

Aus: Wolf Wondratschek: Früher begann der Tag mit einer Schusswunde. Carl Hanser Verlag: München 1969, S. 52 f.

2.3 **Mirjam Pressler: Nathan und seine Kinder**

Lies das Interview mit der Autorin Mirjam Pressler.

Ihr Jugendroman „Nathan und seine Kinder“ stand auf der Auswahlliste zum Deutschen Jugendliteraturpreis und wurde 2009 mit dem internationalen Buchpreis *CORINE* (Sonderpreis der Waldemar Bonsels Stiftung) ausgezeichnet.

Stell dir vor, du selbst hättest im Auftrag einer Jugendzeitung oder eurer Schülerzeitung nach einer Lesung aus dem Jugendroman das Interview mit der Autorin geführt, und daraus soll nun ein ansprechender Zeitungsartikel entstehen.
Allerdings können nicht alle Fragen und Antworten im Artikel aufgegriffen werden. Wähle deshalb die zehn interessantesten Aspekte des Interviews aus und verwende nur diese Inhalte.

Schreibe diesen Zeitungsartikel.

Interview mit der Autorin Mirjam Pressler

Frau Pressler, unter jungen Lesern wird das Lesen von Mangas immer populärer, wie bewerten Sie das?
Ich finde das hübsch, aber ich habe es wirklich nicht mit Comics. Ich könnte mir auch nicht vorstellen, eines Tages mal an einem Comic mitzuwirken – das ist nicht meins. Ich denke, man sollte im jungen Alter ebenso Klassiker lesen, auch wenn diese nicht so leicht zu lesen sind. Einfach weil es dazugehört und weil es zur Verständigung nötig ist. Sie werden sonst manche Sachen überhaupt nicht lesen und verstehen können, weil sie nicht die Vorbildung haben. So verlieren sie die Möglichkeit der Kommunikation: Sie verstehen Zitate nicht mehr und können auf Dinge, auf die wir ganz normal zurückgreifen, nicht mehr zurückgreifen. Da frage ich mich, wie dann die Verständigung laufen soll. […]

Was ist Ihr Hauptanliegen, wenn Sie Bücher schreiben?
Ich schreibe hauptsächlich für mich und habe kein Anliegen, zumindest nicht vordergründig. Ich schreibe gerne, es macht mir Spaß mit Sprachen zu arbeiten und Geschichten zu erzählen.

Ihre Bücher thematisieren oft ernste Themen. Geht die Orientierung an realen Problemen in der heutigen Kinder- und Jugendliteratur verloren?
Sicher ist das ein bisschen verloren gegangen, aber es wird wiederkommen, so etwas verläuft in Wellen.

Was für konkrete Lösungsmöglichkeiten bieten Sie in Ihren Büchern jungen Menschen an?
Ich erzähle Geschichten, Geschichten von Personen. Es geht mir wirklich nicht darum, dass ich eine Form von Happy-End biete oder sage: „Das und das wäre die Lösung.“ Ich bin aber dafür, dass man über alles redet und sich Gedanken macht.

Und wie ist die Resonanz bei den Lesern?
Immer wieder kommen Leute und sagen: „Das war’s, das Buch damals hat mir geholfen.“ Das geht, glaube ich, allen Autoren so. So funktionieren Bücher natürlich. Auch mir haben bestimmte Bücher geholfen oder haben mich beeindruckt, das muss nicht unbedingt Weltliteratur sein. Ein bestimmtes Buch zum richtigen Zeitpunkt kann viel bewirken.

Es wird oft die negative Wirkung von Medien diskutiert, z. B. durch Gewaltfilme bei Jugendlichen. Können auch Bücher einen negativen Einfluss haben?
Man kennt es schon von *Die Leiden des jungen Werthers* von Goethe: Nach der Veröffentlichung des Romans gab es damals zahlreiche Selbstmorde. Ich denke, dass Gewaltverherrlichung schaden kann, vor allem, wenn sie mit Bildern gekoppelt ist. Das hat so einen gewissen Gewöhnungseffekt, Gewalt wird etwas Normales.

Mit Ihrem neuen Buch „Nathan und seine Kinder“ adaptieren Sie einen bekannten Klassiker. Welche Idee steht für Sie dahinter?

[…] Der Hauptgrund ist, dass ich sehr dafür bin, dass Geschichten immer wieder erzählt werden, dass sie nicht verloren gehen. Als meine Töchter in der Schule *Nathan der Weise* gelesen haben, kamen sie nach Hause und sagten: „So ein Gelaber“ und wollten es nicht lesen. Da habe ich damals schon gedacht: „So gehen Geschichten verloren, so geht die Ringparabel verloren!“ Wie sollen Leute merken, welche Geschichten es wert sind, bewahrt zu werden, wenn sie nicht erzählt werden? *Nathan der Weise* ist im Original sehr schwer zu lesen und ist vor allem keine richtige Geschichte. Das Stück besteht eigentlich nur aus Statements, es wird die ganze Zeit nur Toleranz gefordert, ohne zu erzählen, wo der Druck herkommt und was genau darunter zu verstehen ist.

Aber fiel es Ihnen nicht schwer, ein so bekanntes Stück neu zu erzählen?

Es war überhaupt nicht leicht. Die Geschichte spielt um 1200 n. Chr. in Jerusalem, das war die Zeit der Kreuzzüge. Als Lessing das geschrieben hatte, konnte er sicherlich fest damit rechnen, dass alle Leute über die Kreuzzüge Bescheid wussten. Das ist heute nicht mehr so. Ich musste also wahnsinnig viel recherchieren. Doch ich habe nicht gezögert ein solches Werk umzuschreiben, ich habe das relativ unbefangen gemacht. Natürlich werden irgendwelche Leute sagen, ich hätte mich vergriffen. Aber ich will, dass die Geschichte bleibt.

Das Hauptmotiv in „Nathan der Weise“ ist die religiöse Toleranz. Wie würden Sie Toleranz definieren?

Da gibt es diesen platten Spruch „Leben und leben lassen“. Toleranz bedeutet, anderen zuzugestehen, etwas anderes zu denken. Lessing forderte die Vernunft, das ist es, was wir brauchen. Das funktioniert bis heute nicht. Es war damals in Jerusalem so und ist auch heute noch so.

Warum sind Klassiker heutzutage noch wichtig? Gibt es nicht auch gute neuere Literatur?

Klassiker sollten weiterhin gelesen werden, das ist unser kulturelles Erbe. Aber auch Kinderbücher wie *Huckleberry Finns Abenteuer* oder die *Rote Zora* – die gehören für mich zu den Klassikern, die eigentlich jedes Kind mal gelesen haben sollte. Doch auf die alten Klassiker sollte man nicht ganz verzichten.

Das E-Book wird immer populärer, haben Sie schon einmal eins gelesen?

Nein, aber ich könnte es mir gut vorstellen, dass ich mir das irgendwann anschaffe, zum Beispiel für Reisen. So kann ich mehr Bücher dabeihaben. Es ärgert mich, wenn ich im Urlaub bin und merke, dass ich die drei falschen Bücher mitgenommen habe. In solch einer Situation könnte ich es mir gut vorstellen. Zuhause möchte ich lieber richtige Bücher lesen. […]

Sarah Kröger

Quelle: http://planet-interview.de/interview-mirjam-pressler-14042009.html, aus didaktischen Gründen gekürzt und leicht verändert (erschienen: 14. 4. 2009, gesehen am 20. 4. 2012)

Lösungsvorschläge

Teil 1: Textverständnis

1.1 Aussagen:

	trifft zu	trifft nicht zu
a) Die angeworbenen ausländischen Arbeitskräfte sollten dauerhaft in Deutschland leben und arbeiten.	☐	☒
b) Zunächst kamen vor allem junge Männer aus der Türkei nach Deutschland.	☒	☐
c) Seit 1974 kommen häufig ganze Familien aus der Türkei nach Deutschland.	☐	☒
d) Immer mehr Türken blieben dauerhaft in Deutschland.	☒	☐
e) Prozentual gesehen sind mehr Türken arbeitslos als Deutsche.	☒	☐
f) Türken und Deutsche konkurrieren um gut bezahlte Arbeitsplätze.	☐	☒

Hinweis: Die richtigen Aussagen stehen fast wörtlich im Text: „waren vor allem junge Männer […] gekommen“ (Z. 32–34), „stieg auch die Aufenthaltsdauer“ (Z. 37f.)/ „blieben im Land“ (Z. 45), „Türken auch stärker von Arbeitslosigkeit betroffen“ (Z. 55–57). Auch zwei Falschaussagen lassen sich leicht anhand von Textstellen ermitteln: Aussage a) durch „keine Überlegungen […] hinsichtlich einer dauerhaften Ansiedlung“ (Z. 16–18), Aussage f) durch „Tatsächliche Konkurrenz gibt es nur bei Stellen, die mit ungelernten Arbeitern besetzt werden könnten.“ (Z. 73–75). Etwas schwieriger ist Aussage c), denn im Text ist von „Familienzusammenführung“ (Z. 31, 34f.) die Rede. Die Aussage ist trotzdem falsch, weil ja mindestens ein Familienmitglied schon in Deutschland war: derjenige, der seine Familie aus der Türkei nachgeholt hat. Dass „ganze Familien“ nach Deutschland kamen, ist also falsch.

1.2 Das vorliegende Schaubild zeigt, …

	trifft zu	trifft nicht zu
a) dass unter den ausländischen Arbeitnehmern mehr Frauen als Männer keinen beruflichen Abschluss haben.	☒	☐
b) dass unter den deutschen Arbeitnehmern mehr Frauen als Männer keinen beruflichen Abschluss haben.	☒	☐
c) dass es unter ausländischen Arbeitnehmern mehr Frauen als Männer gibt.	☐	☒
d) dass Ausländer ohne beruflichen Abschluss häufig arbeitslos sind.	☐	☒
e) dass Mittel- und Osteuropäer häufiger als andere ausländische Arbeitnehmer einen beruflichen Abschluss haben.	☒	☐
f) dass portugiesische Frauen seltener als andere ausländische Arbeitnehmer einen beruflichen Abschluss haben.	☒	☐

Hinweis: Um die richtigen Aussagen zu erkennen, musst du die Länge der Balken miteinander vergleichen. Die Falschaussagen ermittelst du so: Aussage c) ist irreführend, weil die Länge der Balken bei den Frauen immer länger ist als bei den Männern. Das heißt aber nicht, dass es unter den ausländischen Erwerbstätigen mehr Frauen als Männer gibt! Es heißt nur, dass ausländische Frauen, die arbeiten, häufi-

ger keinen Berufsabschluss haben als ausländische Männer, die arbeiten. Aussage d) passt nicht zur Grafik, weil es nur um Menschen geht, die einen Arbeitsplatz haben.

1.3 Erste Möglichkeit:

a) ☒ Die Überschrift passt genau zum Text.

b) *Begründung:* Aus dem Text geht klar hervor, dass Ausländer in Deutschland sehr viel mehr unter Arbeitslosigkeit leiden als Deutsche. Das Schaubild gibt zu erkennen, warum die Arbeitslosigkeit unter den in Deutschland lebenden Ausländern höher ist als unter den Deutschen: Der Anteil derer, die eine abgeschlossene Berufsausbildung haben, ist deutlich geringer als bei den Deutschen. Aus diesem Grund sind ihre beruflichen Perspektiven schlecht. Wenn ihre Kinder nicht gut genug Deutsch sprechen und die Schule ohne Abschluss verlassen, setzt sich die Perspektivlosigkeit fort.

Zweite Möglichkeit:

a) ☒ Die Überschrift passt nicht genau zum Text.

b) *Begründung:* Im Text ist vor allem von der hohen Arbeitslosigkeit unter den Ausländern die Rede. Im Schaubild geht es aber gar nicht um arbeitslose Ausländer, sondern um Ausländer, die erwerbstätig sind. Insofern könnte man sogar sagen, dass die Überschrift weder zum Text noch zum Schaubild passt. Wenn im Schaubild diejenigen Ausländer erfasst sind, die Arbeit haben, dann könnte man sogar meinen, dass Ausländer „gute Karten“ haben; schließlich haben sie Arbeit, obwohl sie keine abgeschlossene Berufsausbildung nachweisen können.

Hinweis: Möglich sind beide Entscheidungen. Du kannst also sowohl die erste Aussage als auch die zweite Aussage angekreuzt haben. Wichtig ist, dass du deine Entscheidung nachvollziehbar begründest. Bei deiner Begründung musst du einen Zusammenhang zwischen dem Schaubild und dem Text herstellen.

1.4 Ich glaube, dass das Schaubild zeigt, weshalb ausländische Arbeitnehmer schlechtere Chancen in Deutschland haben und leicht Gefahr laufen, arbeitslos zu werden. Es wird nämlich deutlich, dass Ausländer sehr viel häufiger als Deutsche keine abgeschlossene Berufsausbildung haben.

Hinweis: Hier musst du wieder zusätzliches Wissen einbeziehen: Wie du weißt, hat eine Person, die keine abgeschlossene Berufsausbildung hat, auf dem Arbeitsmarkt schlechtere Chancen als eine Person mit abgeschlossener Berufsausbildung. Das Fehlen einer Berufsausbildung ist also der Grund dafür, warum Ausländer auf dem Arbeitsmarkt schlechtere Chancen haben als Deutsche und häufiger arbeitslos sind.

1.5 Die Vorstellung, dass Zuwanderer den in Deutschland geborenen Menschen Arbeitsplätze wegnehmen, ist falsch, weil Ausländer „überproportional“ (Z. 59 f.) von der hohen Arbeitslosigkeit betroffen sind. Würden sie den Deutschen tatsächlich die Arbeitsplätze wegnehmen, müsste die Arbeitslosigkeit bei ihnen geringer sein als bei den Deutschen. Das ist aber nicht der Fall. In Konkurrenz stehen die Ausländer höchstens mit solchen Deutschen, die keine Berufsausbildung haben. Die harten und schlecht bezahlten Arbeiten, die man auch ohne Ausbildung bekommen kann, nehmen aber vor allem Ausländer an. Die meisten Deutschen würden solche Arbeiten gar nicht ausführen wollen. Im Übrigen können Ausländer den Deutschen gar keine Arbeit „wegnehmen“. Das würde ja bedeuten, dass die entsprechenden Deutschen so lange eine Arbeit gehabt haben, bis Ausländer gekommen sind und sie von ihrem Arbeitsplatz verdrängt haben. Das dürfte aber kaum der Realität entsprechen.

Hinweis: Du findest die passenden Anhaltspunkte für deine Begründung in Z. 54–79.

1.6 Die Deutschen …

	trifft zu	trifft nicht zu
a) wollten nicht, dass sich die ausländischen Arbeiter in die Gesellschaft einfügten.	☐	☒
b) hielten es für überflüssig, dass sich die ausländischen Arbeiter in die Gesellschaft einfügten.	☒	☐
c) hatten kein Interesse an einem Kontakt mit den ausländischen Arbeitern.	☐	☒
d) schätzten die Verweildauer ausländischer Arbeitskräfte falsch ein.	☒	☐

Hinweis: Die richtigen Antworten lassen sich anhand des Textes belegen: Aussage b) mit „allgemeiner Konsens, dass die ausländischen Arbeitskräfte […] nur vorübergehend in Westdeutschland leben und arbeiten sollten" (Z. 8–14) und Aussage d) mit „blieben im Land" (Z. 45). Die Aussagen a) und c) sind deshalb falsch, weil sie nicht aus dem Text hervorgehen; im Text heißt es nur, dass die Integration für „nicht notwendig" (Z. 22 f.) gehalten wurde. Über das Interesse wird im Text nichts gesagt.

1.7 Aussagen:

	trifft zu	trifft nicht zu
a) Die Ausländer wurden von Anfang an als Einwanderer angesehen.	☐	☒
b) Kultur und Lebensweise der ausländischen Arbeitnehmer blieben den Deutschen fremd.	☒	☐
c) Die Deutschen möchten Arbeiten übernehmen, die von ausländischen Arbeitnehmern erledigt werden.	☐	☒
d) Viele ausländische Kinder sprechen kein Deutsch.	☐	☒
e) Es gibt türkische Familien, die kaum Kontakt mit Deutschen haben.	☒	☐
f) Viele Deutsche wollen keinen Kontakt mit Türken haben.	☒	☐
g) Die Bildungspolitik hat die Kinder ausländischer Arbeitnehmer in der Vergangenheit vernachlässigt.	☒	☐

Hinweis: Zu den richtigen Aussagen findest du im Text folgende Belege: Z. 19–23 (Aussage b), Z. 113–115 (Aussage e), Z. 94–97 (Aussage f), Z. 117–121 (Aussage g). Folgende Textstellen widerlegen die Falschaussagen: Z. 16–19 (Aussage a), Z. 75–79 (Aussage c), Z. 101–103 (Aussage d; es heißt dort „manche" und nicht „viele").

1.8 Ich wähle den Kommentar von **Nicole** aus, weil sie am vernünftigsten argumentiert. Es stimmt ja, dass jemand, der nur einen schlechten Schulabschluss erreicht – oder gar keinen Schulabschluss hat – später eher arbeitslos wird, und dann bekommt er eine finanzielle Unterstützung vom Staat. Im schlimmsten Fall wird er ein Leben lang vom Staat abhängig sein – und wer, wenn nicht der Steuerzahler, muss dafür aufkommen? Da ist es in der Tat besser, wenn die Kinder von Ausländern frühzeitig in der Schule gefördert werden. Den Kommentar von Lars finde ich falsch. Man kann nicht von den Migrantenkindern verlangen, dass sie von sich aus gut Deutsch lernen, wenn ihre Eltern zu Hause nur Türkisch sprechen. Der Kommentar von Kemal gefällt mir auch nicht, weil er so fordernd klingt und die Eltern zu einseitig in Schutz nimmt.

Hinweis: Bei der Auswahl solltest du vor allem die Qualität der Argumente berücksichtigen. Begründe auch, warum du die anderen Kommentare ablehnst.

Teil 2: Textproduktion

Teilaufgabe 2.1

Hinweis: Du musst eine Erörterung zur Frage erstellen, ob es sinnvoll ist, wenn Kinder und Jugendliche in ihrer Freizeit einer Arbeit nachgehen. Dafür musst du sowohl Pro- als auch Kontra-Argumente anführen. Als Grundlage dienen dir ein Text sowie eine Grafik und eine Tabelle. Ihre Aussagen kannst du für deine Argumentation heranziehen.
Zuerst solltest du den Text genau lesen und dir dabei bereits die Textstellen markieren, die sich für deine Erörterung eignen. Beachte: Im Text werden vor allem Gründe genannt, die Kinder und Jugendliche dazu bewegen, einer bezahlten Arbeit nachzugehen. Hinweise auf mögliche Kontra-Argumente werden im Text nur indirekt ausgedrückt, z. B. durch eine Verneinung, mit der gesagt wird, dass sich die Arbeit ***nicht*** *negativ auf die Schulleistungen auswirke. Schreibe die Argumente aus dem Text stichwortartig heraus und ergänze eigene Ideen für weitere Pro- und Kontra-Argumente. Ziehe auch die Ergebnisse der Umfrage (Schaubild und Tabelle) für deine Stoffsammlung heran.*

Deine ***Stoffsammlung*** *könnte z. B. so aussehen:*

Pro-Argumente:
– Spaß an der Arbeit (Z. 7, 127 f.) – Gefühl der Anerkennung (Z. 31 f.) – Möglichkeit erster Einblicke ins Berufsleben (Z. 88 f.) – Verdienst von eigenem Geld (Z. 8 f.) – Stärkung des Selbstbewusstseins – Bestätigung → Ausgleich für schulische Misserfolge (Z. 34–36) – Entwickeln von Verantwortungs- und Pflichtbewusstsein – Schulleistungen sind kaum beeinträchtigt (Z. 36–39; Umfrage)
Kontra-Argumente:
– Schulleistungen könnten leiden – weniger Zeit für Freunde und Hobbys – Gelegenheitsjobs: keine Versicherung, keine einklagbaren Rechte – hohe Arbeitslosigkeit → Kinder- und Jugendarbeit nimmt Minijobbern Arbeit weg (Z. 48, 100–102) – früher Ernst des Lebens: nicht kindgemäß

Erstelle nun mithilfe deiner Stoffsammlung eine ***Gliederung****. Dabei solltest du überlegen, ob du einige deiner Stichworte zu einem Argument zusammenfassen kannst, damit du möglichst viele Überlegungen berücksichtigen kannst. Gesichtspunkte, die dir bei genauer Betrachtung nicht wirklich wichtig erscheinen, lässt du weg. Achte auf eine geschickte Anordnung der Argumente: Nenne am Schluss die wichtigsten Argumente.*
In der ***Einleitung*** *kannst du auf die Ergebnisse der Umfrage eingehen, die dem Schaubild zu entnehmen sind. Am* ***Schluss*** *ergänzt du deine eigene Meinung. Begründe sie, indem du noch einmal zusammenfassend auf die entscheidenden Argumente aus dem Hauptteil verweist.*

A	**Einleitung** Hinführung zum Thema/zur Fragestellung: Jobben unter Jugendlichen nicht ungewöhnlich (Ergebnisse einer Umfrage des DIW)
B	**Hauptteil**
1	**Kontra-Argumente**
1.1	Schulleistungen könnten leiden
1.2	Einfluss auf Freizeitgestaltung: weniger Zeit für Freunde/Hobbys
1.3	Rechtliche Situation unsicher: keine einklagbaren Rechte bei Gelegenheitsjobs, keine Versicherung, im Schadensfall haftbar
2	**Pro-Argumente**
2.1	Möglichkeit, eigenes Geld zu verdienen
2.2	Spaß, Anerkennung und Selbstbestätigung
2.3	erster Einblick ins Berufsleben, Übernahme von Verantwortung
2.4	kaum Beeinträchtigung der Schulleistungen, sogar weniger Sitzenbleiber unter jobbenden Jugendlichen
C	**Schluss/Ergebnis** Auswirkungen von Kinder-/Jugendarbeit insgesamt eher positiv, auch für Schulleistungen

Aufsatzbeispiel

Schon immer haben Kinder und Jugendliche sich darum bemüht, ihr eigenes Geld zu verdienen, z. B. indem sie Nachhilfestunden erteilten, für die gehbehinderte Nachbarin einkaufen gingen oder als Babysitter für Freunde der Familie tätig wurden. Wie eine Umfrage des Deutschen Wirtschaftsinstituts (DIW) zeigt, ist das auch heute der Fall: Unter den 14-Jährigen gehen bereits mehr als zehn Prozent einer bezahlten Arbeit nach. Sogar unter denjenigen, die erst 13 Jahre alt sind – oder sogar noch jünger – sind es schon sechs Prozent. Dass Kinder und Jugendliche in ihrer Freizeit jobben, ist also nichts Ungewöhnliches. Es stellt sich allerdings die Frage, ob das sinnvoll ist. Sind sie nicht zu jung dafür? Und müssen sie nicht ihre Hauptenergie in die Schule stecken?

Eigentlich sind Kinder und Jugendliche von „Beruf" in erster Linie Schüler. Tagtäglich müssen sie sechs Stunden oder länger dem Unterricht folgen, und anschließend gibt es auch noch Hausaufgaben zu erledigen. Wer aber nachmittags oder abends anderen Verpflichtungen nachgeht, um Geld zu verdienen, kann sich möglicherweise nicht genügend auf seine eigentlichen Pflichten, die Schulaufgaben, konzentrieren. Besteht nicht die Gefahr, dass seine Schulleistungen darunter leiden, wenn er in der Freizeit arbeiten geht?

Ein Nachmittagsjob dürfte auch Einfluss auf die Freizeitgestaltung haben: Kinder und Jugendliche, die arbeiten, können sich seltener mit Freunden treffen, und es ist schwieriger für sie, ihren Hobbys nachzugehen. Wer nachmittags „um sie Häuser zieht", um Prospekte zu verteilen, hat dann keine Zeit mehr, Fußball zu spielen, Gitarre zu üben oder ein Buch zu lesen. Eigentlich passt es nicht zum Leben eines so jungen Menschen, wenn er seine freien Stunden damit verbringt, Geld zu verdienen. Um arbeiten zu gehen, hat er schließlich das ganze Leben noch vor sich. Er sollte die Zeit der Kindheit und Jugend lieber genießen, statt sich verfrüht dem Druck der Arbeitswelt auszusetzen.

Hinzu kommt, dass die rechtliche Situation ungesichert ist. Wenn ein Jugendlicher einen Gelegenheitsjob annimmt, dann geschieht das in der Regel durch mündliche Vereinbarung. Was ist, wenn der „Arbeitgeber" ihm nicht den versprochenen Lohn auszahlt? Und wer kommt dafür auf, wenn während der Arbeit ein Unfall geschieht? Jugendliche, die in ihrer Freizeit arbeiten gehen, sind in der Regel nicht unfallversichert. Es kann auch passieren, dass sie bei der Arbeit einen Schaden verursachen. Dann können sie dafür evtl. haftbar gemacht werden. So ist das Arbeiten für Kinder und Jugendliche auch mit gewissen Risiken verbunden.

Andererseits steht ein Jugendlicher, der in seiner Freizeit arbeiten geht, auch nicht schutzlos da. Wenn er während der Arbeit einen Unfall erleidet, ist er über seine Eltern krankenversichert, und wenn er für einen Schaden haftbar gemacht wird, kommt wahrscheinlich die Haftpflichtversicherung der Eltern dafür auf, sofern sie eine abgeschlossen haben. Im Übrigen gibt es keine Aktivität, die ganz ohne Risiko ist. Auch wer Fußball spielt, kann stürzen und sich verletzen. Und sogar auf dem Schulweg besteht die Möglichkeit, einen Unfall zu erleiden. Die möglichen Risiken, die das Jobben mit sich bringt, halten sich also in Grenzen.
Die Vorteile sind jedoch groß: Kinder und Jugendliche, die arbeiten, genießen das Gefühl, eigenes Geld zu verdienen. Sie können sich ihre Wünsche erfüllen und sind nicht mehr abhängig vom Taschengeld der Eltern. Auch wird es sie mit Stolz erfüllen, wenn sie genügend Geld haben, um Geschenke für andere zu kaufen, z. B. zu Weihnachten. Jugendliche, die nicht jobben, müssen dafür Monat für Monat Geld von ihrem meist nicht so üppigen Taschengeld zurücklegen; das bedeutet, dass sie immer wieder eigene Bedürfnisse zurückstellen müssen. Viele „Gelegenheitsarbeiter“ legen ihr Geld aber auch auf einem Sparkonto an, um später davon ihren Führerschein und ihr erstes eigenes Auto zu finanzieren.
Aber den meisten Jugendlichen geht es gar nicht in erster Linie ums Geld. Das Arbeiten macht ihnen vor allem Spaß. Sie fühlen sich anerkannt und bestätigt, weil sie merken, dass sie eine nützliche Aufgabe erledigen können und gebraucht werden. Hinzu kommt, dass sie erste Einblicke ins Berufsleben gewinnen, zumindest dann, wenn sie stundenweise in einem richtigen Betrieb arbeiten, etwa, indem sie Waren in die Regale eines Supermarkts füllen. Sie lernen, Verantwortung zu übernehmen und Pflichten zu erfüllen. Für die Entwicklung der Persönlichkeit ist das sicher von Vorteil.
Der Haupteinwand, nämlich der, dass die Schulleistungen darunter leiden könnten, wenn Jugendliche arbeiten, wird durch die Untersuchungsergebnisse des DIW klar widerlegt. Es gibt kaum Unterschiede zwischen den Schulnoten von „Jobbern“ und „Nicht-Jobbern“. Die Durchschnittsnoten in der ersten Fremdsprache unterscheiden sich gar nicht, und die Durchschnittsnoten in den Fächern Deutsch und Mathematik sind bei den „Jobbern“ nur um eine Zehntelnote schlechter als bei den „Nicht-Jobbern“. Die Zahlen der Sitzenbleiber zeigen sogar, dass Schüler, die einer bezahlten Arbeit nachgehen, eher im Vorteil sind: Sie bleiben seltener sitzen. Von denjenigen, die noch nie gejobbt haben, ist jeder Vierte (25 %) schon einmal sitzengeblieben. Unter denjenigen, die jobben, ist es nur jeder Fünfte (20 %).
Alles in allem zeigt sich, dass Kinder und Jugendliche, die einer bezahlten Arbeit nachgehen, eher davon profitieren. Die möglichen Nachteile sind gering; die Vorteile überwiegen eindeutig. Dabei geht es gar nicht so sehr darum, dass sie ihr eigenes Geld verdienen, sondern eher darum, dass sie sich ernst genommen und anerkannt fühlen. Auch lernen sie frühzeitig, Verantwortung zu übernehmen. Möglicherweise ist das der Grund dafür, dass die Schulleistungen kaum darunter zu leiden scheinen: Wer gelernt hat, in einem bezahlten Job seine Pflichten zu erfüllen, kann auch in anderen Bereichen, z. B. in der Schule, die geforderten Aufgaben erledigen. Vielleicht gibt es deshalb unter den Jobbern weniger Sitzenbleiber …

Teilaufgabe 2.2

Hinweis: Überlege zuerst, warum die junge Frau ihrer Tante einen Brief schreiben könnte. In der Aufgabenstellung heißt es: „Sie weiß, dieser Frau kann sie ihre Erlebnisse, Probleme und Wünsche anvertrauen." Ein Erlebnis, das sie ihr anvertrauen könnte, wäre das Zusammentreffen mit dem Mann, der sich im Café neben sie gesetzt und sie angesprochen hat. Ihren Eltern hat sie nichts davon gesagt. Möglicherweise wird sie aber ihrer Tante davon erzählen wollen … Entscheidend ist, dass du dir darüber klar wirst, was für Probleme die Protagonistin hat. Aus dem Text geht hervor, dass sie in ihrem Inneren gespalten ist: Auf der einen Seite möchte sie sich verlieben und wünscht sich, von einem Mann angesprochen zu werden, auf der anderen Seite zuckt sie zurück, wenn sie tatsächlich einmal angesprochen wird. Überlege, was dieser innere Zwiespalt für die junge Frau bedeutet. Stelle diesen Zwiespalt in dem Brief dar und äußere abschließend die Bitte um einen Rat. Vergiss nicht, beim Schreiben auf die Formmerkmale eines persönlichen Briefes zu achten: Angabe von Ort und Datum und die persönliche Anrede, zum Schluss eine passende Schlussformel. Da du weder den Ort des Geschehens noch ein Datum noch den Namen der jungen Frau noch den Namen der Tante kennst, kannst du sie dir ausdenken.

Aufsatzbeispiel

… (Ort, Datum ausgedacht)

Liebe Tante Lilli,
wieder einmal sitze ich in diesem Café gegenüber dem Büro und warte auf das Ende der Mittagspause. Es ist ziemlich langweilig hier, weil es regnet und man nicht draußen sitzen kann. Auf der Straße sind bei schönem Wetter immer interessante Leute unterwegs, die man beobachten kann.
Das Café ist recht voll, überall stehen tropfende Regenschirme herum, denen die Kellnerin ausweichen muss. Ich habe meine Handtasche auf den freien Stuhl an meinem Lieblingstisch gestellt, damit es so aussieht, als sei er besetzt.
Letzte Woche habe ich das nicht gemacht, und da kam ein Mann und fragte, ob er sich zu mir setzen dürfe. Du kannst dir sicher denken, wie es dann weiterging! Am liebsten hätte ich mich in ein Mauseloch verkrochen! Ich bin sofort rot geworden, hatte schreckliches Herzklopfen und habe gesagt, dass ich zurück ins Büro müsste. Ich habe dann vorne bei der Kellnerin bezahlt und bin schnell gegangen. Hinterher habe ich mich furchtbar über mich geärgert. Der Mann war wirklich nett, sehr höflich und schlecht sah er auch nicht aus.
Ich schaffe es einfach nicht, locker zu bleiben. Wenn ich nicht gerade im Büro oder zu Hause bin, fühle ich mich immer so verkrampft, weil ich nie weiß, wie ich mich verhalten soll. Ich stelle mir vor, was geschehen würde, wenn mich jemand anspricht, und denke mir alles so schön aus! Wenn es aber wirklich passiert …!?
Die Eltern glauben, ich würde hier dauernd neue Leute kennenlernen, und sie machen sich deshalb Sorgen.
Du weißt ja, wie sie sind. Eigentlich möchte ich auch, dass endlich etwas Aufregendes passiert, aber ich werde schon nervös, wenn mich jemand nur anlächelt!
Im Grunde kann ich mich nicht beklagen, weil ich einen guten Job habe, aber inzwischen habe ich doch immer häufiger das Gefühl, irgendetwas zu verpassen. Jeden Morgen gehe ich in dieses Büro, jeden Mittag gehe ich in dieses Café, jeden Abend gehe ich nach Hause und tue so, als sei ich damit zufrieden. So geht das Leben an mir vorbei.
Manchmal wünsche ich mir, jemand anderes zu sein, jemand, der selbstbewusst ist und mit dem andere gern zusammen sein wollen, jemand, für den jeder Tag ein neues Abenteuer ist! Aber gleichzeitig habe ich Angst vor allem Neuen. Was soll ich bloß tun?
Was meinst du dazu, Tante Lilli? Kannst du mir nicht einen Rat geben? Bitte melde dich doch mal bei mir! Ich würde mich so gerne in Ruhe mit dir unterhalten.

Ich umarme dich,
deine Nichte Marie

Teilaufgabe 2.3

Hinweis: Überlege zunächst, welche Anforderungen du bei einem ***Zeitungsartikel*** *erfüllen musst. Grundlage deines Artikels soll das Interview mit der Autorin Mirjam Pressler sein. Du sollst* ***zehn interessante Aspekte*** *des Interviews aufgreifen und die Inhalte aus den Fragen und Antworten im Artikel verwenden. Die Reihenfolge kannst du dabei selbstverständlich verändern. Am besten fasst du zusammenpassende Inhalte im selben Abschnitt zusammen.*
Die Hauptfunktion berichtender Texte ist zu ***informieren****. Achte deshalb darauf, die Inhalte* ***sachlich und knapp*** *wiederzugeben. Du kannst dich dazu an den W-Fragen orientieren: Wer? Was? Wann? Wo? Warum?*
Die ***Zeitform*** *des Berichts ist das* ***Präteritum****. Achte darauf, Aussagen überwiegend indirekt wiederzugeben und dabei den Konjunktiv richtig zu verwenden. Bei der* ***Perspektive*** *kannst du zwischen der Ich-Form und einer neutralen Berichterstattung wählen.*
Dein Zeitungsartikel soll überwiegend ein informierender Bericht werden. Du kannst jedoch (in Maßen) auch die eigene Haltung einfließen lassen. Deine ***eigene Gedanken*** *kannst du entweder direkt nach der Darstellung der Antworten von Mirjam Pressler äußern oder im Schlussteil des Artikels.*
Beginne *deinen Artikel mit den Informationen darüber, wer Mirjam Pressler ist, was sie als Interviewpartner so interessant macht und wann und wo du sie kennengelernt hast.*

Fertige nun eine Stoffsammlung für den Artikel an. Sie könnte folgendermaßen aussehen:

	Inhalt
Einleitung	Wer? Ich, Autorin Mirjam Pressler Was? Lesung „Nathan und seine Kinder" = Abschlussprüfungslektüre und preisgekrönter Jugendroman; anschließendes Interview Wann? nach der Lesung Wo? Bibliothek
Überleitung	Gründe fürs Bücherschreiben allgemein: für sich selbst, Spaß an Sprache und am Geschichtenerzählen
Hauptteil	Roman = Adaption eines Klassikers: – Arbeit daran schwierig, viel Recherche: z. B. Kreuzzüge Gründe für Neubearbeitung: – Schullektüre *Nathan der Weise* von Lessing für eigene Töchter nicht interessant *(„So ein Gelaber")* – *Nathan der Weise* im Original schwer lesbar: Aneinanderreihung von Statements, ohne zu erzählen; Toleranz wird gefordert, ohne Erklärung – wertvoll Geschichten sollen erhalten bleiben *(„So gehen Geschichten, so geht die Ringparabel verloren!")* Hauptmotiv Toleranz: – anderen ein Andersdenken zugestehen – Aktualität der Forderung nach Vernunft Bedeutung von Klassikern heute: – kulturelles Erbe, auch Kinderbuchklassiker *(Rote Zora, Huckleberry Finn)*
Überleitung	Buch zum richtigen Zeitpunkt
Schluss	Neugierig machen auf Presslers Buch; Geschichte, die nicht verloren gehen darf

Überlege dir auch eine passende Überschrift für deinen Artikel.
Mithilfe deiner Vorüberlegungen und der Stoffsammlung kannst du nun den Text schreiben.

Aufsatzbeispiel

Geschichten bewahren

„Autorenlesung *Nathan und seine Kinder* in der Stadtbibliothek" – diese Veranstaltung wurde vor zwei Tagen am Schwarzen Brett angekündigt. Da die genannte Lektüre dieses Jahr Thema der Abschlussprüfung sein wird, wird sicher viele unserer Leser interessieren, was ich bei dieser Lesung erfahren habe.

Etwa einhundert interessierte Jugendliche und Erwachsene versammelten sich am Mittwochnachmittag in der Stadtbibliothek, um der Autorin Mirjam Pressler zu lauschen, die ihren Jugendroman „Nathan und seine Kinder" vorstellte. Dieser wurde 2009 mit dem Buchpreis „Corine" ausgezeichnet. Im Anschluss an die etwa einstündige Lesung aus dem Buch hatte ich im Rahmen eines Interviews die Gelegenheit, die Schriftstellerin noch etwas besser kennenzulernen. Was sie über ihren jüngsten Roman und übers Bücherschreiben im Allgemeinen berichtete, könnt ihr im Folgenden lesen.

Zuerst wollte ich von Mirjam Pressler wissen, was sie überhaupt dazu bringt, Bücher zu schreiben. Sie erzählte mir, dass sie in erster Linie für sich selbst schreibe und vordergründig kein besonderes Anliegen hätte. Sie möge es einfach, zu schreiben, Geschichten zu erzählen und sich mit Sprache zu beschäftigen.

Presslers Roman „Nathan und seine Kinder" ist eine Adaption des bekannten Klassikers „Nathan der Weise" von G. E. Lessing. Auf meine Frage, ob es ihr denn nicht schwer gefallen sei, ein so bekanntes Stück neu zu erzählen, erklärte sie mir, es sei tatsächlich alles andere als leicht gewesen. Ganz im Gegenteil, für sie bedeutete der alte Stoff etwa jede Menge Recherchearbeit, z. B. zum Thema Kreuzzüge.

Dennoch wollte sie das Vorhaben anpacken. Für ihre Neubearbeitung von Lessings Werk hatte die Autorin mehrere Gründe. Hauptsächlich wollte sie mit dem Jugendroman verhindern, dass wichtige Geschichten verloren gehen. Wie sie mir berichtete, kam sie durch ihre eigenen Töchter darauf, die, als sie „Nathan der Weise" in der Schule behandelten, mit den Worten „So ein Gelaber" auf den Text reagierten und keine Lust hatten, ihn zu lesen. Frau Pressler selbst gibt zu, dass „Nathan der Weise" im Original schwer zu lesen sei. Sie kritisierte, dass darin eigentlich keine Geschichte erzählt werde, sondern nur Statements abgegeben würden, die Toleranz fordern. Was genau das bedeute und warum dies so wichtig sei, erkläre der Text aber nicht. Deshalb ist die Autorin der Meinung: „So gehen Geschichten verloren, so geht die Ringparabel verloren!" Genau dies aber will Mirjam Pressler, wie schon erwähnt, verhindern, sie will, dass die Geschichte Nathans den Menschen erhalten bleibt.

Zum schon erwähnten Hauptmotiv in „Nathan der Weise", der Toleranz, erklärte mir Frau Pressler, was sie darunter versteht – nämlich zu akzeptieren, dass andere Menschen anders denken als man selbst. Sie findet es richtig, dass Lessing in diesem Punkt an die Vernunft der Menschen appelliert. Bis heute ist diese Forderung nach Meinung der Autorin aktuell – und ich stimme ihr zu: Wenn ich mich einmal umschaue, egal, ob in der Schule, zu Hause, in der Gesellschaft oder sogar in der Welt, so scheint das Thema „Toleranz" aktueller denn je.

Zum Schluss unseres Gesprächs wollte ich von Frau Pressler noch wissen, was sie von Klassikern hält und ob es sich heutzutage überhaupt noch lohnt, diese zu lesen. Klassiker gehören zu unserem kulturellen Erbe, weshalb man nicht auf sie verzichten sollte, so Mirjam Pressler. Gerade auch Kinderbuchklassiker wie „Huckleberry Finns Abenteuer" oder die „Rote Zora" sollten ihrer Meinung nach alle Kinder kennen. „Ein bestimmtes Buch zum richtigen Zeitpunkt kann viel bewirken", gab mir die Schriftstellerin am Ende noch mit auf den Weg.

Und deshalb bin ich nach den Leseproben von Frau Pressler und dem interessanten Interview mit ihr nun ziemlich gespannt, was der Roman „Nathan und seine Kinder" uns für eine Geschichte erzählen wird. Ich hoffe, euch geht es ebenso und ihr helft mit, damit diese Geschichte nicht verloren geht.

Abschluss-Prüfungsaufgaben

Massenerfolg Poetry-Slam – Dichter dran am Kommerz

von Constantin Alexander

Freibier, Fans und Fahrtgeld – das war der Lohn, für den Poetry-Slammer lange auftraten. Doch mit zunehmender Popularität verdienen viele Hobbydichter ordentlich Geld. Die einstige Subkultur ist auf dem besten Weg, zur gewöhnlichen Stand-up-Comedy zu mutieren.

„Sebastian 23" erzählt Geschichten, das Publikum gibt ihm dafür Punkte. Hat er seine Zuhörer überzeugt und die meisten Punkte bekommen, gewinnt er eine goldfarben besprühte Bierflasche, oder auch mal ein Buch. Auf jeden Fall Applaus und anerkennende Schulterklopfer. Denn beim Poetry-Slam geht es nicht um den Sieg allein, sondern darum, ein Publikum für lebendig vorgetragene Literatur zu begeistern.

In vielen Städten finden regelmäßig Slams statt, in Workshops lernen Jugendliche in wenigen Stunden, eigene Texte zu performen, Lehrbücher bereiten das Thema für den Schulunterricht auf. Die Slammer, wie sich die Dichter selbst nennen, haben sogar den Sprung ins Fernsehen geschafft. Der Pay-TV-Sender „Sat.1 Comedy" widmete dem Format im vergangenen Jahr eine eigene Reihe, moderiert von Sarah Kuttner.

„Sebastian 23" ist spätestens seit dem Gewinn der deutschsprachigen Poetry-Slam-Meisterschaften 2008 in Zürich vor insgesamt mehr als zehntausend Zuschauern einer der Stars der Szene. Drei- bis viermal pro Woche tritt er auf einem Slam auf und bei Stefan Raabs „TV Total" war er auch schon. Der Erfolg des ehemaligen Philosophiestudenten aus Bochum zeigt: Die einstige Subkultur Poetry-Slam ist auf dem besten Wege, sich zu einem gängigen Unterhaltungsformat zu entwickeln.

Im Grenzbereich statt der Kommerzialisierung

„Poetry-Slam wird immer größer und dadurch stärker wahrgenommen. Die Szene bewegt sich inzwischen im Grenzbereich zur totalen Kommerzialisierung", fasst „Sebastian 23" die Entwicklung der vergangenen Jahre zusammen. „Die meisten Slammer sind Hobbydichter, doch die Gelegenheit, für einen Auftritt Gage zu bekommen, gibt es inzwischen immer öfter." Traten die Wettkampfdichter einst noch für Fahrtgeld, ein paar Freibier und einen Schlafplatz auf dem Sofa des Veranstalters auf, werden heute für einige Wenige Künstlergagen gezahlt. Das weckt Begehrlichkeiten.

„Poetry-Slam ist kein Underground mehr, es ist normale Abendunterhaltung", sagt auch Wolf Hogekamp, der als einer der ersten den Dichterwettstreit in Deutschland etabliert hat. „Es ist inzwischen völlig normal, dass sich Hunderte Zuschauer an einem Abend einen Slam anschauen. Das zieht natürlich auch viele an, die schnell bekannt werden wollen." Poetry-Slam-Organisator Thomas Geyer bestätigt die Einschätzung seines Kollegen: „Poetry-Slam ist zu einer Art Durchlauferhitzer geworden. Viele machen nur noch mit, weil sie denken, dadurch kommen sie leicht in die Zeitung oder ins Fernsehen." […]

Nur mit Lachern zum Sieg

„Als ich anfing, war es egal, wer gewinnt. Die Punktewertung bei einem Slam war eher so eine Parodie der ernsten Literaturwettbewerbe", sagt Geyer. Doch heute gebe es viele Slammer, die ihre Texte so schreiben, dass sie gewinnen. Und in der Regel gewinnt der Text mit den meisten Lachern. Viele Poetry-Slams entwickeln sich deshalb immer mehr zu Stand-up-Comedy-Bühnen.

Ernste Themen, früher einmal zentral bei Slams, suche man oft vergebens. Diesen Trend sieht auch Xóchil, die wohl bekannteste Slammerin Deutschlands: „Es ist inzwischen einfacher, Slams zu gewinnen, wenn man etwas Lustiges schreibt." Das hat sie beherzigt, so einige Slams gewonnen – aber sich dabei „sehr schnell begrenzt gefühlt", sagt sie. „Ich habe mich auch ein wenig vor mir selbst geekelt." Inzwischen distanziert sie sich von der Slam-Szene und konzentriert sich auf ihre Solo-Shows, bei denen sie Gedichte mit Musik verbindet.

So wie Xóchil geht es inzwischen vielen Slammern, die seit Jahren dabei sind. Die hohe Fluktuation von Teilnehmern, die die Bühne nutzen, um schlechte Pointen aneinanderzureihen, ein Publikum, das allein darauf aus ist, unterhalten zu werden und die Aussicht, wochenlang auf Tour zu gehen, ohne Geld zu verdienen, ermüden auch den größten Literaturbegeisterten. Wer länger als ein Jahr von einem Slam zum nächsten tingelt, gehört schon fast zu den alten Hasen der Szene. […]

Die Szene rückt in den Hintergrund

„Durch den Erfolg von Poetry-Slam, aber auch die Weiterentwicklung der Slammer in Richtung Solo-Programm, rückt die Szene an sich in den Hintergrund. Der einzelne Künstler wird wichtiger", beschreibt Sedelis einen Trend. „Poetry-Slams sind eigentlich zweitrangig und gerade die Künstler, die Literatur mit anderen Medien wie Musik und Videos vermischen, sind momentan sehr erfolgreich."

Die meisten Slam-Poeten könnten dennoch nicht allein von ihren Auftritten leben, sagt Sedelis. Auch er verdiene sein Geld, wie die meisten seiner Slam-Kollegen, mit Workshops, Solo-Lesungen und Literaturprojekten.

Anders bei Bas Böttcher: Seit mehreren Jahren bestreitet der Berliner seinen Lebensunterhalt mit seiner Kunst, tritt rund 110-mal im Jahr auf, reiste für das Goethe-Institut unter anderem nach China, Abu Dhabi, Brasilien und in die USA. Sein erfolgreichstes Projekt war die Textbox – ein Kasten, in dem Poeten ihre Texte vortragen, die dann von außen über Kopfhörer zu hören sind. Die Texte werden in die jeweilige Landessprache übersetzt und mit Bildern und Musik begleitet – die Lesung wird so zur multimedialen Erfahrung.

Die Talente verlassen das Nest

In den Anfangsjahren des Poetry-Slam wurde noch wütend gegen die großen Printverlage und Literaturhäuser gewettert, sie würden die Szene und die Slams als neue Form der Literatur ignorieren. Heute haben die Slammer ein neues Selbstbewusstsein entdeckt: „Die etablierten Literaturbetriebe müssen sich uns und den neuen Zeiten anpassen, sonst verlieren sie eine ganze Generation Literaturbegeisterter, die mit Slams aufgewachsen ist und diese Lebendigkeit liebt."

Dass dies bereits geschieht, beweist nicht nur Böttchers Beitrag zu einem Reclam-Büchlein, in dem Poetry-Slam für den Schulunterricht aufbereitet wird. Auch zahlreiche seiner Kollegen kommen nach und nach bei den etablierten Verlagen unter: Lydia Daher wurde für ihre CD, die bei Trikont erschienen ist, von der Presse gelobt, Mischa-Sarim Verollet veröffentlichte seinen Erzählband beim Carlsen Verlag und Xóchils neue CD erscheint im Frühjahr beim Musiklabel Edel.

„Große Verlage und Literaturhäuser schauen sich inzwischen sehr genau an, was im Slam passiert. Es ist gut, wenn viele Menschen aus ihrem Hobby Slam einen richtigen Job machen können", sagt Geyer. Gleichzeitig beschleunigt diese Entwicklung den Ausverkauf der Szene: „Mit dem Erfolg distanzieren sich viele Künstler und wollen nicht mehr mit Poetry Slam in Verbindung gebracht werden. Das ist so wie bei jeder Subkultur: Sobald die Talente gereift sind, verlassen sie das Nest und schauen sich nach etwas Größerem um."

Quelle: http://www.spiegel.de/kultur/literatur (08. 04. 2009)

Teil 1: Pflichtteil (Textverständnis) **(gesamt 20 BE)**

Hinweis: Orthografie und Grammatik werden mit 2 BE bewertet.

1. Notieren Sie vier Merkmale, die einen Poetry-Slam-Wettbewerb kennzeichnen. 2 BE

2. Notieren Sie fünf im Text genannte aktive Slammer. 1 BE

3. Für den Begriff Slammer werden im Text Bezeichnungen synonymisch verwendet. Nennen Sie drei. 1 BE

4. Der Text beinhaltet Aussagen zu den Anfängen des Poetry-Slam bis zu den heutigen Trends. Stellen Sie vier Tendenzen in Form einer Übersicht dar. 5 BE

5. Die wohl bekannteste Slammerin Deutschlands, die einige Wettbewerbe gewann, hat sich aus der Szene zurückgezogen. Formulieren Sie anhand des Textes zwei Gründe, die dazu führten. 2 BE

6. „Poetry-Slam ist zu einer Art Durchlauferhitzer geworden." (Z. 72–74) Welche der Aussagen entspricht der Bedeutung des Zitates im Text? Schreiben Sie diese heraus. 1 BE

   Poetry-Slam
   a) verlangt eine schnelle Abfolge der Beiträge in einem Wettbewerb.
   b) wird schnell wieder aus der Kunst verschwinden.
   c) kann die mediale Präsenz eines Künstlers sprunghaft fördern.
   d) führt schnell zu einem großen Verschleiß der künstlerischen Ideen.

7. Welche Informationen über „Sebastian 23" sind im Text vorhanden? Notieren Sie vier stichwortartig. 2 BE

8. „Die einstige Subkultur ist auf dem besten Weg zur gewöhnlichen Stand-up-Comedy zu mutieren." (Z. 5–8) Erklären Sie die Verwendung der Metapher „mutieren". 1 BE

9. Die literarische Bewegung des Poetry-Slam erfährt immer mehr Akzeptanz in der Gesellschaft. Beweisen Sie diese Behauptung anhand des Textes. 3 BE

Teil 2: Wahlteil (Textproduktion) **(gesamt 30 BE)**

Wählen Sie eines der folgenden Themen 1, 2 oder 3 aus.

Thema 1: Sebastian 23: Unter der Oberfläche (Gedicht)

Zwischen grauem Asphalt und uralten Backsteinbauten
In den Augen der Großstadttauben
Die nickenden Schrittes zu Boden blicken
Und inmitten Müllstücken nach Nahrungsmitteln picken
Sausen tausend vertraute Gesichter im Lichtermeer
Gedankenschwer an mir vorüber oder neben mir her
Nippen mit schmalen Lippen an ihren Alltags-Alkopops
Schoppen nonstop oder schocken mit pubertärem Piercing-Rock
Zwischen Büro und Disko und zwischen Halbaffe und Halbgott
Quälen sie ihre Seelen in festgefahrenen Kanälen zu Schrott

Aber unter der Oberfläche brodelt es

Dort tanzen Traumtänzer und Schulschwänzer ihrer Freiheit entgegen
Leben jene Verwegenen, die Sachen machen, von denen andere nur reden
In jenen entlegenen Gegenden, jenseits von ebenen Ebenen
Wimmelt ein Himmel von Strebenden im Kampf der Kult-Kultur-Überlebenden
Dort machen Maler mit Farben das weiße Haus zur Villa Kunterbunt
Sichten Dichter Geschichten und berichten vom Untergrund
Singen Sänger vom Zwang, der den Geist infiltriert
Und sie stehen unter Druck, bis die Welt explodiert

Zwischen grauem Asphalt und uralten Backsteinbauten
In den Augen der Großstadttauben
Die nickenden Schrittes zu Boden blicken
Und inmitten Müllstücken nach Nahrungsmitteln picken
Muss ich mich durch die Weiten der Zeiten arbeiten und mit dem Chef streiten
Und ertrage Schläge von Kollegen, die meine Nerven blank legen
Wegwerf-Weghau-Kalorien-Kalender führen zu erheblichen Schäden
Doch ich halt es aus und halt die Schnauze und versuch trotzdem zu leben

Aber unter der Oberfläche brodelt es

Dort tanzen Hoffnung und Träume mit weißen Wolken um die Wette
Dort entwirft man Schiller, Wille, Kraft und sprengt jede Kette
Da bin ich König und Kaiser, kann mir keiner reinreden
Und ich kenn keine Grenzen nur befreites Bewegen
Und ich spür, wie sich voll Wut und Glanz Gedanken entfalten
Und allen Alltag ausschalten, nur um sich selbst zu erhalten
Und nur meine Fesseln halten mich hier
Und ich steh unter Druck, bis die Welt explodiert

Autor: Sebastian Rabsahl, in: Leif Greinus, Martin Wolter (Hrsg): Slam 2005, Die Anthologie zu den Poetry Slam Meisterschaften, Voland & Quist 2006

Sebastian 23 gewann mit diesem Text den Wettbewerb „Poetry Slam – Wettbewerb Berlin 2008". Sie interviewen ihn für die Zeitschrift „Poetry Slam News" zum Inhalt und zur Bedeutung seines Textes.

Schreiben Sie das Interview im vollständigen Wortlaut auf.
Stellen Sie Ihre Fragen so, dass Sie möglichst viel darüber erfahren, wie der Künstler seine Welt wahrnimmt. Formulieren Sie die passenden Antworten. Wählen Sie dazu aus dem Text unterschiedliche thematische Aspekte aus.

Thema 2: Bertolt Brecht: Herr Keuner und die Flut

Herr Keuner und die Flut

Herr Keuner ging durch ein Tal, als er plötzlich bemerkte, dass seine Füße in Wasser gingen. Da erkannte er, dass sein Tal in Wirklichkeit ein Meeresarm war und dass die Zeit der Flut herannahte. Er blieb sofort stehen, um sich nach einem Kahn umzusehen und solange er auf einen Kahn hoffte, blieb er stehen. Als aber kein Kahn in Sicht kam, gab er diese Hoffnung auf und hoffte, dass das Wasser nicht mehr steigen möchte. Erst als ihm das Wasser bis ans Kinn ging, gab er auch diese Hoffnung auf und schwamm. Er hatte erkannt, dass er selber ein Kahn war.

Quelle: Geschichten vom Herrn Keuner, Suhrkamp-Verlag, 2003

Erfassen Sie die Lehre der vorliegenden Parabel. Übertragen Sie diese auf eine Alltagssituation. Gestalten Sie die Idee aus. Schreiben Sie eine Parallelgeschichte.*

* eigener Text nach einem erzählerischen Vorbild

Thema 3: Tragische Schicksale in der klassischen Literatur

Innerhalb des Literaturprojektes an Ihrer Schule sollen Hörspielfassungen auf der Grundlage von Schülertexten entstehen. Sie übernehmen den Auftrag, die Szene „Am Brunnen“ aus „Faust I“ von Johann Wolfgang von Goethe zu bearbeiten.

Schreiben Sie auf nachfolgender Textgrundlage einen Monolog, der Gretchens Gedanken zum Fall „Bärbelchen“ in Verbindung mit ihrem eigenen Schicksal vertieft.

Gehen Sie dabei auf die gesellschaftlichen Umstände ein, denen Gretchen unterliegt.

Am Brunnen

GRETCHEN und LIESCHEN mit Krügen.

LIESCHEN: Hast nichts von Bärbelchen gehört?

GRETCHEN: Kein Wort. Ich komm gar wenig unter Leute.

LIESCHEN: Gewiss, Sibylle sagt' mir' s heute!
Die hat sich endlich auch betört.
Das ist das Vornehmtun!

GRETCHEN: Wieso?

LIESCHEN: Es stinkt!
Sie füttert zwei, wenn sie nun isst und trinkt.

Gretchen: Ach!

LIESCHEN: So ist's ihr endlich recht ergangen.
Wie lange hat sie an dem Kerl gehangen!
Das war ein Spazieren,
Auf Dorf und Tanzplatz Führen,
Musst überall die Erste sein,
Kurtesiert' ihr immer mit Pastetchen und Wein;
Bild't' sich was auf ihre Schönheit ein,
War doch ehrlos, sich nicht zu schämen,
Geschenke von ihm anzunehmen.
War ein Gekos und ein Geschleck;

Da ist denn auch das Blümchen weg!

GRETCHEN: Das arme Ding!

LIESCHEN: Bedauerst sie noch gar!
Wenn unsereins am Spinnen war,
Uns nachts die Mutter nicht hinunterließ,
Stand sie bei ihrem Buhlen süß,
Auf der Türbank und im dunkeln Gang
Ward ihnen keine Stunde zu lang.
Da mag sie denn sich ducken nun,
Im Sünderhemdchen Kirchbuß' tun!

GRETCHEN: Er nimmt sie gewiss zu seiner Frau.

LIESCHEN: Er wär ein Narr! Ein flinker Jung
Hat anderwärts noch Luft genung.
Er ist auch fort.

GRETCHEN: Das ist nicht schön!

LIESCHEN: Kriegt sie ihn, soll's ihr übel gehn.
Das Kränzel reißen die Buben ihr,
Und Häckerling streuen wir vor die Tür! *(Ab.)*

GRETCHEN *(nach Hause gehend):*
Wie konnt ich sonst so tapfer schmälen,
Wenn tät ein armes Mägdlein fehlen!
Wie konnt ich über andrer Sünden
Nicht Worte g'nug der Zunge finden!
Wie schien mir's schwarz, und schwärzt's noch gar,
Mir's immer doch nicht schwarz g'nug war,
Und segnet' mich und tat so groß,
Und bin nun selbst der Sünde bloß!
Doch – alles was dazu mich trieb,
Gott! war so gut! ach war so lieb!

Lösungsvorschläge

Teil 1: Pflichtteil (Textverständnis)

1. Folgende Merkmale kennzeichnen einen Poetry-Slam-Wettbewerb:
   - Amateure / Hobbydichter treten auf
   - Publikum wertet mit Punkten
   - Gewinne möglich: Applaus, Schulterklopfen, geringe Sachpreise
   - Texte, die Publikum begeistern, gewinnen

   Hinweis: Du findest mehrere Merkmale, beschränke dich jedoch auf vier. Formuliere Stichpunkte.

2. Folgende aktive Slammer werden im Text erwähnt:
   - Bas Böttcher, Zeile 134, 163
   - Sedelis, Zeile 122, 130
   - Xóchil, Zeile 90, 103, 172
   - Lydia Daher, Zeile 168
   - Sebastian 23, Zeile 9, 31, 50
   - Mischa-Sarim Verollet, Zeile 170/171

   Hinweis: Du findest mehrere aktive Slammer, beschränke dich jedoch auf fünf. Die im Text benannten Personen Sarah Kuttner, Wolf Hogekamp und Thomas Geyer zählen nicht dazu.

3. Im Text werden folgende Bezeichnungen synonymisch verwendet:
   - Hobbydichter
   - Wettkampfdichter
   - Slam-Poeten
   - Künstler
   - Dichter

   Hinweis: Synonyme sind Wörter mit gleicher oder ähnlicher Bedeutung. Du findest mehr als drei synonymisch verwendete Bezeichnungen.

4.

Tendenz	früher	heute
1. Lohn	Applaus, Schulterklopfen, Freibier, Fahrgeld, eventuell kleiner Sachpreis	Gage
2. Publikumswertung	Sieg unwichtig, Begeisterung für Literatur zählt	Texte auf Sieg ausgerichtet
3. Themen	ernste Texte	lustige Texte, extra so geschrieben
4. Künstler	Szene	Solokünstler

Hinweis: Die Darstellung der Tendenzen mit Übersichtscharakter kann in Form einer Tabelle, eines Zeitstrahls, eines Säulen- oder Balkendiagramms bzw. eines Flussdiagramms erfolgen. Schreibe keinen zusammenhängenden Text.
Außer den schon aufgezeigten Tendenzen können auch die gesellschaftliche Rolle des Poetry-Slam und die Kommerzialisierung als Trend bis zur heutigen Zeit dargestellt werden.

5 Die wohl bekannteste Slammerin Deutschlands, Xóchil, hat sich aus der Szene zurückgezogen, weil ihr die ernsten Themen bei den Wettbewerben fehlen, man leichter mit lustigen Texten gewinnen kann. Dadurch fühlt sie sich in ihrem Repertoire begrenzt. Der zweite Grund für ihren Rückzug liegt in der Konzentration auf ihre Solo-Shows, bei denen sie die Möglichkeit hat, Gedichte mit Musik zu verbinden.

Hinweis: Hinweise zu Antwort findest du von Zeile 78 bis 102.

6 c) Poetry-Slam kann die mediale Präsenz eines Künstlers sprunghaft fördern.

Hinweis: Du sollst die Aussage herausschreiben, die der Bedeutung des Zitates entspricht. Achte auf den vollständigen Satz. Einen Hinweis findest du in den Z. 74–76.

7 Informationen über „Sebastian 23“:
- Gewinner deutschsprachiger Poetry-Slam-Meisterschaft in Zürich 2008
- Star der Szene
- ehemaliger Philosophiestudent
- aus Bochum
- 3 bis 4 Auftritte pro Woche
- Gast bei Stefan Raab „TV Total“

Hinweis: Hinweise zu Informationen über „Sebastian 23“ findest du in Zeile 9 und in den Zeilen 31 bis 40. Du findest mehr als vier Informationen.

8 Die Metapher „mutieren“ bedeutet hier, dass Poetry-Slam sich von einem ernsten Literaturwettbewerb zu einer leichten, komischen Abendunterhaltung verändert. Was früher noch mit richtiger Literatur zu tun hatte, verändert sich zu Stand-up-Comedy, wird gewöhnlich und verliert an Niveau.

Hinweis: Eine Metapher ist eine sprachliche Wendung, die in übertragener Bedeutung gebraucht wird. Das Wort „mutieren“, das eigentlich aus der Biologie stammt, wird hier auf einen ganz anderen Bereich angewandt.
Der Begriff „Metapher“ muss nicht erläutert werden. Achte darauf, in vollständigen Sätzen zu antworten.

9 Dass die Bewegung des Poetry-Slams immer mehr Akzeptanz in der Gesellschaft erfährt, kann man zum Beispiel daran erkennen, dass zahlreiche Slammer ihre Werke bei etablierten Verlagen unterbringen. Z. B. wurde Lydia Daher für ihre CD, erschienen bei Trikont, von der Presse gelobt. Auch Mischa Sarim Verollet hat beim Carlsen Verlag einen Erzählband veröffentlicht, und eine CD von Xóchil „erscheint im Frühjahr beim Musiklabel Edel.“ (vgl. Zeile 168–174).
Poetry-Slam wird auch zum Unterrichtsgegenstand gemacht, wie eine Veröffentlichung von Reclam mit einem Beitrag von Böttcher zeigt. Hier wird das Thema gezielt für den Schulunterricht aufbereitet (vgl. Zeile 163–165).
Ein weiteres Zeichen für die Akzeptanz des Poetry-Slams in der Gesellschaft kann man darin sehen, dass das Goethe-Institut einen Poetry-Slammer mit seiner Kunst als Vertreter der deutschen Sprache ins Ausland schickt. „Bas Böttcher […] reiste für das Goethe-Institut unter anderem nach China, Abu Dhabi, Brasilien und in die USA“ (Z. 134–139).

Hinweis: Du sollst die in der Aufgabenstellung formulierte Behauptung mithilfe des Ausgangstextes beweisen. Die Antwort findest du in den Zeilen 130 bis 179. Verwende dafür Textzitate oder eigene Formulierungen der im Text benannten Sachverhalte.
Zitieren bedeutet, den Text wörtlich zu übernehmen und dabei das Zitat durch Anführungszeichen zu kennzeichnen. Die genaue Zeilenangabe ist in Klammern nach dem Zitat anzugeben. Achte auf eine zusammenhängende Darstellung, die Lösung sollte keine bloße Aneinanderreihung von Zitaten sein.

Teil 2: Wahlteil (Textproduktion)

Thema 1

Hinweis: Deine Aufgabe ist es, ein dialogisches Interview zu gestalten. Das bedeutet, dass das Interview den vollständigen Wortlaut, sowohl Fragen als auch Antworten, eines fiktiven Gespräches zwischen dir und Sebastian 23, dem Autor des Textes „Unter der Oberfläche", wiedergeben soll.

Ziel ist es, den Lesern die Sicht des Autors auf seine Welt darzustellen, wie er sie in dem Gedicht zum Ausdruck bringt. Dabei wird von dir erwartet, dass du auf der Basis von Inhalt und Bedeutung des Textes verschiedene Teilthemen beleuchtest.

Der Aufgabenstellung kannst du zusätzliche Informationen entnehmen, die für die inhaltliche Gestaltung hilfreich sind:

- *Beim vorliegenden Text handelt es sich um das Genre Slam-Poetry.*
- *Sebastian 23 war mit diesem Text Gewinner eines Wettbewerbs 2008 in Berlin.*
- *Dieser Text ist 2006 in einer Anthologie (Sammlung von Texten) veröffentlicht worden.*
- *Das Interview wird im Auftrag der Zeitschrift „Poetry-Slam News" geführt. Du kannst also davon ausgehen, dass die Leser des Interviews sowohl über die Textart als auch über den typischen Ablauf der literarischen Vortragswettbewerbe informiert sind.*

Du kannst darüber hinaus auch die Informationen zu Sebastian 23 nutzen, die du für Aufgabe 7 in Teil 1 notiert hast.

So kannst du vorgehen:

- *Erschließe dir den Inhalt des lyrischen Textes.*
- *Filtere inhaltliche Themen heraus.*
- *Überlege dir, wie du dein Interview aufbauen wirst.*
- *Stelle Fragen auf der Basis der gefundenen Themen.*
- *Überlege dir Antworten auf der Grundlage deiner Deutung des Textinhaltes.*

Folgendes solltest du beim Formulieren der Interviewfragen beachten:

- *Formuliere* ***offene Fragen****, die dem Gesprächspartner Raum für die Antwort geben. (z. B.: Wer soll sich von deinem Gedicht angesprochen fühlen?)*
- *Vermeide* ***Suggestivfragen****, also Fragen, welche die Antwort schon vorgeben. (z. B.: Du sprichst mit diesem Gedicht doch bestimmt die Jugendlichen an?)*
- *Setze* ***geschlossene Fragen*** *nur an passender Stelle ein. Solche Fragen, bei denen du Antwortmöglichkeiten zur Wahl stellst (z. B. Entscheidungsfragen, Alternativfragen), können in der Regel hilfreich sein, um bereits gewonnene Informationen durch gezieltes Nachfragen abzusichern oder zu vertiefen.*
- *Deine Fragen sollten kurz, verständlich und klar sein.*
- *Beginne mit einer kurzen* ***Einleitung****. Warum sprichst du mit Sebastian 23? Was macht ihn als Gesprächspartner für das Interview interessant? Was muss dem Leser zur Situation bzw. zum Anlass mitgeteilt werden? Du kannst dies in einem eigenen kurzen Einleitungstext darstellen oder es in die erste Interviewfrage einbauen.*
- *In deinem Interview kannst du auch konkrete Nachfragen zu einzelnen* ***sprachlichen Bildern*** *des Textes stellen.*
- *Formuliere einen* ***Abschluss****, indem du z. B. das Wesentliche zusammenfasst, auf eine Kernaussage Bezug nimmst oder nach Perspektiven für die Zukunft fragst.*

Deine Stoffsammlung könnte zum Beispiel so aussehen:

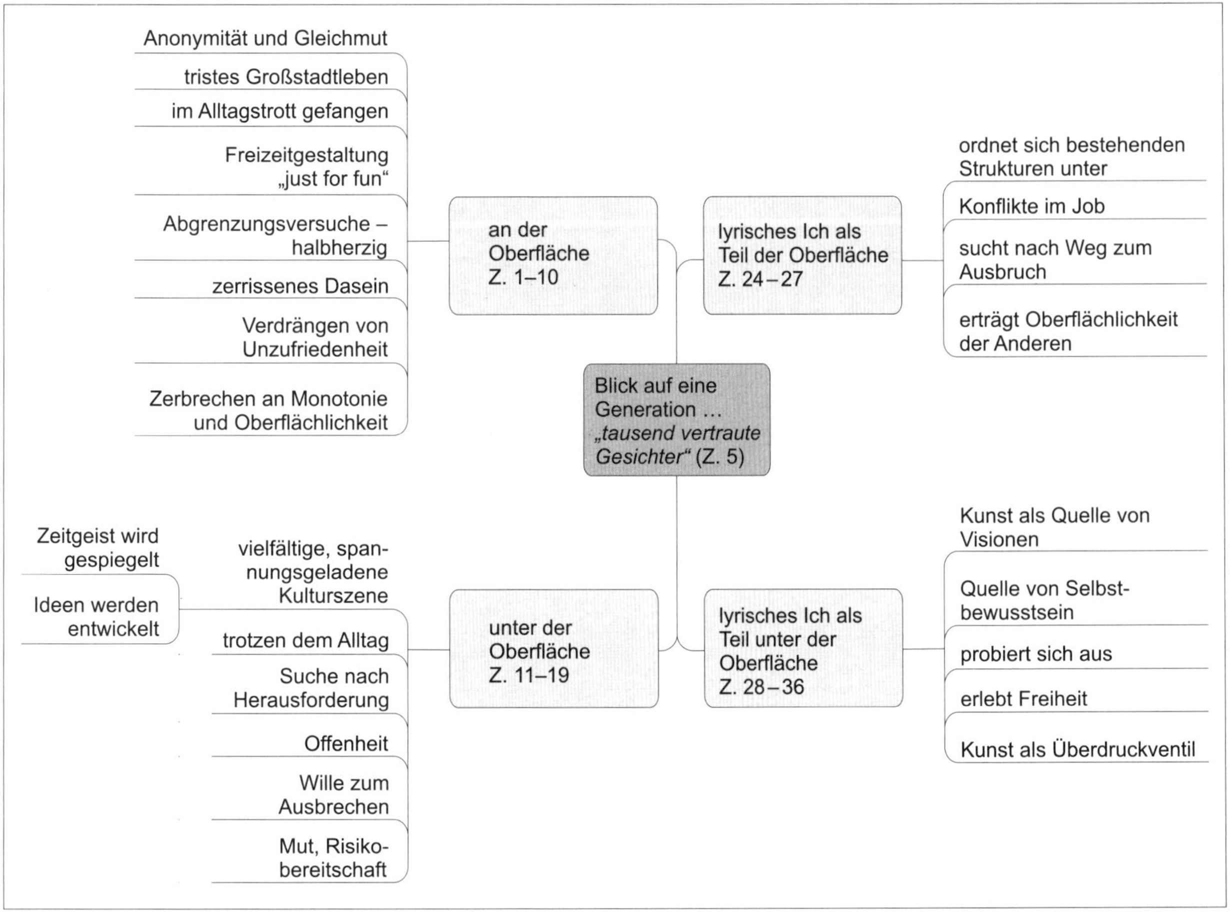
Blick auf eine Generation … „tausend vertraute Gesichter“ (Z. 5)
an der Oberfläche Z. 1–10
Anonymität und Gleichmut
tristes Großstadtleben
im Alltagstrott gefangen
Freizeitgestaltung „just for fun“
Abgrenzungsversuche – halbherzig
zerrissenes Dasein
Verdrängen von Unzufriedenheit
Zerbrechen an Monotonie und Oberflächlichkeit
lyrisches Ich als Teil der Oberfläche Z. 24–27
ordnet sich bestehenden Strukturen unter
Konflikte im Job
sucht nach Weg zum Ausbruch
erträgt Oberflächlichkeit der Anderen
unter der Oberfläche Z. 11–19
vielfältige, spannungsgeladene Kulturszene
Zeitgeist wird gespiegelt
Ideen werden entwickelt
trotzen dem Alltag
Suche nach Herausforderung
Offenheit
Wille zum Ausbrechen
Mut, Risikobereitschaft
lyrisches Ich als Teil unter der Oberfläche Z. 28–36
Kunst als Quelle von Visionen
Quelle von Selbstbewusstsein
probiert sich aus
erlebt Freiheit
Kunst als Überdruckventil

Daraus ergeben sich z. B. folgende Themenbereiche für deine Fragen:
- *Leben in der Großstadt (Anonymität)*
- *Lebensweise der Generation der jungen Erwachsenen: Monotonie und Oberflächlichkeit im Alltag, Spaßgesellschaft, Probleme, Konflikte – innere Zerrissenheit, konkrete Nachfrage zu „tausend vertraute Gesichter", „Halbaffe" und „Halbgott" u. a.*
- *Fesseln für persönliche Entwicklung (empfundener „Druck")*
- *Kunst- und Kulturszene (Aufgaben, Ziele, Probleme, Chancen, Perspektiven)*
- *persönliche Situation und Bezug zum „Untergrund"*

Schreibe nun das Konzept deines Textes und überarbeite es (Orthografie, Grammatik und sprachliche Gestaltung). Anschließend überträgst du das überarbeitete Konzept in die Reinschrift.

Beispieltext:

Seit Sebastian 23 als Gewinner auf der Bühne der deutschsprachigen Poetry-Slam-Meisterschaften 2008 in Zürich stand, ist das Interesse an dem jungen sprachbegabten Künstler deutlich gewachsen. Journalisten und Kritiker feiern ihn als neuen Star des Poetry-Slam. Mit seinem Text „Unter der Oberfläche" begeisterte er beim „Poetry-Slam-Wettbewerb Berlin 2008" das Publikum und gewann den Wettstreit. Im „Poetry-Slam-News"-Interview erzählt er von der Oberfläche und dem Brodeln darunter.

Poetry-Slam-News: *Herzlichen Glückwunsch zu deinen großartigen Erfolgen! Hast du eine Erklärung dafür, warum der Text „Unter der Oberfläche" beim Publikum so gut ankommt?*

Sebastian 23: Ich vermute, dass es mir gelungen ist, genau den Gedanken und Bildern Worte zu geben, die das Publikum im Saal auch im Kopf hatte. Ich beschreibe eine Perspektive auf sein und mein Leben. Das macht den Text auch zu einem sehr persönlichen Text. Ich bemühe mich immer wieder, Momentaufnahmen in Worte zu fassen und in meiner Art und Weise – manchmal sehr farbig, manchmal bizarr, manchmal ironisch und gelegentlich nachdenklich – zu präsentieren. Offensichtlich habe ich damit den richtigen Nerv getroffen.

Poetry-Slam-News: *Du sprichst von „tausend vertrauten Gesichtern" aber auch vom Schwanken zwischen „Halbaffe und Halbgott". Wen meinst du damit?*

Sebastian 23: Wenn ich mit offenen Augen durch die Straßen gehe und in die Gesichter der Leute in meinem Alter schaue oder mich mit Bekannten unterhalte, dann nehme ich bei vielen sowohl Gleichmut als auch so eine unbestimmte Unzufriedenheit wahr. Sie erwecken den Eindruck, als seien sie in ihrem Alltagstrott gefangen. Das scheint mir ein Kreislauf zu sein, aus dem man kaum ausbrechen kann. Sie gehen einem Job nach und bemühen sich, dem gerecht zu werden, was von ihnen erwartet wird. Vielleicht geht es nur noch darum, als Rädchen in einem Getriebe oder wie ein Halbaffe zu funktionieren und nicht um das Verwirklichen eigener Ideen. Ich sehe nicht mehr viel von den Träumen, die sie vor ein paar Jahren noch hatten. In ihrer Freizeit wollen sie raus aus der Monotonie, wollen als Halbgötter sich selbst und ihr Leben spüren und treffen sich meist doch wieder bei den Dingen, die sie kennen. Ich glaube schon, dass den meisten die Oberflächlichkeit bewusst ist und dennoch sind die Abgrenzungsversuche in meinen Augen nur halbherzig. Und ich fürchte, weil sie fühlen, dass sie in dieser Tretmühle gefangen sind, drohen sie zu zerbrechen.

Poetry-Slam-News: *Spürst du selbst diese „Fesseln" auch oder ist das etwas, was du nur bei anderen wahrnimmst?*

Sebastian 23: Nun, es wäre eine Lüge, wenn ich mich komplett von einem solchen Leben distanzieren würde. Natürlich kenne ich das auch. Ich muss meine Brötchen schließlich auch verdienen. Ich ticke auch im Alltagstakt. In meinem Text habe ich versucht zum Ausdruck zu bringen, dass auch ich Teil dieses Lebens bin und in Strukturen arbeite, denen ich mich unterordnen muss – egal, ob mir das passt oder nicht. Aber ich nehme das ganz bewusst wahr, ich weiß um das Dilemma und ich habe meine Visionen vom Leben noch im Kopf. Ich weiß, dass ich Konflikte und die Oberflächlichkeit der anderen ertragen kann, wenn ich für mich selbst einen Weg finde, der auch meinen Ideen noch Raum lässt. Es muss doch möglich sein, die eigene Unzufriedenheit nicht einfach nur hinzunehmen. Und daraus entstehen Unruhe und der Drang, etwas ganz anderes zu tun.

Poetry-Slam-News: *In deinem Text stellst du aber auch eine ganz andere Szene dar. Was zeichnet dieses Brodeln unter der Oberfläche aus?*

Sebastian 23: Wenn man hinter die Kulissen des tristen, grauen Großstadtlebens schaut, dann entdeckt man eine unglaublich vielfältige, spannungsgeladene Kunst- und Kulturszene. Hier treffen sich Leute, die dem Alltag trotzen, die nach Herausforderungen suchen. Plötzlich wird aus der Oberflächlichkeit eine wohltuende Offenheit. Ziemlich entschlossen wird hier der Wille zum Ausbrechen demonstriert. Junge Menschen bilden in Worten, Musik, Bildern einerseits die Zwänge im Leben an der Oberfläche und andererseits das Geschehen im Untergrund ab. Sie halten uns allen einen Spiegel vor. Und was mich sehr beeindruckt ist die Tatsache, dass du hier auf Menschen triffst, eben auf jene „Traumtänzer und Schulschwänzer", denen du im Alltag niemals zutrauen würdest, dass sie ihren Ideen auf künstlerische Art und Weise Ausdruck verleihen, dass sie diese präsentieren und zur Diskussion stellen. Hier in dieser Szene treffen sich die Kreativen, die nicht nur reden, sondern die ihrem Wunsch nach Veränderung auf ganz eigenen und zum Teil ungewöhnlichen Wegen Gestalt geben.

Poetry-Slam-News: *Wo liegen deiner Meinung nach die Aufgaben und die Chancen einer solchen Kunst- und Kulturszene?*

Sebastian 23: Kunst, egal welcher Richtung, ist eine Quelle der Inspiration. Zustände und Visionen werden von den einen dargestellt und dadurch von den anderen wahrgenommen. Wenn ich zum Beispiel davon spreche, dass „das weiße Haus zur Villa Kunterbunt" wird, dann möchte ich verdeutlichen, dass es in der Kunst keine Fesseln, Grenzen und unverrückbaren Normen gibt, sodass erst einmal alles möglich scheint. Was dann jeder mit den Eindrücken, Angeboten und Ideen macht, ist eine ganz persönliche Entscheidung. Man kann genießen, kann Anregungen mitnehmen oder sich selbst ausprobieren. Es steht aber auch jedem frei, einfach zu ignorieren und alles beim Alten zu lassen.

Poetry-Slam-News: *Deine erfolgreichen Auftritte und auch dieser Text legen nahe, dass du zum Ausprobieren inspiriert wurdest. Was bedeutet dieser „Untergrund" für dich persönlich?*

Sebastian 23: Hier in dieser Subkultur erlebe ich persönliche Freiheit und Lebendigkeit. Fern von jedem Alltagstrott kann ich mich ausprobieren. Ich kann Fehler machen und scheitern, aber auch gleich wieder neu beginnen. Die Gedanken, die mich bewegen, treffen hier auf Interesse und werden gehört. Im Moment habe ich das Gefühl, dass diese Gedanken hier erst richtig zum Leben erwachen und mir ein Leben ermöglichen, wie ich es mir vorstelle. Aber es brodelt, und was kommen wird, weiß ich auch noch nicht ...

[Das Interview führte Max Mustermann.]

Thema 2

Hinweis: Von dir wird erwartet, dass du einen eigenen Text nach dem Vorbild der vorliegenden Keuner-Geschichte gestaltest. Damit sollst du zeigen, dass du die Lehre der Parabel „Herr Keuner und die Flut" erkannt hast und auf eine Alltagssituation übertragen kannst.
Du weißt, dass eine ***Parabel*** *(ähnlich dem Gleichnis) eine lehrhafte Erzählung ist. Indem der Autor eine gegebene Wahrheit in eine Geschichte, also in ein bildhaftes Beispiel, umwandelt, möchte er dem Leser, Hörer oder Zuschauer diese Wahrheit veranschaulichen und erkennbar machen. Somit ist das Anliegen solcher Texte das Erkennen von sinnvollem Handeln im Leben (Lehre der Parabel). So kannst du vorgehen:*
- *Lies dir die Parabel zunächst durch und notiere erste Assoziationen und Gedanken. Sie können dir helfen, eine passende vergleichbare Alltagssituation zu finden.*
- *Beim erneuten Lesen gliederst du den Text in die „Denk-" bzw. „Handlungsabschnitte"*

des Herrn Keuner (Bildteil der Parabel). Welche Situation veranlasst Herrn Keuner zu welchen offensichtlichen Gedanken oder Handlungen? Notiere dir diese.
- *Überlege, wie diese Abschnitte gedeutet werden können (Sachteil, Deutungsebene der Parabel).*
- *Nun kannst du prüfen, welche Alltagssituation dir zu deiner Deutung einfällt.*
  Es geht dabei um eine schwierige Situation, in der jemand gedacht hat, alles würde sich von selbst regeln, dann aber feststellen muss, dass nur sein eigenes Handeln die Umstände verbessern wird.
  Diese Alltagssituation können du selbst oder jemand, den du kennst, erlebt haben. Es ist aber auch möglich, dass du dir eine solche Lebenssituation einfach ausdenkst.

Deine Stoffsammlung könnte so aussehen:

Bildteil der Parabel	**Deutungsebene**	**Übertragung auf Alltagssituation**
Herr K. begibt sich durch ein Tal, in welchem plötzlich Wasser seine Füße umspült.	Gefahr/Schwierigkeit wird erst bei direkter Konfrontation mit ihr bemerkt	rot eingekreistes Datum im Kalender
Herr K. erkennt das Tal als Meeresarm und das Wasser als einsetzende Flut.	Situation wird spät bewusst wahrgenommen und als zunehmend bedrohlich erkannt	knapp eine Woche bis zur Abgabe der Facharbeit, Termin einfach vergessen
Herr K. sucht stehen bleibend nach einem Kahn.	rettende Hilfe wird erhofft	die Hilfe der älteren Schwester wird erwartet.
Herr K. hofft weiter auf einen Kahn und bleibt stehen.	In der Situation wird verharrt, gewartet und auf fremde Hilfe gehofft (Fehleinschätzung der Situation)	Schwester fährt ins Trainingslager, Eltern haben keine Zeit
Herr K. gibt die Hoffnung auf Kahn auf und wartet nun auf ein Stagnieren des Wasseranstiegs.	trotz zunehmender Gefahr passives Verhalten, fremde Hilfe kommt nicht, deshalb wird rettende Veränderung der äußeren Umstände erhofft (Hoffnung auf Verbesserung der Situation von selbst)	Freunde sind beschäftigt, Gespräch mit Lehrerin macht Brisanz der Lage klar, krankmelden und somit Termin hinauszögern?
Herr K. gibt alle Hoffnung auf und schwimmt, als ihm das Wasser bis zum Hals steht.	aktiv werden bei Gefahr auf lebensbedrohendem Höhepunkt/bei drohender Katastrophe	mit Arbeit endlich selbst beginnen, Tag und Nacht; auf Party verzichten
Herr K. erkennt sich selbst als Kahn.	Eigeninitiative als Möglichkeit der Rettung	Facharbeit wird termingerecht abgegeben, nur durch eigene Arbeit erstellt
Wenn man sich in einer schwierigen oder gar gefährlichen Situation befindet, muss man aktiv werden und Eigeninitiative ergreifen.		

Entwickle aus deiner Idee eine Geschichte.
Es soll ein kurzer erzählender Text entstehen, bei dem du auf Folgendes achten musst:
– Erzählperspektive und Erzählzeit kannst du frei wählen. Vermeide aber, innerhalb des Textes zu wechseln.
– Den Anfang deiner Geschichte kannst du sowohl durch eine Einleitung als auch durch einen unvermittelten Einstieg in die Handlung gestalten.
– Im Hauptteil erzählst du von der Entwicklung der von dir gewählten Alltagssituation. Orientiere dich an den Gliederungsabschnitten deiner Stoffsammlung.
– Achte darauf, dass die aufeinanderfolgenden Situationen und Gedanken verknüpft sind und mit deiner am Schluss stehenden Erkenntnis inhaltlich im Zusammenhang stehen.
– Denke daran, dass du im Schlussteil noch einmal die Erkenntnis, die du aus der Alltagssituation gewonnen hast, formulierst.
Schreibe nun das Konzept deines Textes und überarbeite es anschließend (Orthografie, Grammatik und sprachliche Gestaltung).
Anschließend überträgst du das überarbeitete Konzept in die Reinschrift.

Beispieltext:

Tom saß an seinem Schreibtisch und kaute gedankenverloren an einem Stift. Dieser Dienstag war ein Tag wie viele andere auch – nichts Außergewöhnliches war passiert, in der Schule lief es wie immer. Das Lernen fiel ihm nicht wirklich schwer, er war meist zufrieden mit seinen Ergebnissen, die Noten waren passabel, obwohl die Lehrer behaupteten, er könne ein wenig mehr Ehrgeiz zeigen. Nun ja, in diesem und jenem Fach stand er „auf Kippe", aber das würde schon werden.

Tom blätterte in seinem Kalender. Wie viele Tage musste er noch warten, bis sie endlich zur Klassenfahrt aufbrechen würden? Sein Blick blieb an einem rot eingekreisten Datum hängen. Kommender Montag. Wieso hatte er den Tag so auffallend markiert? Hatte jemand Geburtstag? Er ging seine Freunde und seine Familie in Gedanken durch, aber niemand wollte ihm einfallen, zu dem dieser Geburtstag gehören würde. Was war an diesem einen Montag so wichtig? Plötzlich fiel es Tom ein: Die Facharbeit! Verdammt, am Montag musste er seine Facharbeit abgeben! Das hatte Tom völlig vergessen. Vor ein paar Wochen hatte er sich das Thema selbst ausgesucht. Nichts Spektakuläres, aber die Lehrerin hatte es akzeptiert, ihm noch ein paar Tipps gegeben und Tom hatte sich den Abgabetermin in seinem Kalender eingekreist. Jetzt erinnerte er sich ganz deutlich. Der Klasse wurde in einer Informationsstunde zur Facharbeit nahegelegt, einen Arbeitsplan zu erstellen und diesen mit dem betreuenden Lehrer abzustimmen. Irgendetwas hatte Tom von diesem Vorhaben abgelenkt. Es gab eben immer Dinge, die wichtiger schienen.

Nun starrte er auf das Datum. Eine Woche hatte er noch Zeit. Tom entspannte sich wieder. Das würde schon reichen. Seine Schwester könnte ihm ja helfen, sie hatte ihre Facharbeit im vergangenen Jahr geschrieben, im selben Fach. Sie wusste also, wie es ging, und schlau war sie auch. Das würde schon werden. Tom stand auf, schnappte sich in der Küche einen Apfel und verließ die Wohnung. Er war mit seinem Kumpel Peter verabredet. Gemeinsam wollten sie die Kette an Peters Fahrrad austauschen. Tom erzählte von der Entdeckung des Abgabetermins. Peter schaute seinen Freund erstaunt an und fragte, ob er denn überhaupt eine Ahnung hätte, wie viel Zeit in so einer Facharbeit stecken würde? Er müsse umfangreiche Recherchen anstellen, das Thema erst einmal verstehen, Informationen sammeln und ordnen, das Ganze aufbereiten, schreiben und dann noch dem geforderten Layout anpassen. Tom nickte, ihm war das schon klar. Und doch war da plötzlich so ein ungutes Gefühl im Bauch.

Am darauf folgenden Nachmittag saß Tom wieder an seinem Schreibtisch, las sich wiederholt sein Facharbeitsthema durch und wartete darauf, dass seine Schwester endlich nach Hause kommen würde. Als er ihr später sein Anliegen erklärte, schüttelte sie verständnislos den Kopf. Sie wollte und konnte ihm das Denken und Arbeiten nicht abnehmen – Tom hatte vergessen, dass seine Schwester für eine Woche mit ihrer Handballmannschaft in ein Trainingslager fahren würde. Auch seine Eltern gaben ihm zu verstehen, dass er von ihnen gerade zu diesem Zeitpunkt keine Hilfe erwarten konnte. Sie hatten seinem Onkel ihre Unterstützung beim Bau seines Hauses versprochen. Ein wenig verunsichert verschob Tom das Problem auf den nächsten Tag. Irgendwie musste sich das doch lösen lassen. Irgendwen würde er schon finden, der ihm helfen würde.

Aber der Donnerstag machte ihm klar, dass das so einfach doch nicht sein würde. Seine Freunde hatten andere Pläne, einige erzählten sogar, dass sie ihre Zeit mit der Fertigstellung ihrer Facharbeit verbringen wollten. Langsam dämmerte Tom, dass er den Anfang ganz allein finden musste. Aber plötzlich schien sein Kopf wie leer gefegt. Er fand keine Idee, keinen Ansatz. Wie und womit sollte er beginnen?

Mit einem flauen Gefühl stellte er diese Frage seiner Lehrerin. Deren Reaktion übertraf die aller anderen. Völlig fassungslos sah sie Tom an. Sie wies ihn sehr deutlich darauf hin, dass er in diesem Fach derzeit genau zwischen den Noten Zwei und Drei stünde und sie könne nicht verstehen, wie man eine Facharbeit mit einer so wichtigen Benotung vergessen könne. Als sie dann auch noch ergänzte, dass er daran denken solle, dass die Abschlussnoten des Schuljahres für die bald anstehenden Bewerbungen um Ausbildungsplätze sehr wichtig wären, bekam Tom langsam das Gefühl, dass er ernsthaft in Schwierigkeiten steckte.

Nachdem die Lehrerin sich beruhigt hatte, ging sie mit Tom gemeinsam noch einmal alle notwendigen Arbeitsschritte durch. Nun wurde aus dem flauen ein ziemlich übles Gefühl. Das konnte er doch niemals schaffen!

Auf dem Heimweg überlegte er, ob es denn nicht möglich wäre, krank zu werden. Dann würde er seine Arbeit einfach nicht zum Termin abgeben können und Zeit gewinnen. Die Idee schien verlockend. Aber Tom war sich sicher, dass da seine Eltern gar nicht mitmachen würden. Und heftig schimpfen würden sie auch, das konnte er am wenigsten gebrauchen. Außerdem wäre das Problem auch nicht wirklich gelöst, wenn er sich ins Bett legte.

Eine Weile dachte er noch verzweifelt über weitere Auswege oder Personen, die ihm helfen könnten, nach, aber Tom wusste, dass es hier nur eine Lösung gab: Er musste sofort beginnen zu arbeiten und durfte sich in der verbleibenden Zeit bis Montag nur noch auf das Thema der Facharbeit konzentrieren. Zu viel hing von dieser einen Note ab. Es waren seine Note, seine Facharbeit und seine Schlamperei.

Am Montagmorgen um acht Uhr gab Tom seiner skeptisch blickenden Lehrerin die ordentlich gehefteten Blätter der frisch ausgedruckten Facharbeit in die Hand. Er war müde, hatte in den letzten drei Nächten wenig geschlafen, lange gearbeitet, sogar am Samstag auf die Party bei Peter verzichtet. Glücklicherweise hatte sich herausgestellt, dass ihm das Bearbeiten des Themas wirklich Spaß machte. Wenn nur nicht dieser Zeitdruck gewesen wäre. Ihm war klar, dass er diesen Stress nicht noch einmal haben wollte. Beim letzten Durchlesen am Frühstückstisch fielen Tom auch noch ein paar Tippfehler auf, aber das war nicht mehr zu ändern. Die Bestnote würde er nicht bekommen, aber möglicherweise kam er mit einem blauen Auge davon. Doch das Wichtigste für ihn war: Er hatte es ganz allein geschafft!

Thema 3

Hinweis: Ein innerer Monolog gibt die Gedanken und Gefühle einer Person aus deren Perspektive wieder. Die Figur erläutert dabei die vorangegangene Handlung aus ihrer Sicht, offenbart verborgene Überlegungen und Empfindungen, äußert sich zu einem oder mehreren inneren Konflikten und kommt vielleicht zu einer Entscheidung in Bezug auf diese.

*Folgende **formale Anforderungen** sind zu beachten:*

- *Schreibe aus der Perspektive von Gretchen in der Ich-Form.*
- *Verwende das Präsens, da sich Gretchen Gedanken über den Fall „Bärbelchen" macht und Gefühle, vergleichend zu ihrer eigenen Situation, äußert. Wenn sie über Vergangenes spricht, schreibe im Perfekt.*

– Achte bei Satzbau und Wortwahl darauf, dass diese eher der gesprochenen Sprache entsprechen. Verwende verkürzte Sätze, Ausrufe, rhetorische Fragen und Gedankensprünge, treffende Verben und Adjektive der Sinneswahrnehmung. Achte auf die Nachvollziehbarkeit durch den Leser.
– Versuche, dich bei der Sprache am Originaltext zu orientieren.

In Gretchens innerem Monolog sollten folgende inhaltliche Anforderungen erfüllt sein:
– Darstellung der Situation Bärbelchens
– Mitleid mit Bärbelchen / Vorahnung des eigenen Schicksals durch Gretchen
– gesellschaftliche Umstände, denen Gretchen unterworfen ist
– Konsequenzen ihres Handelns
– Hoffnungen und Wünsche Gretchens

Deine Stoffsammlung könnte zum Beispiel so aussehen:

Darstellung der Situation Bärbelchens
– Kleinstadttratsch mit Lieschen am Brunnen über Bärbelchens Verhalten in der Öffentlichkeit mit ihrem Geliebten – Bärbelchen erwartet nun ein uneheliches Kind, wurde vom Vater des Kindes verlassen – B. wird gesellschaftlich und kirchlich geächtet – L. als Vertreterin der Öffentlichkeit findet Ächtung richtig, zeigt kein Verständnis oder Mitleid
Mitleid mit Bärbelchen seitens Gretchen / Vorahnung des eigenen Schicksals durch Gretchen
– tiefes Mitleid mit B. – früher leichtfertiges Klatschen und Tratschen über Mädchen wie B. – B. wird wegen des Kindes nicht heiraten können – B. muss wie auch immer für ihren Unterhalt selbst aufkommen – B. wird aus Familie ausgeschlossen – Gretchen ist zerrissen: hat gesündigt, geliebt, sich Faust hingegeben, muss Buße tun – G. empfand Liebe als gut und schön – G. hat tiefe Gefühle für Faust – Schicksal gleicht dem von B.
gesellschaftliche Umstände, denen Gretchen unterworfen ist
– kleinbürgerliche Gesellschaft (Familie, Religion, soziales Umfeld)
Konsequenzen ihres Handelns
G. weiß genau, dass sie gesündigt hat, kennt mögliche Folgen: – Ausschluss aus katholischer Kirche – Schande für ihre Familie – allein gelassen werden mit Schicksal – Tratsch, Klatsch, Verspottung durch Umfeld → G. wird selbstverständlich Konsequenzen tragen
Hoffnungen und Wünsche Gretchens
– Errettung aus Situation – Heirat mit Heinrich – Familienleben – Besiegen der Schande – Angst vor dem Alleinsein mit Kind

Beispieltext:

Klatsch und Tratsch! Wie oft habe ich mir schon vorgenommen, mich aus diesem Gerede herauszuhalten! Was Lieschen da über Bärbelchen erzählt hat! In aller Öffentlichkeit soll sie sich mit ihrem Verehrer gezeigt haben, im Dorf und auf dem Tanzplatz. Vor aller Welt hätten sie sich geherzt und geküsst. Nun ist Bärbelchen schwanger und ihr Geliebter hat sie in ihrem Zustand sitzen gelassen. Lieschen konnte gar nicht aufhören zu schmähen. Es schien fast, als sei sie neidisch auf das hübsche Bärbelchen. Ich glaube, sie wäre auch gern abends aus der Spinnstube geschlichen, wenn die Buben vor der Tür gewartet haben, doch ihre Mutter hat streng auf ihre Tugend geachtet. Sie wäre auch gern zum Tanzen geholt und mit Leckereien verwöhnt worden. Ich weiß doch selbst, wie schön es ist, so umworben zu werden!

Ach, Bärbelchen. Worauf hast du dich nur eingelassen? Keiner spricht mehr mit dir, jeder schimpft auf dich, und auch in der Kirche darfst du keinen Trost mehr suchen. Du tust mir aus tiefstem Herzen leid. Du warst bei allem so unbesonnen wie ich mit Faust. Manchmal wünsche ich mir, ich könnte mit dir darüber sprechen.

Wie konnte ich nur früher so leichtfertig über Mädchen reden, die sich mit einem Verehrer eingelassen haben? Wie konnte ich nur so überheblich sein?

Was wird jetzt aus dem Bärbelchen? Keiner der jungen Männer wird sie noch heiraten wollen. Sie wird ihr Kind allein auf die Welt bringen und für ihren Unterhalt sorgen müssen. Nicht einmal die Familie wird ihr helfen! Eigentlich hat sie ihr Leben jetzt schon verwirkt – genauso wie ich. Lieber Gott, so hilf mir doch, denn ich fürchte, mein Schicksal wird dem von Bärbelchen gleichen. Ja, auch ich habe gesündigt, aber ich habe es doch aus guter, reiner Liebe zu Heinrich getan. Die Nacht war so schön und ich war so glücklich! Sein Lächeln, seine Berührungen, ich darf nicht mehr daran denken! In tiefer Liebe, nicht, weil ich eine Sünderin bin, habe ich mich meinem Heinrich hingegeben und werde nun büßen müssen. Büßen für etwas, was mich unsagbar glücklich gemacht hat.

Ich weiß doch genau, wie die Leute denken und was die Kirche proklamiert: Erst wird geheiratet, vorher lässt man sich nicht mit einem Mann ein. Alles andere schickt sich nicht für ein anständiges junges Mädchen! Ein anständiges Mädchen, war ich das denn nicht? Oh Gott, was wird mein Bruder sagen? War er doch immer stolz auf mich, seine reine und fromme Schwester.

Ich wusste um die möglichen Folgen, als ich mich mit Heinrich in meiner Kammer traf. Ich wollte diese Nacht doch auch so sehr. Mein Herz sagt mir, dass das keine Sünde war, aber in meinem Kopf schwirrt das Wort Sünde immer und immer wieder herum. In Gedanken sehe ich mich schon mit einem Kind im Arm verzweifelt durch den Ort laufen. Nachts wache ich schweißgebadet von diesem Albtraum auf. Wo soll ich hin, in meiner Not, meiner Verzweiflung?

Nun werde ich wie Bärbelchen aus der Kirche und der Familie ausgestoßen. Werde in Schande, allein gelassen, verspottet von Lieschen und den anderen Mädchen, Nachbarn und Leuten mit den Konsequenzen meiner Liebe zu Faust leben müssen. Hierbleiben könnte ich nicht, ohne Freundinnen und Bekannte. Weggehen wäre eine Lösung, aber wohin? Ich kann doch nicht alles stehen und liegen lassen und gehen.

Welche Rettung gibt es für mich noch, lieber Gott? Die, dass unsere gemeinsame Nacht ohne Folgen bleibt? Oder Heinrich? Wird sich mein Schicksal mit ihm doch noch zum Guten wenden? Darf ich die Hoffnung hegen, dass er mich heiraten wird, bevor alle Leute sehen können, dass ich mich ihm hingegeben habe?

Was ist, wenn er mich sitzen lässt und mit seinem dunklen Gesellen weiterzieht, wenn ich nur eine Liebschaft, ein Zeitvertreib für ihn war? Bedeuten ihm Liebe und Treue nicht so viel wie mir? Wird mein Wunsch nach einer glücklichen Zukunft mit ihm in Erfüllung gehen? Fragen über Fragen und keine Antworten. So hilf mir doch, lieber Gott, denn du bist der einzige, der mir noch helfen kann. Ich lege mein Schicksal in deine Hände.

Die große Zukunft des Buches
Wie lesen wir morgen? Welche Medien werden überleben? Und wie verändert die Technik unseren Lesealltag?

Ein Gespräch mit den Schriftstellern Umberto Eco und Jean-Claude Carriere

JEAN-CLAUDE CARRIERE: Beim Weltwirtschaftsforum in Davos 2008 hat man einen Futurologen nach den Ereignissen befragt, die in den kommenden fünfzehn Jahren die Menschheit erschüttern werden, und er meinte, mit Sicherheit ließen sich nur vier grundlegende Dinge vorhersagen. Das erste sei ein Erdölpreis von 500 Dollar pro Barrel. Das zweite betreffe das Wasser, das im Begriff sei, ein kommerzielles Handelsgut zu werden wie Erdöl. Die dritte Vorhersage war, dass Afrika in den nächsten Jahrzehnten zur Wirtschaftsmacht aufsteigen werde. Das vierte Ereignis ist diesem Propheten zufolge das Verschwinden des Buches.

UMBERTO ECO: Wird das Buch verschwinden, weil das Internet auf den Plan getreten ist? Eigentlich gibt es zu dem Thema recht wenig zu sagen. Durch das Internet sind wir ins Zeitalter des Alphabets zurückgekehrt. Wenn wir je geglaubt hatten, wir seien in eine Kultur des Bildes eingetreten, so führt uns der Computer wieder zurück in die Ära Gutenberg, und heutzutage sieht sich jedermann gezwungen zu lesen. Zum Lesen braucht man einen Datenträger. Der Computer allein kann dieser Träger nicht sein. Setzen Sie sich zwei Stunden an den Computer und lesen Sie einen Roman, und Sie bekommen Augen wie Tennisbälle. Ich habe zu Hause eine Polaroidbrille, um die Augen vor den schädlichen Folgen längerer Bildschirmlektüre zu schützen. Außerdem ist der Computer auf Stromversorgung angewiesen, man kann ihn also nicht in der Badewanne lesen und auch nicht im Bett auf der Seite liegend. Das Buch erweist sich da als weitaus flexibler. Entweder – oder: Entweder bleibt das Buch materieller Träger des Lesens, oder es wird etwas geben, das dem gleicht, was das Buch seit je war, schon vor der Erfindung des Buchdrucks. Die Entwicklungen rund um den Gegenstand Buch haben seit über fünfhundert Jahren da weder an seiner Funktion noch an den Arten seiner Verwendung etwas Grundlegendes verändern können. Das Buch ist wie der Löffel, der Hammer oder das Rad. Sind diese Dinge erst einmal erfunden, lässt sich Besseres nicht mehr machen. An einem Löffel gibt es nichts zu verbessern. Designer bemühen sich, zum Beispiel den Korkenzieher zu optimieren, mit recht bescheidenem Erfolg. Philippe Starck hat bei der Zitronenpresse etwas Neues versucht, aber weil er die Reinheit der ästhetischen Form wahren wollte, hat sein Gerät keine Vorrichtung, um die Kerne zurückzuhalten. Das Buch hat sich vielfach bewährt […]. Vielleicht wird es sich in seinen Komponenten weiterentwickeln, vielleicht werden seine Seiten nicht mehr aus Papier sein. Aber es wird bleiben, was es ist.

CARRIERE: Mir scheint, in seinen neuesten Versionen tritt das E-Book in unmittelbare Konkurrenz zum gedruckten Buch.

ECO: Natürlich ist es für einen Staatsanwalt leichter, die 25 000 Schriftstücke eines laufenden Prozesses in einem E-Book gespeichert mit nach Hause zu nehmen. In vielen Bereichen wird das elektronische Buch für den Nutzer außerordentliche Vorteile mit sich bringen. Ich frage mich allerdings nach wie vor, ob es selbst bei einer allen Leseanforderungen optimal angepassten Technologie wirklich sinnvoll ist, *Krieg und Frieden* auf einem E-Book zu lesen. Man wird sehen. Auf jeden Fall werden wir Tolstoj und all die anderen auf Papier gedruckten Bücher bald nicht mehr lesen können, ganz einfach, weil sie in unseren Bibliotheken bereits begonnen haben, sich zu zersetzen. Die Bücher von Gallimard aus den fünfziger Jahren sind weitgehend zerfallen. Etienne Gilsons *Philosophie au Moyen Age,* die mir zu der Zeit, als ich meine Dissertation vorbereitete, so nützlich war, kann ich heute nicht mehr in die Hand nehmen. Die Seiten zerfallen buchstäblich. Ich könnte natürlich eine neuere Ausgabe kaufen, aber ich hänge an der alten mit all ihren Randnotizen in verschiedenen Farben, die die Geschichte meiner verschiedenen Lektüren widerspiegeln.

JEAN-PHILIPPE DE TONNAC: Wenn immer neue Datenträger entwickelt werden, die sich den unterschiedlichsten Anforderungen, sei es der Kausalitäten von Nachschlagewerken oder sei es der Lektüre von Onlineromanen, immer besser anpassen, warum sollte man sich da nicht trotz allem vorstellen können, dass die Liebe zum Gegenstand Buch allmählich schwindet?

ECO: Möglich ist alles. Bücher können schon morgen nur noch für unbekehrbare Liebhaber von Interesse sein, die ihre rückwärtsgewandte Neugier in Museen und Bibliotheken befriedigen.

CARRIERE: Wenn es dann noch welche gibt.

ECO: Aber ebenso gut kann man sich vorstellen, dass in der Zukunft diese fantastische Erfindung, das Internet, ihrerseits verschwindet. Genau wie die Zeppeline, die von unserem Himmel verschwunden sind. Als die *Hindenburg* kurz vor dem Krieg in New York in Flammen aufging, bedeutete das das Aus für die Zeppeline. Dasselbe gilt für die Concorde: Das Unglück von Gonesse im Jahr 2000 wurde ihr zum Verhängnis. Trotzdem ist diese Geschichte bemerkenswert. Man erfindet ein Flugzeug, das für die Überquerung des Atlantiks statt acht nur drei Stunden braucht. Wer wollte bestreiten, dass das ein enormer Fortschritt ist? Aber nach der Katastrophe von Gonesse verzichtete man darauf mit dem Argument, die Concorde sei zu teuer. Ist das ein ernstzunehmender Grund? Die Atombombe ist auch sehr teuer!

DE TONNAC: Dazu möchte ich eine Äußerung von Hermann Hesse zitieren, vermutlich aus den fünfziger Jahren. Da sagt er über eine wahrscheinliche „Wiederaufwertung" des Buches, die durch den technischen Fortschritt bewirkt wird: „Je mehr mit der Zeit gewisse Unterhaltungs- und gewisse volkstümliche Belehrungsbedürfnisse durch andere Erfindungen werden befriedigt werden können, desto mehr wird das Buch an Würde und Autorität zurückgewinnen. [...] Wir haben heute den Punkt noch nicht ganz erreicht, wo die jungen Konkurrenzerfindungen wie Radio, Film und so weiter dem gedruckten Buch gerade jenen Teil seiner Funktionen abnehmen, um den es nicht schade ist."

CARRIERE: In dieser Hinsicht hat er sich nicht getäuscht. Kino, Radio, Fernsehen haben dem Buch nichts genommen, „worum es schade wäre".

ECO: Irgendwann in seiner Geschichte hat der Mensch die Schrift erfunden, man kann die Schrift als eine Verlängerung der Hand betrachten, und in diesem Sinne ist sie nahezu biologisch. Sie ist eine an den Körper gebundene Kommunikationstechnologie. Hat man so etwas erst einmal erfunden, kann man nicht mehr darauf verzichten. Noch einmal: Das ist wie die Erfindung des Rads. Unsere Räder von heute sind noch genauso wie die vorzeitlichen. Während unsere modernen Erfindungen – Kino, Radio, Internet – nicht biologisch sind.

CARRIERE: Noch nie musste man so viel lesen und schreiben wie in unseren Tagen. Man kann keinen Computer benutzen, ohne lesen und schreiben zu können. Sogar in komplexerer Weise als früher, weil neue Zeichen, neue Codes hinzugetreten sind. Unser Alphabet hat sich erweitert. Lesen zu lernen wird immer schwieriger. Wir würden eine Rückkehr zur Oralität erleben, wenn der Computer das, was wir sagen, direkt verarbeiten könnte. Aber das wirft eine andere Frage auf: Kann man sich gut ausdrücken, wenn man nicht lesen und schreiben kann?

Eco: Homer würde zweifellos antworten: Ja.

Carriere: Aber Homer gehört einer oralen Tradition an […]. Andererseits bieten Handys […] ein sich ständig vergrößerndes Spektrum möglicher Anwendungen. Die Japaner schreiben Romane darauf und reichen sie in dieser Form ein. Das inzwischen mobile Internet überwindet den Raum.

de Tonnac: Aber ob wir wollen oder nicht, diese neuen Werkzeuge verändern unsere Denkweisen grundlegend und entfernen uns von denen, die im Umgang mit dem Buch bestimmend waren.

Eco: Die Geschwindigkeit der technischen Erneuerungen zwingt uns, unsere mentalen Gewohnheiten in einem unerträglichen Tempo neu zu organisieren, in der Tat. Alle zwei Jahre müsste man den Computer wechseln, denn genau darauf sind diese Apparate angelegt: nach einer gewissen Zeit obsolet zu werden, wenn die Reparatur teurer wird als die Neuanschaffung. Jedes Jahr müsste man das Auto wechseln, weil das neueste Modell im Hinblick auf Sicherheit und elektronische Extras Vorteile bietet. Und jede neue Technologie erfordert den Erwerb neuer Reflexe, also neue Anpassungsleistungen und das innerhalb immer kürzerer Zeiträume. Die Hühner haben annähernd hundert Jahre gebraucht, um zu lernen, dass sie nicht über die Straße laufen dürfen. Ihre Spezies hat sich schließlich den neuen Verkehrsverhältnissen angepasst. Wir haben aber nicht so viel Zeit zur Verfügung. Ich bin ein Fan von Comics aus den dreißiger Jahren, aber ich bin außerstande, die neuesten Hefte zu lesen, die avantgardistischsten sozusagen. Gleichzeitig sollten wir davor die Augen nicht verschließen. Ich habe mit einem siebenjährigen Enkel gespielt, der sich an einem dieser elektronischen Spiele versuchte, die er sehr liebt, und ich wurde empfindlich mit 10 zu 280 Punkten geschlagen. Dabei bin ich ein eingefleischter Flipperspieler, und wenn ich etwas Zeit habe, übe ich mich bei einem Computerspiel am Töten von Monstern aus dem All, in allen nur erdenklichen galaktischen Kriegen, durchaus mit einem gewissen Erfolg. Aber hier musste ich mich ergeben. Und doch wird auch mein Enkel, so begabt er sein mag, mit zwanzig vielleicht nicht mehr imstande sein, die neue Technologie seiner Zeit zu verstehen. Es gibt Wissensgebiete, auf denen es unmöglich ist, sich sehr lange auf dem neuesten Stand zu halten. Auf dem Gebiet der Nuklearphysik können Sie nicht länger als ein paar Jahre lang Spitzenforscher sein, abhängig davon, welche Anstrengungen Sie unternommen haben, um sämtliche Ergebnisse mitzubekommen. Danach werden Sie akademischer Lehrer oder gehen in die Industrie. Mit zweiundzwanzig sind Sie ein Genie, weil Sie alles verstanden haben, aber mit fünfundzwanzig müssen Sie die Staffel abgeben. Das ist wie bei Fußballspielern. Ab einem gewissen Alter werden sie Trainer.

Das Gespräch führte der Journalist Jean Philippe de Tonnac.

Es handelt sich um leicht gekürzte Auszüge aus dem am 16. August 2010 erschienenen Gesprächsband von Umberto Eco und Jean-Claude Carriere: „Die große Zukunft des Buches". Aus dem Französischen von Barbara Kleiner. Carl Hanser Verlag, 288 Seiten.

Teil 1: Pflichtteil (Textverständnis) **(gesamt 20 BE)**

Hinweis: Orthografie und Grammatik werden mit 2 BE bewertet.

1. Der vorliegende Text entstammt dem Gesprächsband „Die große Zukunft des Buches“.
   Wer ist am Gespräch beteiligt?

   Notieren Sie die richtige Antwort.
   A zwei Schriftsteller
   B ein Journalist und zwei Schriftsteller
   C ein Journalist und drei Schriftsteller
   D drei Schriftsteller — 1 BE

2. Im Text wird die Kurzform „E-Book“ verwendet.
   Schreiben Sie den Begriff in seiner vollständigen deutschen Bedeutung auf. — 1 BE

3. Jean-Claude Carriere greift zu Beginn seiner Ausführungen einen Diskussionsbeitrag vom Weltwirtschaftsforum in Davos 2008 auf. Dort sagte ein Futurologe vier grundlegende Entwicklungen voraus.
   Geben Sie diejenige Vorhersage wieder, die den Ausgangspunkt für dieses abgedruckte Gespräch bildet. — 1 BE

4. Umberto Eco stellt mit Bedauern fest, dass Bücher im Laufe der Zeit zerfallen. Er führt aber auch Vorteile des konventionellen Buches an.
   Notieren Sie mindestens zwei. — 1 BE

5. Jean-Philippe de Tonnac zitiert Hermann Hesse, der sich zur wahrscheinlichen „Wiederaufwertung“ des Buches äußert. (Zeilen 149–160)

   Schreiben Sie diejenige Aussage heraus, die dem Inhalt des Zitates entspricht.
   A Wenn andere Medien zukünftig einen Teil der Belehrungs- und Unterhaltungsbedürfnisse übernehmen, bleibt das Buch als Kulturgut erhalten.
   B Wenn die technische Entwicklung weiter voranschreitet, wird das Medium Buch überflüssig.
   C Wenn das Buch die Belehrungs- und Unterhaltungsbedürfnisse befriedigt, steht es nicht mehr in Konkurrenz zu anderen Medien.
   D Wenn sich die modernen Medien weiterentwickeln, wird das Buch überhaupt nicht mehr zur Unterhaltung und Belehrung gelesen. — 2 BE

6. Umberto Eco bezieht sich mit Blick auf das Buch unter anderem auf Löffel, Hammer und Rad. (Zeile 52 ff.)
   Erklären Sie, was er damit zum Ausdruck bringen möchte. Gehen Sie dabei auch auf das verwendete sprachliche Mittel ein. — 2 BE

7. Ordnen Sie folgende Positionen dem betreffenden Gesprächspartner namentlich zu. Notieren Sie wie folgt: A) *Name*; B) *Name*; C) *Name*;
   A Es ist vorstellbar, dass Bücher und das Internet einmal verschwinden werden.
   B Die Entwicklung neuer Medien schreitet rasant voran und verlangt hohe Anpassungsleistungen vom Einzelnen.
   C Die Fähigkeit des Lesens und Schreibens war noch nie so notwendig wie heute. — 3 BE

8. Elektronische Medien beeinflussen das Leben der Menschen. Verdeutlichen Sie mögliche Auswirkungen. Beziehen Sie sich dabei auf ein Beispiel aus dem Text. 2 BE

9. Der Text ist einem Gesprächsband entnommen. Notieren Sie Merkmale, die den abgedruckten Text eindeutig als Gespräch kennzeichnen. 2 BE

10. Stellen Sie sich vor, Sie sind beauftragt, einen Vortrag zum Thema „Die Zukunft des Buches" auszuarbeiten. Prüfen Sie den Text kritisch und stellen Sie dar, inwieweit sich der Inhalt des Artikels für die Materialsammlung zur Vorbereitung eignet. 3 BE

Teil 2: Wahlteil (Textproduktion) **(gesamt 30 BE)**

Wählen Sie eines der folgenden Themen 1, 2 oder 3 aus.

Thema 1: Unternehmen testen anonyme Bewerbungen

2010 startete ein Pilotprojekt, bei dem sich Menschen anonym um ausgeschriebene Stellen bewerben können. So soll Diskriminierung verhindert werden.

In einem Pilotprojekt testen fünf Unternehmen und das Familienministerium anonymisierte Bewerbungsverfahren. Nur die Qualifikation soll darüber entscheiden, wer zu einem Bewerbungsgespräch eingeladen wird. Die anonyme Bewerbung soll kein Foto und keinen Namen enthalten, außerdem entfallen Angaben über Alter, Geschlecht und Herkunft. Damit sollen Vorurteile oder Vorlieben der Personalchefs keine Rolle mehr spielen und die Chancengleichheit erhöht werden.

Eine Studie des Instituts zur Zukunft der Arbeit (IZA) hat ergeben, dass Bewerber mit einem nichtdeutschen Namen seltener zu Bewerbungsgesprächen eingeladen werden als solche mit deutschen Namen. „Anonyme Bewerbungen können helfen, Diskriminierung zu reduzieren“, sagt IZA-Leiter Klaus Zimmermann. Nach Angaben der Antidiskriminierungsstelle des Bundes (ADB) klagten beispielsweise Frauen häufig darüber, dass sie mehr Chancen auf eine Einladung zum Vorstellungsgespräch hätten, wenn sie Kinder in der Bewerbung nicht erwähnten. Ältere Menschen beschwerten sich immer wieder, dass sie keine Einladung erhielten, obwohl sie die verlangten Qualifikationen vorweisen könnten.

Der Test mit den anonymen Bewerbungen wird ein Jahr dauern und wissenschaftlich ausgewertet, teilte die ADB mit. An dem Modellversuch nehmen große Unternehmen teil: Neben der Deutschen Post und der Deutschen Telekom werden auch Procter & Gamble, L'Oréal und Mydays teilnehmen. Alle Unternehmen haben im Ausland bereits Erfahrungen mit anonymen Bewerbungsverfahren gemacht. In den USA werden seit den sechziger Jahren anonyme Bewerbungen eingesetzt. Seit dem vergangenen Jahr läuft ein ähnliches Pilotprojekt in Frankreich.

Wirtschaftsverbände kritisieren die anonymen Bewerbungsverfahren. Nach Angaben von Arbeitgeberpräsident Dieter Hundt seien die Pläne schwer umsetzbar, weil sie Bürokratie erhöhten. Zweifel an der Umsetzbarkeit kommen auch beim Deutschen Industrie-und Handelskammertag (DIHK) auf. „Kleine und mittlere Unternehmen werden Probleme mit der Umsetzung haben“, sagte Hildegard Reppelmund vom DIHK.

Wie die anonymen Bewerbungen in der Praxis aussehen werden, ist bislang nicht geklärt. Es müssen noch einige Probleme ausgeräumt werden, sagte ein ADB-Sprecher. Unklar sei zum Beispiel, ob weibliche Berufsbezeichnungen angepasst oder Schulzeugnisse aus der Türkei geschwärzt werden müssen.

Unklar ist auch, wie sich das anonymisierte Bewerbungsverfahren auf die Einstellung von körperlich behinderten Menschen auswirkt. Wenn diese bei der anonymen Bewerbung keine Angaben über ihre Behinderung machen, können sie auch nicht bevorzugt behandelt werden. Unternehmen mit mehr als 20 Arbeitnehmern sind verpflichtet, mindestens fünf Prozent der Arbeitsplätze mit Schwerbehinderten zu besetzen. Häufig erfüllen Firmen diese Quote jedoch nicht und nehmen in Kauf, eine sogenannte Ausgleichsabgabe zu zahlen.

Quelle: Zeit online. 25. 08. 2010, Autor: Patrick Kremers

Die nächste Ausgabe der Schülerzeitung befasst sich mit Neuerungen im beruflichen Bewerbungsverfahren. Informieren Sie Ihre Mitschüler zusammenfassend über das im Text vorgestellte Pilotprojekt und kommentieren Sie es.

Thema 2: Kürzestgeschichte: gedränge

wie wunderschön heute abend der vollmond leuchtet! charlotte schmiegte sich ganz eng an ihren freund.
wenn ich so etwas sehe, sagte ralf, dann habe ich nur einen wunsch!
charlottes stimme zitterte vor erregung: welchen??
einmal, bei abnehmendem mond, dort oben rugby zu spielen – das gäbe unvergessliches gedränge!!

Quelle: Herbert Somplatzki, Schrumpfstories. Erzählungen. Literarischer Verlag Braun, Köln, 1978, Seite 46

Stellen Sie sich vor, dieser in der Kürzestgeschichte beschriebene Abend hat tatsächlich stattgefunden.

Charlotte und Ralf überdenken auf dem Nachhauseweg den gemeinsamen Abend. Jeder für sich reflektiert das Erlebte.

Schreiben Sie die beiden inneren Monologe.

Thema 3: Mit Schiller auf LiteraTour

Ein Reiseveranstalter bietet für Touristen Literaturexpeditionen an, die zu literarischen Schauplätzen führen. Begleitend dazu ist ein Reiseführer geplant. Einer dieser Schauplätze ist ein Waldstück in Franken. Scheinbar vergessen befindet sich im Gehölz ein vergittertes Verlies.

Im Drama „Die Räuber" von Friedrich Schiller wurde dort der alte Moor lebendig begraben.

Erzählen Sie seine tragische Geschichte, die im Reiseführer „LiteraTour" veröffentlicht werden soll.

(Siehe auch Friedrich Schiller, Die Räuber, IV. Akt, 5. Szene, *„Hermann, der durch den Wald kommt …"*)

Lösungsvorschläge

Teil 1: Pflichtteil (Textverständnis)

1. B
Folgende Personen sind am Gespräch beteiligt: ein Journalist (Jean Philippe de Tonnac) und zwei Schriftsteller (Umberto Eco und Jean-Claude Carriere).

Hinweis: Du findest Hinweise zur Lösung unter dem Ausgangstext.

2. Die vollständige deutsche Bedeutung des Kurzwortes „E-Book" lautet „elektronisches Buch".

Hinweis: Du findest die Lösung in einem Wörterbuch der deutschen Sprache.
Du kannst die Lösung dieser Frage stichwortartig oder als Satz angeben.

3. Das Buch verschwindet.

Hinweis: Im Text werden vier Vorhersagen gemacht, aber nur die letzte (vgl. Z. 15–17) bildet den Ausgangspunkt für das Gespräch. Solltest du zitieren, dann musst du auf die Zeichensetzung achten.

4. Zwei mögliche Vorteile des konventionellen Buches sind:
   - weniger anstrengend als Bildschirmlektüre (vgl. Z. 34–37)
   - keine Stromversorgung notwendig (vgl. Z. 37–39)

Hinweis: Im Text sind mehr als zwei Vorteile des konventionellen Buches enthalten. Mindestens zwei sollen notiert werden. Folgende weitere findest du:
– Lesen in der Wanne, im Bett möglich (vgl. Z. 40)
– Lesen auf der Seite liegend vorstellbar (vgl. Z. 41)
– flexibler Einsatz (vgl. Z. 41–42)

5. A
Wenn andere Medien zukünftig einen Teil der Belehrungs- und Unterhaltungsbedürfnisse übernehmen, bleibt das Buch als Kulturgut erhalten.

Hinweis: Du musst die Aussage hinter dem Buchstaben A wortwörtlich abschreiben.

6. Umberto Eco bezieht sich mit dem Blick auf das Buch unter anderem auf Löffel, Hammer und Rad. Er benutzt das sprachliche Mittel des Vergleichs und möchte damit zum Ausdruck bringen, dass der Gegenstand an sich vollkommen ist und perfekt für den Zweck, für den man ihn erdacht hat. Allerdings können Änderungen am Design vorgenommen werden. Das Buch als Medium in seiner konventionellen Form hat sich bewährt.

Hinweis: Erklären bedeutet, in vollständigen Sätzen zu antworten.
Das sprachliche Mittel des Vergleichs stellt zwischen mindestens zwei Gegenständen oder Bereichen, die etwas Gemeinsames haben, eine Beziehung her.
Der Vergleich wird durch die Kombination der Wörter Buch, Löffel, Hammer und Rad mit dem Wort „wie" hergestellt.

7. A Umberto Eco (vgl. Z. 121–124)
   B Umberto Eco (vgl. Z. 209 ff.)
   C Jean-Claude Carriere (vgl. Z. 179–181)

8. Folgende Beeinflussungen zeigt der Text auf:

1. gesundheitliche Beeinträchtigung
   So kann es zum Beispiel zu gesundheitlichen Beeinträchtigungen der Augen durch eine längere Lektüre am Bildschirm kommen. Die Augen können sich überanstrengen und man muss eine spezielle Brille zum Schutz tragen. (vgl. Z. 31–37)
2. optimierte Arbeitsbedingungen
   So kann zum Beispiel ein Staatsanwalt die 25 000 Schriftstücke seines laufenden Prozesses, die früher als Aktenberge vorlagen, in einem E-Book gespeichert mit nach Hause nehmen. (vgl. Z. 74–78)
3. verschleißfreie Bücher
   So kann es zum Beispiel beim Lesen eines E-Books nicht mehr zum Zerfall der Buchseiten kommen, egal wie oft man dieses Buch liest. (vgl. Z. 86–91)
4. Neuorganisation mentaler Gewohnheiten
   So muss man zum Beispiel seine mentalen Gewohnheiten und seine Reflexe innerhalb kürzester Zeit an die Anforderungen der neuesten technischen Entwicklungen anpassen können, um immer auf dem neusten Stand zu sein. Deutlich sichtbar wird dies an der Generation, die Computerspiele spielt, im Vergleich zur Großelterngeneration. (vgl. Z. 237 ff.)

Hinweis: Im Text stehen mehrere Auswirkungen, es müssen mindestens zwei benannt, eine muss mit einem Textbeispiel belegt werden.

9. Dass der Text einem Gesprächsband entnommen ist, erkennt man an folgenden Merkmalen:

- Hinweis auf Gesprächsführung unter dem Text
- Hinweis auf Textquelle unter dem Text
- Dialogform
- Stellen und Beantworten von Fragen – Bezugnahme auf vorher Gesagtes
- namentliche Nennung der Gesprächspartner

Hinweis: Mindestens zwei Merkmale müssen benannt werden, im Text stehen mehr. Du kannst hier in Stichpunkten antworten, aber auch die Satzform ist möglich.

10.

Der Text wäre geeignet, weil …	**Der Text eignet sich nur bedingt, weil …**
• die Vorteile des E-Books im Vergleich zum normalen Buch genannt werden.	• er nur als Anregung dient und man selbst noch, z. B. zum E-Book, genauere Recherchen anstellen muss.
• sich zwei berühmte Autoren, Umberto Eco und Jean-Claude Carriere, zur Zukunft des Buches äußern.	• man den anderen Schülern die zwei Autoren erst einmal vorstellen muss, da sie nicht jedem bekannt sind.
• man Anregungen für die eigene Argumentation bekommt, die ausbaufähig sind.	• das Zitat von Hermann Hesse interpretiert und auf die konkrete Lebensumwelt der Schüler bezogen werden sollte.
• ein weiterer berühmter Schriftsteller, Hermann Hesse, zitiert wird.	• …
• man die im Text aufgezeigten Beispiele gut nachvollziehen kann.	• …

Hinweis: „Kritisch prüfen“ bedeutet, dass man nicht nur sagt, ob sich der Text für einen Vortrag eignet oder nicht, sondern dass man seine Meinung auch an einem Beispiel begründen kann.

Teil 2: Wahlteil (Textproduktion)

Thema 1

Hinweis: Überlege zunächst, welche Anforderungen die in der Aufgabenstellung geforderte Textsorte, Artikel für die Schülerzeitung, an dich stellt.
Du sollst zuerst deine Mitschüler über das Pilotprojekt ***informieren*** *und danach dieses* ***kommentieren****. Es entsteht ein Mischtext.*
Beim Informieren werden einfach die im Text enthaltenen Fakten benannt.
Mit einem Kommentar (meinungsäußernde Textsorte) äußert sich der Autor zu aktuellen Ereignissen oder Sachverhalten, bewertet Fakten und erläutert gelegentlich Hintergründe und Zusammenhänge.

In Bezug auf die ***äußere Form*** *und den* ***Aufbau*** *kannst du dich also an folgenden Merkmalen orientieren:*

- *Überlege dir eine zum Lesen motivierende, passende Überschrift für den Artikel.*
- *In der* ***Einleitung*** *nimmst du Bezug auf den Ausgangstext, indem du den Anlass für den Artikel in der Schülerzeitung benennst.*
- *Den* ***Hauptteil*** *gliederst du in folgende zwei Teile:*
  - *a) Information über das Pilotprojekt:*
    - *Fakten*
    - *Ziele*
    - *Teilnehmer*
    - *Zeitumfang*
    - *Auslandserfahrungen*
    - *Zweifel an der Umsetzbarkeit/Kritik*
  - *b) Kommentierung des Pilotprojektes*
    - *begründete eigene Meinung*
    - *Beispiele, eigene oder aus dem Text*
    - *Fragen*
    - *Zitate (Eine Textstelle zitieren bedeutet, den Text wörtlich zu übernehmen. Das Zitat musst du durch Anführungszeichen kennzeichnen und dazu musst du die genaue Zeilenangabe [in Klammern nach dem Zitat] schreiben.)*
- *Im* ***Schlussteil*** *musst du einen Abschluss deiner Gedanken finden und darfst diese nicht plötzlich abbrechen. Dies kann auch durch einen überraschenden Schlusssatz passieren.*
- *Denke daran, dass der Artikel mit dem Namen seines Verfassers, also deinem, gekennzeichnet sein soll.*

Sprachlich solltest du darauf achten, dass du deine eigene Meinung so klar wie möglich formulierst und dabei nicht schwer nachvollziehbare oder banale Argumente verwendest.
In den Text eingebaute Fragen motivieren zum Weiterlesen.

Fertige nun eine Stoffsammlung an. Diese könnte zum Beispiel so aussehen:

	Inhalt	
Einleitung	• Information zu Neuerungen im beruflichen Bewerbungsverfahren • 2010 Start Pilotprojekt (Testprojekt) „Anonyme Bewerbung"	
Überleitungssatz	• Was bedeutet es nun genau, sich anonym zu bewerben?	
Hauptteil: Information	• Fakten	anonyme Bewerbung: kein Foto, Name, keine Alters-, Geschlechts-, Herkunfts- und Familienstandsangabe, nur Angabe der Qualifikation

	• Ziele		Erhöhung Chancengleichheit, Reduzierung Diskriminierung	
	• Teilnehmer		fünf Unternehmen: Deutsche Post, Deutsche Telekom, Procter & Gamble, L'Oréal, Mydays Familienministerium	
	• Zeitumfang		1 Jahr	
	• Auslandserfahrungen der genannten Firmen		seit den 60er-Jahren in USA seit letztem Jahr in Frankreich	
	• Zweifel an Umsetzbarkeit / Kritik		Wirtschaftsverbände: schwere Umsetzbarkeit; Erhöhung der Bürokratie Deutscher Industrie- und Handelstag: schwere Umsetzbarkeit für kleine und mittlere Unternehmen Integration Behinderter? Ausländische Schulzeugnisse? Weibliche Berufsbezeichnungen?	
Überleitungssatz	• Frage: Wird das Projekt scheitern oder ein voller Erfolg werden?			
Hauptteil: Kommentar	*Argument*	*Behauptung*	*Begründung*	*Beispiel*
	1.	Das Pilotprojekt wird erfolgreich laufen.	Vorurteile und Vorlieben der Personalchefs spielen keine Rolle	Aussehen, Frisur, Namen, Herkunft
			Chancengleichheit wird erhöht, Diskriminierung verhindert	ältere Menschen, Frauen mit Kindern, weil nur die Qualifikation zählt
			keine Mehrbelastung für Bewerber oder Personalbearbeiter	Bürokratie nicht erhöht
	2.	Das Pilotprojekt wird nicht erfolgreich verlaufen.	eine Mehrbelastung für Bewerber oder Personalbearbeiter	Nachfragen, Ergänzungen
			Nachteile, da Besonderheiten im Lebenslauf nicht erklärt werden	Fehlzeiten wegen Kindererziehung

			Mangelnde Durchführbarkeit, da nicht alle Daten zu verheimlichen sind	Schulzeugnisse aus der Türkei mit Angabe der Herkunft
Überleitungssatz	Ob das Pilotprojekt erfolgreich sein oder scheitern wird, zeigt sich in den nächsten 6 Monaten, spätestens nach dem geplanten Jahr.			
Schluss	• Aufruf zur Diskussionsbeteiligung/Meinungsäußerung • namentliche Unterschrift			

Beispieltext:

Die anonyme Bewerbung – ein Pilotprojekt

Unter der Rubrik „Berufe aktuell" möchte ich euch heute über eine spannende Neuerung im beruflichen Bewerbungsverfahren informieren: 2010 hat ein sogenanntes Pilotprojekt (Testprojekt) mit dem Titel „Anonyme Bewerbung" gestartet. Was bedeutet es nun genau, sich anonym zu bewerben?

Eine sogenannte anonyme Bewerbung enthält kein Foto des Bewerbers und es wird auch kein Name genannt. Weiterhin fehlen alle Angaben zum Alter, zum Geschlecht und zur Herkunft desjenigen, der sich um eine ausgeschriebene Stelle bemüht.

Die einzige Angabe, die das Bewerbungsschreiben enthält, ist die Angabe zur Qualifikation. Damit versucht man, die Chancen für alle Bewerber zu erhöhen, gleichberechtigt im Bewerbungsverfahren behandelt zu werden. Eine Diskriminierung einzelner Interessenten für einen Job soll damit reduziert werden.

Teilnehmer dieses neuen Bewerbungsverfahrens sind außer der Deutschen Post und der Telekom noch Procter & Gamble, L'Oréal sowie Mydays und das Familienministerium. Die Testphase soll sich über ein Jahr erstrecken. Alle der oben genannten Firmen haben zu dieser Problematik im Ausland, in den USA bzw. in Frankreich, Erfahrungen sammeln können.

Wirtschaftsverbände und die Industrie- und Handelskammer melden Zweifel an der Umsetzbarkeit des Projektes an. Nicht geklärt ist bis jetzt der Umgang in kleineren und mittelständischen Unternehmen, mit weiblichen Berufsbezeichnungen, ausländischen Schulzeugnissen und der Einstellung behinderter Menschen.

Jetzt stellt sich mir die Frage: Wird das Projekt scheitern oder wird es ein voller Erfolg werden?

Auf der einen Seite glaube ich, dass sich das Pilotprojekt aus folgenden Gründen durchsetzen wird:

Erstens spielen bei einer anonymen Bewerbung bestimmte Vorurteile oder Vorlieben eines Personalchefs keine Rolle mehr, weil dieser ja kein Foto mehr vom Bewerber sieht oder seinen Namen lesen kann. Deshalb kann eine Person mit einer Punkfrisur genauso angestellt werden wie jemand mit einem „altmodischen" Namen.

Die Chancengleichheit bei der Jobsuche erhöht sich auch für Frauen mit Kindern und für ältere Personen, da weder die Anzahl der Kinder noch das Alter angegeben werden. Mütter und Bewerber im fortgeschrittenen Alter hatten es bisher nicht leicht, eine Anstellung zu finden. Da in der anonymisierten Bewerbung nur die Qualifikation für den entsprechenden Job zählt, könnte es für diese Personengruppen einfacher werden, wieder ins Berufsleben einzusteigen.

Entgegen vielfacher Bedenken kann ich mir nicht vorstellen, dass mit diesem neuen Bewerbungsverfahren eine Mehrbelastung für den Bewerber bzw. die Personalabteilungen entsteht. Ganz im Gegenteil, ein Bewerber steht nicht so unter Druck, Angaben machen zu müssen, von denen er weiß, dass sie ihm seine Chancen auf den Job verderben: Wer zum Beispiel beim Thema Familienstand „geschieden, 2 Kinder" erwähnen muss, wird froh sein, diese Information in der anonymen Bewerbung nicht preisgeben zu müssen.

Auf der anderen Seite spricht eine ganze Reihe von Argumenten gegen den Erfolg des anonymen Bewerbungsverfahrens. Wenn ein Bewerber die Zusage zum Vorstellungsgespräch hat, muss er dann seine vollständigen Bewerbungsunterlagen wie früher mitbringen? Oder werden erst im Nachgang Ergänzungen von ihm gefordert? Wann erfährt ein Personalarbeiter den „Rest" der persönlichen Angaben? Durch Nachfragen? Stellt das nicht eine enorme Mehrbelastung für die Personalarbeiter im Vergleich zu einer vollständigen Bewerbungsmappe dar, wenn jetzt alle weiteren Angaben extra eingeholt werden müssen? Was für ein Zeitaufwand!
Zudem bringt solch eine anonymisierte Bewerbung ja eventuell sogar Nachteile mit sich. Wie wirkt beispielsweise ein Lebenslauf, in dem es ohne Erklärung Lücken über ein oder mehrere Jahre gibt? Würde die Bewerberin oder der Bewerber angeben, dass sie oder er Kinder hat, verstünde jeder die Lücken als Erziehungszeit, was eventuell sogar positiv angerechnet werden könnte.
Ein weiteres Problem bei der anonymen Bewerbung stellt die Tatsache dar, dass es wohl kaum durchführbar ist, wirklich alle Hinweise auf die Person hinter der Bewerbung zu neutralisieren. Man denke beispielsweise an ausländische Zeugnisse: An einem fremdsprachigen Zeugnis wie z. B. aus der Türkei kann ein Personalchef doch sofort die Herkunft des Bewerbers erkennen und da ist die Gefahr einer Diskriminierung aufgrund von Vorurteilen oder Mentalitätsfragen groß.
Ob das Pilotprojekt erfolgreich sein oder scheitern wird, wird sich in den nächsten sechs Monaten zeigen, spätestens nach dem geplanten Jahr.
Bis dahin würde mich eure Meinung zu diesem außergewöhnlichen Bewerbungsverfahren interessieren.
Ich freue mich auf eure vielen Leserbriefe oder Emails!

Max Mustermann

Thema 2

Hinweis: Ein innerer Monolog gibt die Gedanken und Gefühle einer Person in einer bestimmten Situation aus ihrer Perspektive wieder. Die Figur erläutert dabei die vorangegangene Handlung (Ausgangstext) aus ihrer Sicht, offenbart verborgene Emotionen, äußert sich zu einem oder mehreren inneren Konflikten.
Die Person kann am Ende ihres inneren Monologs auch zu einer Entscheidung gelangen.
Ein innerer Monolog informiert nicht über ein Geschehen, sondern macht deutlich, wie das Geschehene auf eine Person wirkt.

Bei dem hier vorliegenden Text handelt es sich um eine sogenannte Kürzestgeschichte, die zu den epischen Kleinformen gehört. Kürzestgeschichten sind ungewöhnlich kurze Geschichten, die sich an den Merkmalen einer Kurzgeschichte (geringer Umfang, unvermittelter Einstieg in die Handlung, übersichtliche Personenzahl, gebündelte Handlung, offenes Ende) orientieren.
Folgende ***formale Anforderungen*** *sind zu beachten:*
- *Schreibe in der Ich-Form aus der Perspektive von a) Charlotte und b) Ralf.*
- *Beginne den jeweiligen inneren Monolog mit dem Anlass und gehe dann zu den einzelnen inhaltlichen Anforderungen (siehe Tabelle) über. Lass die einzelnen Monologe entweder mit einem Kompromiss oder mit einer Konsequenz enden bzw. biete sowohl das eine als auch das andere als Möglichkeit an.*
- *Verwende vorwiegend das Präsens. Wenn Charlotte oder Ralf über Vergangenes sprechen, schreibe im Perfekt.*
- *Achte beim Satzbau und bei der Wortwahl darauf, dass diese der gesprochenen Sprache entsprechen. Verwende verkürzte Sätze, Ausrufe, (rhetorische) Fragen und Gedankensprünge, wörtliche Rede sowie treffende Verben und Adjektive der Sinneswahrnehmungen. Achte weiterhin unbedingt auf die Nachvollziehbarkeit durch den Leser.*
- *Versuche, dich mit der Sprache am Originaltext zu orientieren.*

In den beiden inneren Monologen sollten folgende inhaltliche Anforderungen erfüllt sein:

Innerer Monolog Charlottes	Innerer Monolog Ralfs
• Ausgangssituation/Erwartungen: romantischer Abend, evtl. Liebesnacht mögliche Liebeserklärung	• Ausgangssituation Verliebt sein oder Freundschaft
• Ergebnis Enttäuschung ihrer Erwartungen Heimweg	• Ergebnis erkennt Charlottes Stimmung nicht, dafür optimale Spielbedingungen Heimweg
• Wünsche / Hoffnungen: romantischer Abend oder romantische Nacht Liebesbezeugungen Zukunftsträume	• Wünsche / Hoffnungen: Verständnis für Spielleidenschaft Action
• Handlungsalternativen: Heimweg Wünsche äußern	• Handlungsalternativen: Heimweg Nachfragen
• Kompromiss oder Konsequenz(en): Schluss machen Mädchenabend mit Freundinnen ohne Freunde Kampf um Beziehung	• Kompromiss oder Konsequenz(en): Schluss machen Jungsabend ohne Freundinnen Umdenken in der Beziehung zu Charlotte

Schreibe nun deine inneren Monologe und überarbeite diese anschließend hinsichtlich Orthografie, Grammatik und Sprache. Übertrage deinen Entwurf zum Schluss in die Reinschrift.

Beispieltext Charlotte

Das sollte heute ein ganz besonderer romantischer Abend für uns zwei werden. Vollmond und sternenklarer Himmel und wir beide allein. Ich hatte mich doch extra schön für ihn gemacht, mein neues Kleid angezogen. Habe mich zärtlich an ihn geschmiegt. Habe mir gewünscht, er würde sagen, wie sehr er in mich verliebt ist.

Nichts war's mit Abend oder Nacht, schon gleich gar nicht mit Romantik! Jetzt sind wir auf dem Heimweg, laufen nebeneinander her, als würden wir uns nicht kennen und das alles nur, weil Ralf mal wieder nichts anderes als seinen Sport im Kopf hatte. Dabei wusste er doch ganz genau, dass dieser Abend heute nur uns beiden gehören sollte. Rugby, Rugby, Rugby, immer nur Rugby!

Ich falle auch immer wieder auf ihn herein! Als er mir beim Anblick des leuchtenden Vollmondes gestand, dass er nur einen Wunsch hätte, da dachte ich: „Jetzt kommt die Frage aller Fragen, ob ich heute Nacht bei ihm bleiben will." Aber, was sagt dieser unsensible Mensch? Er wünsche sich, einmal bei abnehmendem Mond dort oben Rugby spielen zu können, wegen dem unvergesslichen Gedränge, welches dann entstünde! Nein, das geht ja gar nicht!

Was soll ich nur machen?

Hätte ich einfach aufstehen und gehen sollen?

Schluss?

Oder warum habe ich ihm nicht einfach gesagt, dass es nicht schön ist, wenn er in einer für mich so romantischen Situation nicht an mich und meine Wünsche, sondern an seinen Sport denkt? Vermutlich hätte ich meine Wünsche und Vorstellungen einfach klar und deutlich äußern sollen und nicht darauf hoffen, dass er merkt, was ich möchte.

Vielleicht sollte ich ihm auch vorschlagen, einen Abend mit seinen Freunden zu verbringen, damit er mit jemandem über seine große Liebe Rugby fachsimpeln kann und er danach entspannt und ausgeglichen zu mir kommt.
Vielleicht sollte ich jetzt den ersten Schritt machen und seine Hand nehmen, damit er merkt, dass ich nicht die Zicke bin, für die er mich nach unserem Streit hält? Ich möchte mich nicht mit ihm zanken, ich mag ihn doch so.
Das mache ich jetzt einfach und dann werde ich mit ihm offen und ehrlich reden!

Beispieltext Ralf

Ein schöner Reinfall ist der heutige Abend. Dachte, Charlotte und ich, das wird was! Habe mich auf die Zeit mit ihr gefreut! Sieht richtig toll aus heute, die Charly!
Und dann das: Erst schmiegt sie sich an mich und zeigt mir den wundervollen Vollmond, sodass ich schon aufgeregt denke: „Das kann heute wohl mehr werden!" Und dann zieht sie sich plötzlich von mir zurück und springt zornig auf. „Rugby, Rugby, immer nur Rugby!", höre ich sie rufen, dann dreht sie sich um.
Sie weiß doch, dass ich mich für Rugby interessiere und es selbst spiele, da muss sie nicht gleich so rumzicken. Es wären nun mal ideale Spielbedingungen auf dem abnehmenden Mond gegeben. Wegen dem zu erwartenden Gedränge könnte man so richtig auf Körperkontakt spielen, Action haben.
Man wird ja noch seine Wünsche äußern dürfen!
Nichts wird aus dem Körperkontakt, nicht mal mehr mit Charlotte!
Nun sind wir auf dem Heimweg, laufen nebeneinander her, als würden wir uns nicht kennen.
Soll ich etwa noch mal nachfragen, was sie hat?
Quatsch, eigentlich weiß ich ja, was los ist!
Was soll ich jetzt machen?
Schluss?
Ist sie etwa genauso eine Zicke wie die anderen Mädchen? Ich dachte immer, sie sei ganz anders, habe Verständnis für mein Hobby.
Am besten sind die Jungsabende ohne Freundin. Da kann man wenigstens nichts falsch machen, denn Jungs nehmen sich nicht alles gleich übel.
Vielleicht war ich ja doch nicht besonders sensibel. Mädchen wollen es romantisch. Was ist, wenn sie jetzt Schluss macht?
Bin doch stolz darauf, dass sie sich mit mir trifft, und wünsche mir viel mehr Zeit und Spaß mit ihr!
Werde jetzt den ersten Schritt machen, ihre Hand nehmen und mit ihr reden: dass ich sie lieb habe und dass ich versuchen werde, weniger an meinen Lieblingssport und dafür mehr an sie zu denken!
Ja, das mache ich!

Thema 3

Hinweis: Ein Reiseveranstalter bietet Touristen Literarturexpeditionen zu literarischen Schauplätzen an. Dazu ist ein Reiseführer geplant, führ den du zu einem dieser Orte, einem Waldstück in Franken mit einem vergitterten Verlies, einen Beitrag schreiben sollst.
Dein Text soll allgemein kurz auf das Werk „Die Räuber" von Friedrich Schiller mit dem literarischen Schauplatz aufmerksam machen und konkret die tragische Geschichte des alten Moor nacherzählen.
Überlege zunächst, welche Anforderungen die in der Aufgabenstellung geforderte Textsorte, Mischtext aus ***Beschreibung*****,** ***Erzählung und Werbung****, an dich stellt.*

In Bezug auf die ***äußere Form*** *und den* ***Aufbau*** *kannst du dich also an folgenden Merkmalen orientieren:*

- *Achte auf eine passende, Neugier weckende* ***Überschrift****.*
- *In der* ***Einleitung*** *nimmst du Bezug auf das Anliegen des Reiseveranstalters, den Dichter und den literarischen Schauplatz.*
- *Im* ***Hauptteil*** *beantwortest du alle W-Fragen zu Schillers Drama „Die Räuber" in Form einer kurzen Inhaltsangabe.*
- *Auf die tragische Geschichte des alten Moor gehst du ausführlicher ein. Achte auf einen spannenden, unterhaltsamen Schreibstil.*
- *Im* ***Schlussteil*** *beziehst du dich inhaltlich auf das Ende des Dramas von Friedrich Schiller.*
- *Denke daran, dass du für einen Reiseführer schreibst, deshalb sollte ein werbender Abschluss nicht fehlen.*

Sprachlich *solltest du darauf achten, dass du beim Beschreiben sachlich und präzise in der Wortwahl sowie bei der Zeitform im Präsens bleibst.*
Gehst du zum Erzählen über, verwendest du in der Regel das Präteritum bzw. bei Vorzeitigkeit das Plusquamperfekt.
Schreibe aus der Er-Perspektive, wähle den auktorialen (allwissenden) Erzähler.
Achte auf treffende Verben, Adjektive und sprachliche Bilder, um anschaulich zu erzählen.
Gehe auch auf die Gefühle und Gedanken der handelnden Personen ein.
Willst du das Geschehen besonders lebendig gestalten, setzte wörtliche Rede ein.

Fertige nun eine ***Stoffsammlung*** *an. Sie könnte zum Beispiel so aussehen:*

	Stoffsammlung für einen Reiseführertext mit der Überschrift „Das vergessene Verlies"	
Einleitung	Dichter	Friedrich Schiller, 1759–1805 Drama des Sturm und Drang Jugendwerk die Räuber, 1781
	Literarischer Schauplatz	Waldstück in Franken vergittertes Verlies im Gehölz
Überleitung	scheinbar vergessenes Verlies	
Hauptteil	W-Fragen:	
	Wer sind die handelnden Personen?	Graf Maximilian von Moor: schwach und naiv
		Sohn Karl: Erstgeborener, Lieblingssohn, spontan, offen, ehrenhafter Räuber
		Sohn Franz: kühl, berechnend, egoistisch
		Amalia: Verlobte Karls
		Räuberbande, Hauptmann Karl, Freunde
		Hermann: Diener

	Was geschieht im Drama?	Vater, zwei unterschiedliche Söhne: Karl liebt, Franz hasst ihn Intrige von Franz gegen Karl Vater verstößt Karl
		Gründung einer Räuberbande durch Karl zum Kampf gegen Unrecht jeder Art Franz will Macht und Herrschaft sowie Amalia Franz treibt den Vater in Verzweiflung mit der Nachricht von Karls Tod Ohnmacht des Vaters – Vorfreude auf das väterliche Erbe Flehen des Vaters erreicht F. nicht Franz sperrt Vater in Turmverlies im Wald Gittertor vierfach verschlossen F. erklärt Vater für tot, soll verhungern Kälte, Hunger, Durst, Kummer, Blöße Hermann versorgt den alten Moor heimlich, monatelang, mit Wasser und Brot Karl entdeckt eingemauerten Vater → Befreiung Karl gibt sich später als Sohn und Räuber zu erkennen
	Welche Folge?	Karl will Rache an Franz Vater erleidet tödlichen Schock
Überleitung	Ende der tragischen Geschichte, Ende der Familie Moor	
Schluss	Amalie von Karl getötet, keine gemeinsame Zukunft Franz Selbstmord, Pläne gescheitert, von Gewissen plagt Karl übergibt sich Justiz, Ende seines Räuberdaseins Aufforderung zur Reise zum „vergessenen Verlies“, Schauplatz für Tragödie des verlorenen Vaters	

Schreibe nun deinen Text und überarbeite ihn anschließend (Orthografie, Grammatik und Sprache). Zum Schluss überträgst du deinen Text in die Reinschrift.

Beispielaufsatz

„Das vergessene Verlies“

Auf unserer heutigen Literaturexpedition begeben wir uns auf die Spuren eines bekannten deutschen Dichters, Friedrich Schiller. Mit seinem Jugendwerk „Die Räuber“, erschienen 1781, löste er während der Literaturepoche des Sturm und Drang auch bei seinen Zuschauern im Theater wahre Begeisterungsstürme aus.

In einem kleinen Waldstück in Franken findet man einen literarischen Schauplatz aus Schillers Werk: ein vergittertes, verwittertes und mit Efeu überwuchertes Verlies im Gehölz. Das scheinbar vergessene Verlies erzählt uns die Geschichte vom alten Moor, dem Vater der „Räuber“, schwach und naiv seinen Söhnen gegenüber.

Sein erstgeborener Sohn, Karl, spontan und offen, war sein Lieblingssohn und ehrenhafter Hauptmann einer Räuberbande, verlobt mit Amalia. Freunde fand Karl unter seinesgleichen. Franz, der jüngere Sohn, war das ganze Gegenteil von Karl: kühl, berechnend und egoistisch. Und dann gab es noch Hermann, Diener im Hause Moor.

Es ist die Geschichte eines Vaters mit zwei sehr unterschiedlichen Söhnen. Karl liebte seinen Vater, wurde von diesem besonders bevorzugt. Franz hasste seinen Vater dafür, hetzte ihn gegen seinen Bruder auf und sorgte mit einer Intrige gegen Karl dafür, dass dieser vom Vater verstoßen wurde. Enttäuscht vom Vater gründete Karl mit seinen Kameraden im Wald eine Räuberbande. Sein eigentliches Anliegen war es, gegen Unrecht jeglicher Art zu kämpfen.

Franz, der das erste Ziel seiner Intrige, das Verstoßen des Lieblingssohns, erreicht hatte, plante nun die zweite Tat. Er wollte die Macht und die Herrschaft im Hause Moor übernehmen, sowie die Verlobte seines Bruders, Amalia, heiraten.

Doch dazu musste er auch den Vater vernichten. Für das Überbringen der Nachricht vom angeblichen Tode Karls missbrauchte Franz den langjährigen Diener Hermann. Franz rechnete fest damit, dass der Vater diese Nachricht nicht überleben würde, da dieser immer noch an Karl hing und seine Tat bereute. Als der alte und schwache Moor die Todesnachricht vernahm, fiel er in Ohnmacht. Franz jedoch hielt ihn für tot und triumphierte verfrüht über den Erfolg seiner Intrige, denn der Vater erholte sich wieder von seinem Schwächeanfall.

Um den Vater nun endgültig zu beseitigen, sperrte Franz den kranken Mann in ein verstecktes Verlies im Wald, dessen Gittertor er vierfach verschloss. Ohne Wasser und Brot sollte dieser in seinem Kummer um Karl und den unwürdigen Sohn Franz bei Kälte und in seinem eigenen Unrat langsam und elendig zugrunde gehen. Sein Flehen und Bitten erreichte die Ohren von Franz nicht. Kaltblütig wurde der alte Vater vom eigenen Sohn lebendig begraben und öffentlich für tot erklärt!

Das Schicksal meinte es aber gut mit dem Grafen Moor, denn sein Diener Hermann, der wusste, dass er noch Leben war, brachte ihm heimlich etwas zu essen und zu trinken. Damit rettete er das Leben seines Herrn.

In der Zwischenzeit musste Karl erkennen, dass er als Räuber und Räuberhauptmann nicht nur Unrecht bekämpft, sondern auch selbst großes Unrecht begangen hatte. Er sehnte sich nach Hause und zweifelte am edlen Räuberleben, als er plötzlich im Wald Hermann und das Verlies entdeckte.

Als er die Stimme seines Vaters erkannte, öffnete er mit einem Schlag gewaltsam das Gittertor und befreite den alten Moor aus seiner monatelangen Gefangenschaft. Der Erstgeborene war erschüttert über die Unmenschlichkeit des Bruders und schwor Rache an Franz. Als Karl sich zögernd seinem Vater als verloren geglaubter Sohn und gesuchter Räuber zu erkennen gab, erlitt dieser einen Schock und starb.

Mit dem Tod des Grafen endet die tragische Geschichte eines Vaters, der es versäumte, dem Treiben seines jüngeren Sohnes rechtzeitig ein Ende zu setzen. Das vergessene Verlies markiert so einen folgenschweren Wendepunkt in der tragischen Geschichte der Familie.

Franz beging Selbstmord, als er begriff, dass seine Pläne gescheitert waren, da ihn sein Gewissen zu sehr plagte. Amalie wurde von Karl getötet, als beide erkannten, dass keine gemeinsame Zukunft möglich war. Karl beendete sein Räuberdasein, indem er sich selbst der Justiz übergab und damit für seine Taten die Verantwortung übernahm.

Neugierig geworden? Dann folgen Sie uns auf unserer Reise zum „vergessenen Verlies“ und tauchen Sie ein in die Geschichte vom alten Moor und seinen Söhnen. Besuchen Sie den literarischen Schauplatz des Dramas um den verlorenen Vater.

In einer Rundfunksendung werden unter der Rubrik „Büchermarkt" literarische Neuerscheinungen vorgestellt. Häufig sind auch Ausschnitte aus Interviews mit den Buchautoren ein Bestandteil der Beiträge. Im Internet kann der Wortlaut der Sendung nachgelesen werden.

Späte Ehre für Flugpionier
Johannes Schweikle: „Fallwind", Klöpfer & Meyer
von Eva Zeller

Vor 200 Jahren ist Albrecht Ludwig Berblinger bei einem Flugversuch in die Donau gestürzt. Er überlebte, in Ulm hatte man aber nur noch Spott für ihn übrig. Johannes Schweikle erzählt die Geschichte eines tragischen Helden, der an der Borniertheit einer Gesellschaft zugrunde ging.

„Der Schneider von Ulm" ist vor 200 Jahren am 31. Mai 1811 beim Flugversuch in die Donau gestürzt. Er überlebte, ertrank aber danach an dem Spott und der Häme der Ulmer. Und er ging mit einem Spottvers in die Geschichte des Fliegens ein und nicht mit einem Denkmal. Dabei war dieser Albrecht Ludwig Berblinger ein Flugpionier und der Erfinder des Gleitflugs.

Es dauerte auch lange, bis dieser Schneidermeister rehabilitiert wurde. Vor 60 Jahren wurde wissenschaftlich nachgewiesen, dass es nicht an seinem Fluggerät lag, dass er abgestürzt ist, sondern an den Abwinden, die über der Donau an der Adlerbastei herrschen.

„Er träumte nicht zu früh, er startete am falschen Ort", schreibt Johannes Schweikle. Er hat gerade einen Roman und eine literarische Ehrenrettung über diesen Schneidermeister geschrieben. Wie kam es dazu?

„Da stand am Anfang ein Moment des Erschreckens. Ich war in Ulm zu einer standesamtlichen Hochzeit eingeladen und hinterher beim Sekttrinken hing in dieser Halle ein Nachbau dieses Fluggeräts des Schneiders von Ulm. Da lag ein Faltblatt aus, das habe ich mir angeguckt. Da setzte dieses Erschrecken ein, dass ich dachte, diesem Menschen hast du Unrecht getan, weil ich bin mit diesem Spottvers aufgewachsen: ‚der Schneider von Ulm hat's Fliegen probiert, da hat ihn der Teufel in die Donau neig'führt'. Ich dachte, der Schneider war ein Spinner, ein Hochstapler, ein Blender. Und als er sein Fluggerät vorführen sollte, hat es nicht geklappt. Jetzt erfuhr ich, dass es sich anders verhalten hat. Da war der Haken gesetzt, da habe ich gesagt, über den will ich einen Roman schreiben."

Der Roman „Fallwind" ist kein gewöhnlicher Roman, der einem linearen Erzählstrang folgt, sondern er setzt sich aus vielen kurzen Kapiteln zusammen. Fast jedes ist aus einer anderen Perspektive geschrieben. Da wird Berblingers Flugversuch aus den Augen von verschiedenen Zeitgenossen geschildert. Da entwirft Schweikle eine Ulmer Gesellschaft, die, gebeutelt zwischen den Fronten der Österreicher und der Franzosen, ihr Selbstbewusstsein verloren hat. Und da gibt es zwei journalistische Kapitel, in denen die Geschichte der Flugpioniere nachgezeichnet wird.

Mit Hilfe verschiedener Mosaiksteinchen versucht also Johannes Schweikle das Bild eines gebrochenen Helden zusammenzusetzen. Er zeichnet einen genialischen Eigenbrötler, einen Alleingänger und Schweiger, einen Getriebenen, der fliegen wollte und Fliegen lernte. Nur, als er dies vorführen sollte, geriet er in die Abwinde über der Donau und stürzte ab.

„Mich hat gereizt, eine fiktive Biografie zu schreiben. Ich habe zuerst mal meine Hausaufgaben gemacht, ich war im Stadtarchiv in Ulm, ich war im deutschen Museum in München, ich war im Lilienthal-Museum in Anklam und habe mir diese flughistorischen Dinge angeeignet. Im Stadtarchiv in Ulm ist mir dann aufgefallen, dass man eigentlich wenig weiß, es liegt daran, dass alles rund um das Geschehen des Flugversuchs der württembergischen Zensur unterlag und viele Nachrichten gar nicht an die Öffentlichkeit gekommen sind. Das war mir recht, weil ich gesehen hab, da gibt es viel Raum, den der Romancier ausfüllen kann. Kein Mensch weiß, wie er auf die Idee gekommen ist, es mit dem Fliegen zu probieren. Man weiß, dass er ein Tüftler war, der eine Prothese entwickelt hat, die wunderbar funktioniert hat. Das war seine Leidenschaft, das ist auch aktenkundig. Aber kein Mensch weiß, wie ist der Kerl auf die Idee gekommen, das Fliegen zu probieren. Als Romancier fand ich das eine gute Ausgangslage, damit konnte ich weißes Land betreten."

Johannes Schweikle ist von Haus aus Journalist. Das merkt man. Die eingeschobenen Kapitel über die Geschichte der Flugpioniere sind gut und farbig geschrieben. Durch diese Informationen kann der Leser erst einschätzen, wie kühn das Unterfangen des Schneiders war. Sie unterscheiden sich sprachlich nicht vom fiktiven Romangeschehen. Dies führt zu einem leicht distanzierten Leseverhalten. Man schaut dem Autor beim Lesen über die Schulter, wie er versucht diesem Schneider Leben einzuhauchen. Was ist denn das Faszinierende an dieser historischen Figur?

„Das Faszinierende ist, dass er aus der Enge dieser Stadt ausgebrochen ist, dass er sich seinen Weg gesucht hat, dass er sich nicht einfach angepasst hat, dass er nicht einer dieser Haderer geworden ist, nein, er hat es probiert und er hat solange an seiner Idee gearbeitet, bis er glaubte, sie umsetzen zu können. Er war Teil dieser Gesellschaft, er war ein angesehener Handwerksmeister, es war keiner, den die Not angetrieben hätte, sein Betrieb lief einwandfrei, er hat eine Werkstatt in bester Lage am Münsterplatz, er hat mehrere Gesellen beschäftigt. Er war auch schon um die 40 Jahre alt, als er das mit der Fliegerei probiert hat, mit anderen Worten, er war ein gestandener Mann. Das war kein junger Spinner, der Flausen im Kopf hatte. Nein, er war ein gemachter Mann. Mit 40 war man damals deutlich älter, als man das heute ist mit 40. Und trotzdem hat er diesen Traum nicht nur geträumt, sondern er hat ihn verwirklicht, das ist das, was mich an dieser Figur gereizt hat. Und die dann natürlich in Konflikt mit der Umwelt geraten muss. Das stärkste Motiv war eigentlich: Warum ist man so ungnädig mit ihm umgegangen nach seinem Absturz? Die Leute hätten ihm auch auf die Schulter klopfen können, hätten sagen können: Du Albrecht, schade, dass du heute abgestürzt bist, bleib dran, vielleicht klappt es beim nächsten Mal. Aber genau das haben sie nicht getan, sie haben ihn nicht aufgemuntert, sondern er wurde zum Sündenbock gemacht."

Die Schadenfreude, mit der die Ulmer nach seinem Sturz über den Schneider herfielen, ist durch Karikaturen, Gedichte und Spottverse belegt und pädagogisch ausgeschlachtet worden. Nach dem Motto: Wer zu hoch hinaus will, der stürzt ab. Sogar die Hungersnot einige Jahre nach seinem Absturz wollte man ihm in die Schuhe schieben, denn er hätte Gott versucht mit seiner Fliegerei.

„Es hat lange gebraucht, bis Ulm umdekoriert hat, bis man gesehen hat, Mensch, das war kein Spinner, der uns blamiert hat, sondern das war einer, der der Zeit voraus war, das hat 150 Jahre gedauert. Ich glaube nicht, dass das nur ein besonders schwäbisches Problem ist. Mag sein, dass es im Schwäbischen vielleicht stärker ausgeprägt ist als anderswo, aber dieses Motiv, wenn einer scheitert, dann will man nichts mehr mit ihm zu tun haben, ich fürchte, das reicht weit über den schwäbischen Kulturkreis hinaus."

Zum Jubiläumsjahr schmückt sich Ulm mit seinem Schneider. Da kommt Schweikles Buch gerade recht. Aber es ist widerständig, es schildert einen zeitlosen, tragischen Helden, der an der Borniertheit einer Gesellschaft zugrunde ging, in der wirtschaftliche Interessen stärker wiegen als die Vernunft. Kommt einem irgendwie vertraut vor. Was hätte der Berblinger damals besser machen können?

„Der Fehler, den er gemacht hat, war sicher der, dass er als Einzelgänger unterwegs war. Er hat sich zu wenige Bundesgenossen gesucht. Diese Erfindung zu machen, das ging nur als Einzelleistung, das war diese singuläre Person, die diese Sache vorangetrieben hat und diesen Apparat zum Fliegen gebracht hat. Aber er hat darüber hinaus nicht dafür gesorgt, Bundesgenossen zu gewinnen, er hatte kein Netz und hat keinen Rückhalt gefunden, als dann die große Demonstration gescheitert ist."

Johannes Schweikle: Fallwind. Vom Absturz des Albrecht Ludwig Berblinger. Roman. 188 Seiten, Klöpfer & Meyer Verlag, Tübingen: 2011.

Quelle: www.dradio.de/dlf/sendungen/buechermarkt/1487278/, Autorin: Eva Zeller

Bertolt Brecht
Der Schneider von Ulm (Ulm 1592)

Bischof, ich kann fliegen
Sagte der Schneider zum Bischof.
Paß auf, wie ich's mach!
Und er stieg mit so 'nen Dingen
Die aussahn wie Schwingen
Auf das große, große Kirchendach.
Der Bischof ging weiter
Das sind lauter so Lügen
Der Mensch ist kein Vogel
Es wird nie ein Mensch fliegen
Sagte der Bischof vom Schneider.

Der Schneider ist verschieden
Sagten die Leute dem Bischof.
Es war eine Hatz.
Seine Flügel sind zerspellet
Und er liegt zerschellet
Auf dem harten, harten Kirchenplatz.
Die Glocken sollen läuten
Es waren nichts als Lügen
Der Mensch ist kein Vogel
Es wird nie ein Mensch fliegen
Sagte der Bischof den Leuten.

(1934)

Quelle: Bertolt Brecht: Von der Freundlichkeit der Welt. Gedichte. Suhrkamp 1971.

Teil 1: Pflichtteil (Textverständnis) **(gesamt 20 BE)**

Hinweis: Orthografie und Grammatik werden mit 2 BE bewertet.

1. Beiden Texten liegt dasselbe historische Ereignis zugrunde. Notieren Sie für dieses Ereignis eine passende Schlagzeile. 1 BE

2. Erklären Sie die Funktion der Interview-Anteile in dem Text von Eva Zeller. 1 BE

3. Rekonstruieren Sie das historische Ereignis mithilfe des Textes von Eva Zeller. Notieren Sie in Stichworten. 1 BE

4. Erläutern Sie, warum der Autor des Romans „Fallwind" vom „Moment des Erschreckens" spricht, als er über die Entstehungsgeschichte des Romans befragt wird. (Zeile 32 f.) 1 BE

5. Welche der folgenden Aussagen treffen auf den Roman „Fallwind" zu?

   Schreiben Sie die **zwei** Aussagen heraus.

   A Der Roman basiert ausschließlich auf tatsächlichen Geschehnissen.
   B Der Roman beinhaltet Kapitel, die auf den ursprünglichen Beruf des Autors schließen lassen.
   C Der Roman folgt in seiner überzeugenden Erzählweise einer strengen, geraden Erzähllinie.
   D Der Roman präsentiert die Geschehnisse aus der Perspektive unterschiedlicher Personen. 2 BE

6. Im Text werden unterschiedlich wertende Bezeichnungen für Albrecht Ludwig Berblinger verwendet.

   Schreiben Sie fünf dieser Bezeichnungen heraus. Erläutern Sie kurz, was diese Bezeichnungen über den Charakter Berblingers oder sein Verhältnis zu anderen Menschen aussagen. 3 BE

7. Fassen Sie die wichtigsten Gründe zusammen, die der Text für das „tragische Scheitern" des Helden Albrecht Ludwig Berblinger erkennen lässt. 4 BE

8. Der Text „Späte Ehre für Flugpionier" und das Gedicht „Der Schneider von Ulm" weichen in einzelnen Angaben voneinander ab.

   Übernehmen Sie die Tabelle. Stellen Sie mindestens drei voneinander abweichende Angaben in der Tabelle gegenüber. 3 BE

Bertolt Brecht „Der Schneider von Ulm"	**Eva Zeller „Späte Ehre für Flugpionier"**

9. Erläutern Sie die Mehrdeutigkeit des Buchtitels „Fallwind". 2 BE

Teil 2: Wahlteil (Textproduktion) **(gesamt 30 BE)**

Wählen Sie **eines** der folgenden Themen 1, 2 oder 3 aus.

Thema 1

Schreiben Sie eine **Rollenbiografie** zu einer Figur aus dem Drama „Faust I“ von Johann Wolfgang von Goethe.

Die im Cluster dargestellten Aspekte bieten Ihnen Anregungen, sich besser in die Figur einzufühlen.

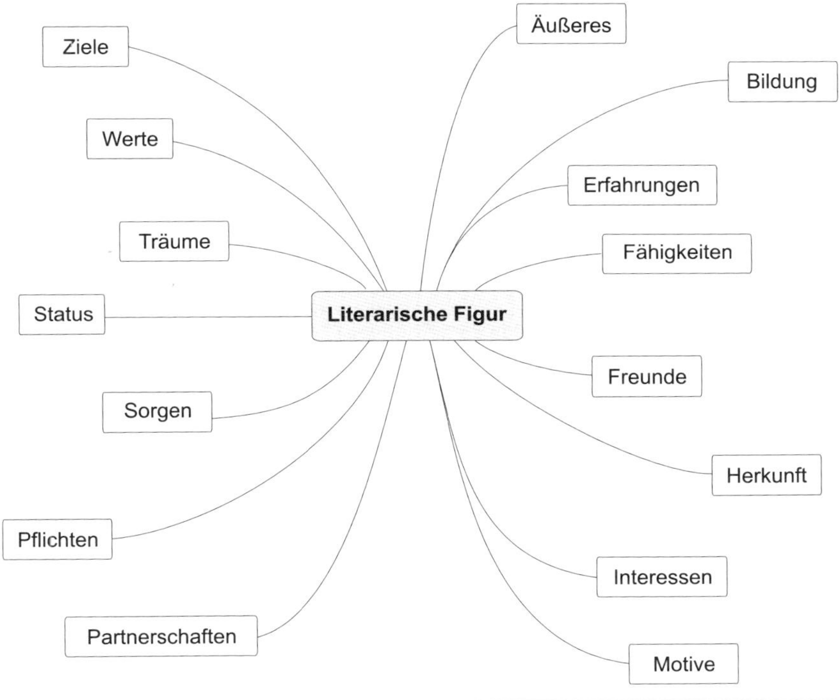

Bei einer **Rollenbiografie** stellen Sie eine Figur aus einem literarischen Text vor. Im Mittelpunkt stehen Aspekte der Figur, die das Handlungsgeschehen wesentlich prägen. Dabei versetzen Sie sich in diese Rolle und schreiben in der Ich-Form.

Diese Methode ist besonders geeignet, beispielsweise Aussehen, Verhalten, Träume, Gefühle und Interessen einer Figur sichtbar zu machen.

Als Grundlage dazu sollen Sie Informationen heranziehen, die der literarische Ausgangstext zu den Figuren bietet. Diese Informationen können von Ihnen durch „Erfindungen“ ergänzt werden, die aber zur literarischen Vorlage passen müssen. Die Handlung darf durch Ihre Ergänzungen nicht verändert werden.

Thema 2

Geocaching – Schatzsuche mit dem Wink von oben

Die Schnitzeljagd erinnert an frühe Kindertage. Kann man dafür heute noch Leute begeistern? Mit der herkömmlichen Form sicherlich nicht, aber die Hightech-Variante schafft es. Geocaching ist die moderne Form der Schatzsuche. „Cache“ steht für Schatz oder geheimes Versteck. Bei diesem Spiel geht es darum, mit Hilfe eines GPS-Gerätes und Kombinationsgabe über mehrere Stationen hinweg versteckte Hinweise zu finden, knifflige Rätsel und witzige Aufgaben zu lösen, um am Ende einen „Schatz“ bergen zu können. Beim Geocaching sind der Phantasie keine Grenzen gesetzt. Es gibt viele Arten von Caches in unterschiedlichen „Cache-Kategorien“. Da wären beispielsweise der Rätselcache, der Wandercache, die Stadtbesichtigung, der Sagen- und Geschichtencache und viele andere mehr. Es werden verschiedene Kategorien unterschieden:

Der Rätselcache
Bei einem Rätselcache sind die Koordinaten der verschiedenen Stationen in Rätseln verschlüsselt. Es gilt also erst das Rätsel zu lösen, bevor die nächste Station angelaufen werden kann. Dabei variiert die Schwierigkeit der Rätsel je nach Cache. Es gibt alle Möglichkeiten: vom einfachen Rätselcache für Kinder bis hin zu wirklich schwierigen Rätseln für Erwachsene.

Der Wandercache
Dieser Cache ist als Wanderung angelegt. Dabei kann es sich um eine kurze Wanderung von zwei bis drei Stunden oder auch um eine Ganztagestour handeln. Die voraussichtliche Dauer und der Schwierigkeitsgrad sind in der jeweiligen Cachebeschreibung genannt.

Die Stadtbesichtigung
Bei dieser Art von Cache werden dem interessierten Besucher die Koordinaten der Sehenswürdigkeiten zur Verfügung gestellt. Zusätzlich erhält er einen Katalog, in dem er interessante Fakten zu den jeweiligen Sehenswürdigkeiten nachlesen kann. So kann er spielerisch die Stadt erkunden.

Der Sagen- und Geschichtencache
Hierbei handelt es sich um einen Cache, der eine örtliche Sage oder Geschichte thematisiert.

Autoren: Susanne Steiner, Sven Däschner
Quelle: http://www.schwarzwald-tourismus.info/reisethemen/wandern/geocaching/die_cachekategorien

Die Tourismusbranche hat diesen Trend auch für sich entdeckt. In vielen Regionen liefern leidenschaftliche *Geocacher* einen Beitrag zur Natur- und Geschichtserkundung und begeistern zahlreiche Gäste.

Sie möchten als aktiver *Geocacher* den Tourismusverband unterstützen. Wählen Sie eine Kategorie. Entwickeln Sie die Idee für einen Cache für Ihre Region.

Schreiben Sie einen Brief an den Tourismusverband, in dem Sie Ihre entwickelte Idee darlegen. Begründen Sie Ihre Auswahl.

Adresse: Tourismusverband
z. H. Max Mustermann

Thema 3

Ich will doch nur ein Brot kaufen …
von Amelie Fried

Kleidung, Frisuren, Möbel – alles unterliegt bekanntlich der Mode. Leider auch das Essen. Deshalb mussten wir uns in den letzten Jahren mit ein paar merkwürdigen Dingen herumschlagen. Zum Beispiel mit in Senf geschmorten Rebhuhnbäckchen an einer Fenchelsamen-Hagebutten-Vinaigrette und einem Hauch von karamellisierten Rosmarinblättchen. Ganz zu schweigen von den absurden Verirrungen der Molekularküche, die chemisch hergestellte Glibberkugeln mit Schaum als Essen ausgibt.

Aber man muss nicht zwangsläufig ein Drei-Sterne-Restaurant aufsuchen, um jede Menge kulinarischen Wildwuchs zu entdecken. Versuchen Sie doch mal, ein ganz normales, altmodisches Brot zu kaufen – die Verkäuferin wird Sie nur mitleidig ansehen. Hinter ihr im Regal liegen Olivenbrot, Tomatenbrot, Kräuterbrot, Nussbrot, Baguette, Ciabatta, italienisches Landbrot, französisches Landbrot und was weiß ich, was alles. Schön und gut, diese Auswahl kann man ja noch als Bereicherung empfinden. Aber brauchen wir wirklich Kartoffelbrot, Jogging-Brot, und Wellness-Brot? Vital-Brot, Bio-Vital-Brot und So-Vital-Brot? Also, ich brauche das alles nicht.

Genauso geht es mir mit Kaffee. Wieso muss ich diesen mit Karamell, Mandel- oder Pfefferminzsirup ungenießbar machen, nur um im Coffee-Shop nicht völlig out rüberzukommen? Und warum verkauft mein Obsthändler eine Frucht, die aussieht wie ein Apfel, aber eine Birne ist und wie eine unreife Quitte schmeckt? Am schlimmsten aber ist es beim Eis. Als ich ein Kind war, kannte ich genau drei Sorten: Capri, Happen und Nogger. Aber heute gibt's ja fast nur noch so absurde Sorten wie Bier-Zabaione, Melone-mit-San-Marzano-Tomaten oder Erdbeer-Basilikum.

Jetzt mal ehrlich, finden Sie nicht auch, dass dieser Wahnsinn irgendwann mal aufhören sollte?

Quelle: Für Sie, Ausgabe 22/2011, Seite 12.

Als Konsumenten stehen wir täglich vor neuen Bezeichnungen und Wortschöpfungen für Produkte, die unser Leben begleiten.

Amelie Fried beendet ihren Text mit einer Frage. Beantworten Sie diese Frage, indem Sie sich mit dem Sinn und Unsinn solcher Spezialbezeichnungen auseinandersetzen.

Schreiben Sie einen Kommentar zum Thema des Artikels von Amelie Fried.

Lösungsvorschläge

Teil 1: Pflichtteil (Textverständnis)

1. Mögliche Schlagzeilen wären:
   - Ulm: Flugversuch gescheitert
   - Erster Flugversuch in Ulm
   - Ulmer Schneider versucht zu fliegen
   - Ulmer Schneider als Bruchpilot

   Hinweis: Eine Schlagzeile ist eine kurze, prägnante Überschrift, die das Interesse des Lesers wecken soll, indem sie durch Einzelwörter oder Wortgruppen knapp über den Textinhalt informiert. Das historische Ereignis, das beiden Texten zugrunde liegt und auf das sich die Schlagzeile hier beziehen sollte, ist der ***gescheiterte Flugversuch*** *eines Ulmer Schneiders.*

2. Die Interview-Anteile haben z. B. die Funktion, die Sichtweise des Autors vorzustellen. Die Besprechung seines Romans wirkt dadurch besonders lebendig und authentisch.

   Hinweis: Die Interview-Anteile können mehrere Funktionen erfüllen: Beantwortung von Fragen, Vermittlung von Hintergrundwissen, Belebung des Textes, Vermittlung von Authentizität, Darstellung des Anliegens des Buches, Vorstellung der Sichtweise des Autors. Für die Beantwortung der Frage reicht es aus, wenn du eine dieser Funktionen nennst und mit eigenen Worten kurz erklärst.

3. - Flugversuch des Ulmer Schneiders Albrecht Ludwig Berblinger mit selbst gebautem Fluggerät am 31. Mai 1811
   - Scheitern des Versuchs: Absturz wegen Abwinden über der Donau
   - Berblinger überlebt den Absturz
   - Verspottung durch die Ulmer

   Hinweis: Über den genauen Ablauf des Ereignisses ist nur sehr wenig bekannt. Achte daher umso mehr darauf, wirklich alle Informationen, die der Text von Eva Zeller dazu enthält, aufzuführen (vgl. Z. 2–5, 10–13, 21–25, 75–77).

4. Beim Anblick des Fluggeräts und durch ein Faltblatt, das über die echte Ursache des Absturzes aufklärt, wurde Johannes Schweikle bewusst, dass er bis zu diesem Zeitpunkt ein völlig falsches Bild von dem Ulmer Schneider A. L. Berblinger gehabt hatte. Er hatte ihn als Spinner, Hochstapler und Blender gesehen und ihm damit Unrecht getan. Über dieses aus Unkenntnis begangene Unrecht ist der Autor erschrocken.

   Hinweis: In Zeile 32 bis 52 findest du den „Moment des Schreckens" und seine Hintergründe beschrieben.

5. B

   Der Roman beinhaltet Kapitel, die auf den ursprünglichen Beruf des Autors schließen lassen.

   D

   Der Roman präsentiert die Geschehnisse aus der Perspektive unterschiedlicher Personen.

   Hinweis: Zu Aussage B vgl. Z. 65 f., 106–110; zu Aussage D vgl. Z. 58–60 f.

6. Folgende unterschiedlich wertende Bezeichnungen werden für Berblinger verwendet:

Bezeichnung	Aussagen zum Charakter Berblingers	Aussagen zum Verhältnis Berblingers zu anderen Menschen
tragischer Held, Z. 6 f.		B. erhielt keine Anerkennung für seine außergewöhnliche Leistung durch seine Mitmenschen.
Spinner, Hochstapler, Blender, Z. 46 f.		B. wurde für überheblich, verrückt und betrügerisch gehalten, weil er sich ungewohnte Dinge zutraute.
gestandener Mann, kein junger Spinner, Z. 138 f.	bodenständig, vernünftig	B. hätte als erwachsener, reifer Mann von der Gesellschaft akzeptiert werden sollen.
Sündenbock, Z. 158		B. wurde von den Ulmern für etwas verantwortlich gemacht, das er nicht getan hat.
Einzelgänger, Z. 197	B. blieb gern für sich allein, scheute die Menschen.	

Hinweis: Du findest mehr als fünf wertende Bezeichnungen für Berblinger im Text. Beschränke dich jedoch auf fünf. Weitere Bezeichnungen sind: Flugpionier (Z. 17 f.; B. war ein kluger Vordenker mit bahnbrechendem Erfindergeist); gebrochener Held (Z. 70); genialischer Eigenbrötler (Z. 71 f.); Alleingänger und Schweiger (Z. 72 f.); ein Getriebener, der Fliegen wollte und lernte (Z. 73–75); Tüftler (Z. 97); historische Figur (Z. 120); kein Haderer (Z. 125); gemachter Mann (Z. 140 f.); einer, der der Zeit voraus war (Z. 174 f.); zeitloser Held (Z. 188 f.); singuläre Person (Z. 201 f.)

7. Wie später wissenschaftlich festgestellt wurde, war der Grund für Berblingers Absturz nicht ein mangelhaftes Fluggerät, sondern vielmehr der ungünstige Fallwind über der Donau. (vgl. Z. 21–25) Albrecht Ludwig Berblinger ist zudem tragisch gescheitert, weil er ein Einzelgänger war. Er hatte es versäumt, sich Bundesgenossen zu suchen, die ihn nach seinem Scheitern unterstützt hätten. (vgl. Z. 196–208)
Dazu kam, dass keiner der Ulmer seine Leistung verstanden, geschweige denn gewürdigt hat. Er war dem Spott und der Häme seiner Mitmenschen ausgeliefert. (vgl. Z. 11–13)
Er scheiterte auf tragische Weise an einer engstirnigen Gesellschaft, in der nur wirtschaftliche Interessen von Bedeutung waren. (vgl. Z. 187–192)

Hinweis: Sieh den Text noch einmal Absatz für Absatz durch, um die entscheidenden Textstellen zu finden, die die Gründe für Berblingers Scheitern nennen. Du solltest mindestens zwei Gründe notieren. Achte darauf, die entsprechenden Textstellen in eigenen Worten wiederzugeben und nicht zu viele Formulierungen aus dem Text zu übernehmen.

8.

Bertolt Brecht: „Der Schneider von Ulm“	Eva Zeller: „Späte Ehre für Flugpionier“
• Schneider stirbt bei Flugversuch	• Schneider überlebt Flugversuch
• Flugversuch im Jahr 1592	• Flugversuch am 31. Mai 1811
• Flugversuch vom Kirchendach auf den Kirchenplatz	• Flugversuch von der Adlerbastei in die Donau

Hinweis: Du findest mehr als drei voneinander abweichende Informationen im Text. Weitere Möglichkeiten wären:

• Flug mit Schwingen	• Flug mit Flugapparat
• Bischof spielt eine Rolle	• Bischof wird nicht erwähnt
• Keine Ehrung	• verspätete Ehrung

9. Es gibt mehrere Möglichkeiten, den Buchtitel zu deuten. Zum einen beschreibt der Titel „Fallwind" den wahren Grund des Absturzes von A. L. Berblinger, nämlich die ungünstigen Abwinde über der Donau. Zum anderen kann mit „Fallwind" auch sein gesellschaftlicher Fall gemeint sein: Er wurde von den Ulmern buchstäblich fallen gelassen. Eine dritte Deutungsmöglichkeit besteht darin, dass Berblingers persönlicher Traum vom Fliegen geplatzt ist.

Hinweis: Mehrdeutigkeit heißt, dass ein Wort neben seiner Grundbedeutung (Fallwind: der Abwind über der Donau, bei dem die Luft nach unten strömt) noch weitere übertragene Bedeutungen haben kann (Fallwind: der gesellschaftliche „Wind", der ihn zu Fall gebracht hat).

Teil 2: Wahlteil (Textproduktion)

Thema 1

Hinweis: Mache dir zunächst klar, welche Anforderungen an die Textsorte ***Rollenbiografie*** *gestellt werden. Lies dir dazu die Informationen gründlich durch, die dir in dem Kasten unterhalb des Clusters gegeben werden.*
Bei einer Rollenbiografie soll eine literarische Figur/Rolle so beschrieben werden, dass sich eine Person, die den Text nicht kennt, ein genaues Bild von der Figur machen kann. Du kannst dir vorstellen, du seist ein Schauspieler, der sich auf seine Rolle vorbereitet und sich überlegt, wie er die Rolle darzustellen hat.
Um ein möglichst umfassendes Bild von der literarischen Figur zu vermitteln, musst du dich intensiv mit ihrem Innenleben (Träume, Gefühle, Interessen, Gedanken etc.), aber auch mit ihrem Aussehen sowie ihrem Verhalten gegenüber anderen Figuren beschäftigen. Der Cluster gibt dir bereits eine Vielzahl von Aspekten vor, die du bei der Darstellung einer Figur berücksichtigen solltest.
Überlege dir insbesondere, welche Kennzeichen der Figur wichtig für den Fortlauf der Handlung sind. Frage dich z. B., aufgrund welcher Charaktereigenschaft einer Figur etwas geschieht (z. B.: Fausts Wissensdurst führt dazu, dass er einen Pakt mit dem Teufel schließt).
Verwende für deine Rollenbiografie die Informationen, die du im „Faust" über die Figur erhältst. Solange du die Handlung nicht veränderst, kannst du auch eigene Aspekte dazuerfinden. Achte aber stets darauf, dass du dich nicht zu weit von dem Ausgangstext entfernst. Deine Ergänzungen müssen immer mit den Informationen, die dir das Drama gibt, in Einklang stehen.

Überlege dir nun, zu welcher Dramenfigur aus „Faust I" dir spontan am meisten Merkmale einfallen. Zu dieser Figur schreibst du deine Rollenbiografie. Beachte dabei folgende ***formale*** *Anforderungen:*
- *Schreibe in der Ich-Form.*
- *Verwende vorwiegend das Präsens. Wenn die literarische Figur über Vergangenes spricht, wählst du das Präteritum.*
- *Achte bei deinen Ausführungen auf eine chronologische Darstellung und auf Nachvollziehbarkeit.*
- *Verwende treffende Verben und Adjektive. Du kannst versuchen, die Sprache der literarischen Figur nachzuahmen (z. B. Hochsprache, einfacher Sprachstil etc.).*

Erstelle mithilfe des Clusters eine ausführliche Stoffsammlung zu der Figur, die du ausgewählt hast. Sie könnte für Mephisto, Faust und Gretchen beispielsweise so aussehen:

Aspekt	Mephisto	Faust	Gretchen
Ziele	• Wette mit Gott: Faust in Versuchung führen • Pakt mit Faust: Fausts Seele	• „erkennen, was die Welt im Innersten zusammenhält" • Pakt mit Mephisto	• Errettung der Seele • Buße für Sünden
Werte	• Geist, der stets verneint • fördert Triebhaftigkeit des Menschen • Zerstörung, das Böse	• Strebsamkeit • Wissen	• kleinbürgerliche Normen und Werte • Empfindung der Liebe zu Faust als gut und schön
Träume	Verführbarkeit der Menschen	Überschreitung der Grenzen des menschlichen Wissens: Magie, Selbstmord	• Heirat mit Faust • Rettung aus ihrer Situation: unverheiratet schwanger
Status	begrenzte Macht	angesehener, aber verzweifelter, unzufriedener Gelehrter	unverheiratete Geliebte
Sorgen	„Unverführbarkeit" Fausts: • Auerbachs Keller • Hexenküche • Gretchen	Verzweiflung über Begrenztheit seiner Erkenntnis	innere Zerrissenheit: • gesündigt, aber aus Liebe • Schande, Spott über Familie
Pflichten	Diener Fausts auf Erden	Universität	Haushalt (Wasser holen, spinnen), Mutter, Bruder, Kirche
Partnerschaften	unbekannt	Gretchen	Faust
Äußeres	anfangs Pudel, später Edelherr	anfangs älterer, später junger, attraktiver Mann	14 Jahre, jung
Bildung	unbekannt	Gelehrter	unwissend, naiv
Erfahrungen	Magie	alles verfügbare Wissen angeeignet	• häuslicher Bereich • keine in Bezug auf Männer
Fähigkeiten	zaubern, Verwandlungskünstler	forschen, lehren	gute Intuition in Bezug auf Mephisto
Freunde	Hexe	Wagner	Marthe, Bärbelchen, Bruder Valentin
Herkunft	Hölle, Teil der Schöpfung Gottes	unbekannt	kleinbürgerlich
Interessen	Verführung Fausts	Wissenschaft, Magie	Haushalt
Motive	beweisen, dass Gott an der Verzweiflung der Menschen schuld ist	Streben des Menschen	Treue und Schuld

Schreibe jetzt deine Rollenbiografie. Stelle die Figur zu Beginn kurz namentlich vor und gehe dann zu einer ausführlichen Darstellung über. Du musst nicht auf alle im Cluster vorgeschlagenen Aspekte eingehen, achte aber darauf, möglichst viele verschiedene Punkte aufzugreifen. Überarbeite deinen Text anschließend hinsichtlich Orthografie, Grammatik und Sprache. Fertige zum Schluss eine Reinschrift von deinem Entwurf an.

Beispielaufsatz:

Rollenbiografie Faust

Verzweifelt bin ich, Faust. Ein Gelehrter, der wissen möchte, was die Welt im Innersten zusammenhält. Was habe ich nicht schon alles studiert: Philosophie, Jura, Theologie und auch Medizin. Ich habe studiert und studiert, geforscht und geforscht. Beruflich anerkannt bin ich, Professor. Und doch habe ich das Gefühl, nichts zu wissen. Was bietet mir mein Leben noch? Wie soll ich Studenten unterrichten, wenn ich mich selbst geistig beengt fühle? Ich habe die enge, dunkle Studierstube so satt! Dem Wagner genügt es, zu wissen, was in den Büchern steht. In seinen Augen bin ich allwissend. Ein angesehener Gelehrter, den alle Leute achten, das will er sein, nicht mehr. Diesen Drang, noch tiefer und tiefer hinter die Dinge schauen zu können, den verspürt er nicht. Wie soll er mich verstehen? Zwei Seelen kämpfen in mir, die eine hängt an der Welt mit all ihren Reizen, die andere will ihr entfliehen und nach höheren Dingen streben.

Da mir alles weltliche Wissen nicht weiterhelfen kann, wandte ich mich der Magie zu: Makrokosmos, Erdgeist. Es muss doch etwas geben, was mich befriedigen kann! Mit all meiner Kraft habe ich versucht, die Grenzen zu überschreiten, die höheren Mächte zu erreichen. Abgewiesen hat mich der Erdgeist. Mein letzter Ausweg wäre, so dachte ich, die Erde ganz zu verlassen, auf, hin zu neuen Sphären. Aber mein Selbstmordversuch misslang. Dafür hatte ich wieder Lebensmut und einen Hund, der mir in mein Studierzimmer folgte. Es war etwas Seltsames, Übersinnliches mit dem Tier, und bald zeigte sich auch des Pudels Kern. Der Teufel selbst ist es gewesen. Und nun bin ich ihm untrennbar verbunden, habe einen Pakt mit ihm geschlossen. Er dient mir hier auf Erden und erfüllt mir alle meine Wünsche. Dafür bekommt er meine Seele, sollte er es schaffen, mir meine Unzufriedenheit und Ruhelosigkeit zu nehmen. Sollte ein Augenblick in meinem Leben so schön sein, dass ich ihn festhalten möchte, gehöre ich ihm. Es wird ihm kaum gelingen. Erst letzthin, in Auerbachs Keller. Viel Wein und derbe Sprüche – das soll Lebensfreude sein und mich mein Streben vergessen lassen?

Zu einem Zaubertrank hat er mich überredet, ich war kaum bei Sinnen und habe ihn getrunken. Nun bin ich ein junger Mann und für alle Frauen begehrenswert. Aber ich möchte nur eine, Gretchen. Für sie bin ich ein edler Herr, reich und gebildet. Doch sie ist jung und ohne Schuld. Ich sollte sie vergessen. Ich würde ihr nur schaden und ihr Leben zerstören. Aber Mephisto treibt mich an, er lässt nicht locker, lässt mich nicht vergessen. Gerade fühle ich mich eins mit der Natur, da kommt er schon und trifft mich mit seinem beißenden Spott. Er wird Gretchen nicht verschonen. Alles hat er arrangiert. Mir Schmuck für sie besorgt und ihre Nachbarin als Kupplerin gewonnen. Er widert mich an, meine Suche nach Wahrheit verachtet er, meine Gefühle sind für ihn nur Mittel zum Zweck. Und doch: Ich kann nicht widerstehen. So soll es sein. Sie wird zugrunde gehen – und ich mit ihr.

Alternative Lösungsansätze:

Rollenbiografie Gretchen

Ich bin Gretchen und 14 Jahre alt. Gemeinsam mit meiner Mutter lebe ich in einem bescheidenen Haus und helfe ihr bei der Haushaltsführung, hole zum Beispiel Wasser am Brunnen oder spinne in meinem kleinen, ordentlichen Zimmer.

Ich habe noch zwei Geschwister. Valentin, mein Bruder, ist bei den Soldaten. Mein kleines Schwesterchen verstarb früh. Gemeinsam mit meiner Mutter habe ich mich um sie gekümmert, sie gepflegt. Wie lieb ich sie doch hatte.

Ich gehe regelmäßig in die Kirche, um zu beichten. Ich möchte alles richtig machen, bin ein gutes Kind.
Als ich neulich aus der Kirche kam, hat mich ein edler Herr angesprochen. Mitten auf der Straße. Es war mir sehr unangenehm. Weiß er denn nicht, dass man Mädchen nicht allein auf der Straße anspricht? Nach Hause begleiten wollte er mich! Schönes Fräulein, so sprach er mich an! Er dachte wohl, dass ich ein adliges Mädchen wäre.
Ich habe ihn abgewiesen, obwohl mich jetzt schon interessieren würde, wer der Herr gewesen sein könnte. …

Rollenbiografie Mephisto
Mephistopheles, kurz Mephisto, ist mein Name und ich bin ein Teil der Schöpfung des Herrn. Gerne diskutiere ich mit ihm über die himmlische Ordnung und darüber, wie sich „die Menschen plagen". Nehmen wir zum Beispiel den Faust, sein Musterbeispiel der Schöpfung, den nichts zufriedenstellen kann. Gewettet habe ich mit dem Herrn darum, ihn in Versuchung zu führen. Den Faust soll er verlieren.
Im Moment ist der Herr noch überzeugt davon, dass ein Mensch irren kann, solange er strebt. Auch glaubt der Herr, dass sich ein guter Mensch des rechten Weges wohl bewusst ist. Ich werde ihm das Gegenteil beweisen.
Ich, Mephisto, werde mit all meiner Macht versuchen, Faust vom rechten Weg abzubringen, meine Wette mit dem Herrn zu gewinnen und letztendlich Fausts Seele zu erlangen. Ich will ihm hier auf Erden dienen, nach seinem Tod soll er das Gleiche für mich im Jenseits tun.
Alle Menschen sind verführbar, auch Faust. Erst zeige ich ihm die kleine, später dann die große Welt. Alkohol, Jugend, Frauen – den schlepp ich durch das wilde Leben. …

Thema 2

Hinweis: Diese Aufgabe setzt voraus, dass du den Text gut verstanden hast und nach Möglichkeit auch schon über Vorkenntnisse darüber verfügst, was Geocaching ist und wie ein gutes Geocaching aufgebaut sein sollte. Du musst dich zudem gut in deiner Region auskennen, damit du geeignete Sehenswürdigkeiten oder Landschaften für ein Geocaching auswählen kannst. Deine Idee soll dem Tourismusverband spannend und lohnenswert erscheinen. Deshalb solltest du sie möglichst interessant beschreiben und ausführlich begründen, warum gerade dieses Geocaching für den Tourismusverband nützlich sein kann, um viele Touristen für die Region zu begeistern.

Dein Geocaching sollte verschiedene Aufgaben an den einzelnen Stationen beinhalten, die du dir entsprechend der ausgewählten Kategorie (Rätsel-, Wander-, Stadtbesichtigungs- oder Sagen- und Geschichtencache) überlegen musst. Begründe deine Auswahl dabei immer.
*Da du einen **formalen Brief** schreiben sollst, musst du die typischen **Formmerkmale** berücksichtigen: Absender, Adressat (Adresse des Tourismusverbandes), Datum, Anrede, Grußformel.*

Inhaltlich** besteht jeder Brief aus **Einleitung, Hauptteil** und **Schluss:
- *In der **Einleitung** deines Briefes musst du Anlass (gewähltes Geocaching) und Ziel des Briefes nennen.*
- *Im **Hauptteil** stellst du deine Idee für ein Geocaching vor und begründest ausführlich, warum du sie für besonders sinnvoll hältst.*
- *In den **Schlussteil** deines Briefes gehören Appelle, Fragen oder Bitten an den Ansprechpartner.*

*Achte bei der **sprachlichen Gestaltung** auf eine höflich-sachliche und logische Argumentation.*

Fertige nun eine Stoffsammlung an. Diese könnte folgendermaßen aussehen:

	Inhalt	
Briefkopf	• Absender • Adressat • Datum • Anrede	
Einleitung	• Schreibanlass: Aufruf zum Thema Geocaching in der *Freien Presse* • Einführung von Geocaching in der Region ist eine gute Idee • Attraktion für Touristen • Nennen der eigenen Idee	
Hauptteil	• Wandercache mit Schnitzeljagd-Elementen	
	• Erkundung der sächsischen Landschaft : Route durch die sächsische Schweiz von Neustadt (Start Bahnhof) nach Porschdorf	
	• Erarbeitung der Wegpunkte durch sportliche Aktivität	1. Cache: Filmdose, Kniebeuge 2. Cache: Mittelmühle, Infos zur Region sowie zur Arbeit eines Müllers 3. Cache: Wald, Infos Fauna und Flora, Hock-Streck-Sprünge 4. Cache: Felswand, Sprungseil 5. Cache: Waldgasthof, Rast, Bierkrugstemmen 6. Cache: Polenz, Sprung über den Bach 7. Cache: Wildgehege, Baumstammdrücken 8. Cache: Filmdose, Porschdorfer Eisdiele, Hampelmänner 9. Cache: Ziel, Porschdorfer Bahnhof, Schatz = Kiste mit Ansteckern mit dem sächsischen Emblem
Überleitung	• Füllung der Kiste mit Ansteckern durch die Stadt = lohnender Aufwand	
Schluss	• Ausdruck der Hoffnung, mit der Idee überzeugt zu haben • Hilfsangebot für Umsetzung • Grußformel • Unterschrift	

Schreibe nun das Konzept eines Briefes und überarbeite es anschließend hinsichtlich Orthografie, Grammatik und Sprache. Übertrage dein Konzept in die Reinschrift.

Beispielaufsatz:

(Deine Adresse)

Tourismusverband
z. H. Max Mustermann
Musterstraße 23
Dresden

(Ort, Datum)

Sehr geehrte Damen und Herren,

mit Interesse habe ich in der heutigen *Freien Presse* Ihren Artikel zum Thema Geocaching gelesen. Da ich selbst aktiver Geocacher bin, finde ich die Idee, das Geocaching in Sachsen zu fördern, sehr gut und hoffe, dass wir damit viele neugierige Touristen für unsere Region begeistern können. Daher habe ich mir selbst eine mögliche Umsetzung ausgedacht, die ich Ihnen gerne im Folgenden vorstellen möchte.

Meine Idee ist ein Wandercache mit einigen klassischen Schnitzeljagd-Elementen. Als passionierter Naturfreund und begeisterter Sportler habe ich mir gedacht, dass man diese Gelegenheit nutzen könnte, um die Erkundung unserer schönen sächsischen Landschaft mit sinnvoller Bewegung an der frischen Luft zu verbinden. Ich habe zu diesem Zweck eine Route durch die sächsische Schweiz ausgewählt, deren Verlauf man anhand verschiedener Koordinaten herausfindet. Um die Tour möglichst interessant zu gestalten, bekommt man die Wegpunkte aber nicht einfach zu Beginn gesagt, sondern man muss sie sich durch vielfältige sportliche Aktivitäten erarbeiten. Eine mögliche Route dafür könnte die sehr beliebte Wanderstrecke von Neustadt nach Porschdorf sein. Diese ist gut zu begehen und darum auch für Anfänger geeignet. Ein idealer Ausgangspunkt ist der Bahnhof in Neustadt. Hier befindet sich der erste Cache in Form einer kleinen Filmdose, welche die Koordinaten für den nächsten Punkt enthält. Außerdem ist die Anweisung enthalten, fünf Kniebeugen zu machen, um sich für die anstehende Wanderung gut zu dehnen.

Folgt der Geocacher den angegebenen Koordinaten, gelangt er nach einigen Kilometern zum nächsten Punkt, zur Mittelmühle. Hier versteckt sich ein kleiner Cache im alten Gemäuer. Darin befinden sich ein paar Informationen über die Region und die Arbeit der Müller. Diese mussten früher viele schwere Mehlsäcke tragen, weshalb der Geocacher aufgefordert wird, die daneben stehenden Mehlsäcke einmal die Treppe hinauf und wieder hinunter zu tragen.

Danach geht's zum nächsten Halt, der sich mitten im Wald befindet. Der hier versteckte Container enthält Informationen zur örtlichen Flora und Fauna. Ganz besonders häufig kann man hier den heimischen Waldfrosch antreffen. Damit die Besucher sich in diesen besonders gut hineinversetzen können, werden sie aufgefordert, fünfmal in die Hocke zu gehen und danach in die Luft zu springen, genau wie der kleine grüne Waldbewohner.

Wie bei allen vorangegangenen Caches gibt es auch hier Koordinaten, die zum nächsten Haltepunkt führen, einer steilen Felswand. Versteckt in den kühlen Gesteinsspalten finden sich die nächsten Hinweise und Koordinaten. Das ungesicherte Klettern an der Felswand ist natürlich viel zu gefährlich für ungeschulte Personen, dafür bekommen sie die Gelegenheit, ein echtes Sicherungsseil in die Hand zu nehmen und damit bei dieser Gelegenheit 20 Sprungseilsprünge zu absolvieren.

Nun wird es Zeit für eine kleine Rast, weshalb die nächsten Koordinaten einen kleinen Waldgasthof markieren. Hier lässt es sich bei einem leckeren Wildbraten und einem zünftigen Bier wunderbar entspannen. Bevor der Wirt aber den nächsten Hinweis herausgibt, muss der Gast es der Bedienung gleichtun und drei gefüllte Krüge Freiberger Bier für fünf Minuten in die Luft stemmen.

Nach dieser Stärkung geht es weiter zur Polenz, die gar nicht weit entfernt fließt. An dem Gewässer verbirgt sich ein weiterer Cache. Die Polenz entspringt an der deutsch-tschechischen Landesgrenze, und ein besonders beliebter Sport in Tschechien ist der Hürdenlauf.

Darum darf der Geocacher Anlauf nehmen und mit einem beherzten Sprung den schmalen Fluss überqueren.
Die nach dieser Aufgabe wohlverdienten Koordinaten deuten auf den Eingang der nahe gelegenen Wildgehege. Neben Kaninchen und Hirschen gibt es hier auch Wildschweine zu bestaunen, die besonders für ihre Stärke bekannt sind. Natürlich sollten die Besucher dem umgehend nacheifern und mit aller Kraft gegen die dafür aufgetürmten Baumstämme drücken. Wenn sie es schaffen, einen bestimmten Baumstamm um zehn Zentimeter zu versetzen, gelangen sie zur nächsten Filmdose.
Nach der langen Wanderung und der vielen sportlichen Betätigung darf man sich nun an der Porschdorfer Eisdiele ein Eis gönnen und in Ruhe den nächsten Hinweis suchen, der die Koordinaten für den Zielort enthält und dazu auffordert, zehn Hampelmänner zu machen, um zukünftigen Fettpolstern entgegenzuwirken.
Zum Abschluss erwartet die Touristen der Porschdorfer Bahnhof. Als Belohnung für den absolvierten Parcours versteckt sich hier der letzte Cache – eine große Kiste mit Ansteckern, die das sächsische Emblem zeigen. So ein kleines Souvenir, das man als Andenken behalten darf, wäre meiner Meinung nach ein toller Abschluss für den Ausflug. Das bedeutet zwar, dass die Stadt Dresden die Kiste regelmäßig auffüllen muss, aber ich bin der Ansicht, dass der Aufwand sich lohnt.
Ich hoffe, meine Idee konnte Sie überzeugen, und ich würde mich sehr freuen, wenn ich bei der Umsetzung helfen könnte. Bitte zögern Sie nicht, mich diesbezüglich zu kontaktieren.

Mit freundlichen Grüßen

(Dein Name)

Thema 3

*Hinweis: Überlege zuerst, welche Anforderungen an die Textsorte **Kommentar** gestellt werden: In einem Kommentar äußert man schriftlich seine Meinung zu aktuellen Ereignissen oder Sachverhalten, bewertet Fakten und geht auf Hintergründe und Zusammenhänge ein.*

*An folgenden Punkten kannst du dich bei der **äußeren Form** und dem **Aufbau** deines Kommentars orientieren:*
- *In der **Einleitung** nimmst du Bezug auf den Ausgangstext, das heißt, du gehst auf die Frage von Amelie Fried ein und beschreibst das Thema deines Kommentars.*
- *Im **Hauptteil** setzt du dich mit dem Sinn und Unsinn von Spezialbezeichnungen für Lebensmittel auseinander. Das heißt, du musst geeignete Argumente für und gegen solche Bezeichnungen finden und begründen, welcher Position du dich anschließt. Verbinde deine Argumente mit Belegen und Beispielen. Diese kannst du dem Ausgangstext entnehmen; du kannst aber auch auf eigene Erfahrungen zurückgreifen. Wenn du Textteile zitierst, achte auf die Zeichensetzung (Anführungszeichen) und ergänze nach dem Zitat die Zeilenangabe in Klammern.*
- *Im **Schlussteil** fasst du deine Meinung in einem Schlusssatz zusammen oder greifst dein stärkstes Argument noch einmal auf. Du kannst auch einen Ausblick geben oder Änderungsvorschläge machen.*

*Achte bei der **sprachlichen Gestaltung** darauf, deine Meinung klar und sachlich zu formulieren und deine Argumente mithilfe sinnvoller Überleitungen zu verknüpfen.*

Fertige nun deine Stoffsammlung an. Sie könnte zum Beispiel so aussehen:

	Stoffsammlung „Kommentar“			
Einleitung	• Bezug auf die Frage von Amelie Fried: „Jetzt mal ehrlich, finden Sie nicht auch, dass dieser Wahnsinn irgendwann mal aufhören sollte?“ • eigene Meinung (Zustimmung, Ablehnung, geteilte Meinung): hier: Amelie Fried hat recht • einführende Beispiele für Spezialbezeichnungen • Aufgreifen der Aufgabenstellung: Auseinandersetzung mit Sinn und Unsinn von Spezialbezeichnungen			
Hauptteil	*Argument*	*Behauptung*	*Begründung*	*Beispiel*
Pro-Argumente: Spezialbezeichnungen sind sinnvoll	1.	aufseiten der Anbieter: Erhöhung des Umsatzes durch Beeinflussung der Kunden	Kunden bekommen das Gefühl vermittelt, • dass es ständig etwas Neues zu entdecken gibt. • dass für jeden Geschmack etwas dabei ist.	• Brotneubezeichnungen (Wellness-Brot)
	2.	aufseiten der Kunden: Befriedigung ihres Konsumverhaltens	Kunden wollen „in“ sein	• Molekularküche, • Sterne-Restaurants
Kontra-Argumente: Spezialbezeichnungen sind unsinnig	1.	Täuschung der Kunden	keine neuen Produkte, nur neue Bezeichnungen	• Kartoffelbrot
	2.	Verschleiern von Preiserhöhungen	neuer Name soll Preisanstieg rechtfertigen	
Schluss	• persönliche Meinung: Spezialbezeichnungen nur zur Kennzeichnung von Speziallebensmitteln sinnvoll • Forderung nach mehr Transparenz • Einlassen auf „Bezeichnungswahnsinn“ = Verbraucherentscheidung			

Schreibe nun das Konzept deines Kommentars und überarbeite es anschließend hinsichtlich Orthografie, Grammatik und Sprache. Übertrage dein Konzept zum Schluss in die Reinschrift.

Beispielaufsatz:

Kommentar zum Text „Ich will doch nur ein Brot kaufen …"

Schon beim ersten Lesen des Textes „Ich will doch nur ein Brot kaufen …" von Amelie Fried wurde mir bewusst: „Frau Fried hat recht!"

Unsere Kleidung, die Frisuren und die Möbel – alles unterliegt der Mode. Wir haben uns daran gewöhnt, dass ein Regal als „Sideboard" bezeichnet wird und eine Jeans mit dem Vermerk „slim boots" scheinbar besser sitzt. Aber wie sieht es mit Bier-Zabaione-Eis oder Fenchelsamen-Hagebutten-Vinaigrette aus? Oder karamellisierten Rosmarinblättchen und Jogging-Brot? Es gibt wirklich in letzter Zeit ein paar merkwürdige (Wort-)Neuschöpfungen, die uns den Sinn oder Unsinn solcher Spezialprodukte und ihrer Bezeichnungen, insbesondere bei Lebensmitteln, überlegen lassen sollten.

Die Vielfalt an Angeboten unterschiedlicher Anbieter soll uns Kunden anlocken. Mit den zum Teil verrückten Bezeichnungen wird der Eindruck vermittelt, dass es ständig etwas Neues zu entdecken gibt und für jeden Geschmack etwas dabei ist. Und welcher Käufer ist nicht interessiert an Neuem, wählt nicht gerne aus, auch wenn uns das übergroße Angebot im gleichen Atemzug die Auswahl schwer macht? Tatsächlich scheint dieser „kulinarische Wildwuchs" beim Verbraucher gut anzukommen, denn ansonsten würde nicht jeder Bäcker auf „Brotneubezeichnungen" zurückgreifen. „Wellness-Brot" klingt interessanter als Mischbrot – es verspricht Wohlbefinden und Gesundheit. Es macht den Käufer neugierig auf etwas, das er bisher noch nicht kannte. Letztlich wird also auch das Angebot an Neukreationen über die Nachfrage geregelt. Die Kunden suchen das Besondere und fordern die Anbieter so indirekt dazu auf, immer neue Produkte zu entwickeln. Man wirkt modern, hipp, ist „in", weltgewandt, wenn man das Besondere konsumiert, sich in der Molekularküche auskennt und die angesagtesten Sterne-Restaurants besucht.

Das Angebot ständig neuer Produkte und die Verwendung von Spezialbezeichnungen scheinen auf den ersten Blick also sowohl für die Anbieter als auch für die Kunden durchaus Sinn zu machen. Für die Anbieter bedeuten sie eine Erhöhung des Umsatzes durch die gezielte Beeinflussung des Kaufverhaltens, für die Kunden Befriedigung ihres Konsumverhaltens.

Aber entspricht die inhaltliche Zusammensetzung der Produkte auch dem, was die Bezeichnungen versprechen? Oder sind am Ende Vital-Brot, Bio-Vital-Brot und So-Vital-Brot aus ein und derselben Mischung gebacken? Unsinnig sind Spezialbezeichnungen dann, wenn man mit ihnen schon einmal Dagewesenes scheinbar neu erfindet. Der Kunde wird gezielt getäuscht, indem ihm ein schon seit Langem existierendes Produkt als etwas Neues verkauft wird, wie zum Beispiel das Kartoffelbrot.

Auch dienen die Neubezeichnungen von Produkten nicht selten dazu, Preiserhöhungen zu verschleiern. Für den Kunden ist kaum noch nachzuvollziehen, ob es sich wirklich um eine Neuerung handelt oder ob ein Produkt lediglich einen neuen Namen und/oder eine neue Verpackung erhalten hat, um es teurer zu verkaufen.

In meinen Augen machen Spezialbezeichnungen daher nur Sinn, wenn es sich wirklich um Neuerungen oder die Kennzeichnung spezieller Lebensmittel handelt, zum Beispiel für Diabetiker oder mit besonderer, wissenschaftlich nachgewiesener Wirksamkeit wie etwa laktosefreie Produkte. Es wäre zu wünschen, dass für den Kunden mehr Transparenz in der unübersichtlichen Angebotslandschaft geschaffen wird, damit er besser einschätzen kann, hinter welchen Bezeichnungen tatsächlich eine sinnvolle Neuerung steckt und hinter welchen nicht.

Letzten Endes entscheidet natürlich jeder Verbraucher selbst, in welchem Maße er sich „auf diesen Wahnsinn" einlässt oder ob er lieber auf Altbewährtes zurückgreift. Ich jedenfalls schließe mich der Meinung von Amelie Fried an und gehe mir weiterhin ein Mischbrot kaufen, auch wenn ich dann wahrscheinlich altmodisch bin. Aber ich weiß dann auch, wie und dass es schmeckt!

Der Anwalt des Einzelnen

Über den Schriftsteller Hermann Hesse

nach Brigitte Kohn

Hermann Hesse: eine Jugendliebe? Nicht für jeden. Rocknachtigall Udo Lindenberg zum Beispiel liebt ihn immer noch, feiert ihn in seinem Hesse-Lesebuch als „Sucher nach dem *highligen* Individuum" und als maßgeblichen Impulsgeber für sein Leben. Der Schriftsteller Peter Härtling hingegen gestand: „Ich hörte nicht auf, ihn zu lesen, aber in Unterhaltungen wertete ich ihn ab; ich redete über ihn und seine Bücher wie über eine vergangene Liebesaffäre, die einem lächerlich und nicht mehr geheuer ist."

Im Jubiläumsjahr 2012, zum 50. Todestag, braucht Hesse niemandem mehr peinlich zu sein. Neue Biografien würdigen ihn, jenseits von Kult und Kitschverdacht, als vielseitigen Künstler in einer krisenhaften, von zwei Weltkriegen erschütterten Zeit.

Winfried Hörning vom Suhrkamp-Verlag bestätigt: „Jede Generation findet etwas in seinem Werk, was sie ermutigt und elektrisiert – sei es die Ermunterung zum Eigensinn, zum Engagement oder zur Selbstbehauptung. Und mehr noch: Seine Bücher haben die Kraft, den Leser durch die Lektüre zu verwandeln. Was die Verkäuflichkeit betrifft: Er ist nach wie vor einer der meistgelesenen deutschen Autoren."

Während Hesse im Nachkriegsdeutschland als Dichter geschmäht wurde, entdeckten ihn die amerikanischen Vietnamkriegsgegner, Hippies und Blumenkinder als Seelenverwandten. Von den USA schwappte die Hesse-Welle nach Europa zurück. Der revoltierenden Jugend verdankt Hesse ein Comeback, das kein Ende nimmt. Noch heute ist Hesse in Ländern, in denen sich staatliche Macht besonders repressiv gebärdet, ein Lieblingsautor der Unangepassten: im Iran zum Beispiel oder in den arabischen Ländern. [...]

Hesses Eltern haben in indischen Missionsstationen gelebt, bevor sie sich in der schwäbischen Kleinstadt Calw niederlassen. Der Pietismus gibt den Takt des Familienlebens vor, und der kleine Hermann, geboren am 2. Juli 1877, ist viel zu lebhaft, um sich darauf einzuschwingen. Seine gestresste Mutter hält zahlreiche gescheiterte Disziplinierungsmaßnahmen im Tagebuch fest, zum Beispiel die Antwort des Fünfjährigen auf den angedrohten Zimmerarrest: „Das hilft euch nicht viel, ich kann da zum Fenster hinaussehen und mich unterhalten." Bevor er in die Schule kommt, hat er andere Lehrer: die Bäume, die Wolken und die ihn umgebende Natur. Das gibt ihm Freiheit, das beruhigt ihn, wenn die vielfältigen, aber auch prinzipienstrengen kulturellen Einflüsse des Elternhauses ihn aufwühlen und sein Gewissen belasten. [...]

Lesesüchtig ist dieser Hermann. Er weiß früh, was er werden will: *Ein Dichter oder gar nichts.* Der begabte 13-Jährige wird Stipendiat im evangelischen Klosterseminar Maulbronn, einer schwäbischen Eliteschule. Rührend sein Bemühen um Anpassung, und plötzlich und unvermittelt: der Bruch. Hermann läuft weg. Eine unheilvolle Odyssee durch Heilbäder und Nervenheilanstalten beginnt, der Junge gilt als verrückt. Was ihn rettet vor dem Zugriff derer, die ihn zurechtbiegen wollen, ist seine Kraft zur Rebellion. Aus der Nervenheilanstalt Stetten schreibt der 15-Jährige an den Vater:

„Wenn ich Pietist und nicht Mensch wäre, wenn ich jede Neigung an mir ins Gegenteil verkehrte, könnte ich mit Ihnen harmonieren. Aber so kann und will ich nimmer leben, und wenn ich ein Verbrechen begehe, sind nächst mir Sie schuld, Herr Hesse, der Sie mir die Freude am Leben nahmen." Dann schaffte er es doch, eine Buchhändlerlehre durchzustehen. Er arbeitet in Tübingen und Basel, liest wie besessen und beginnt zu schreiben. 1904 gelingt dem 27-Jährigen mit *Peter Camenzind* der Durchbruch. Der Erfolg freut Hesse nur des Geldes wegen: „Ich werde ja förmlich Mode, und das wollte ich nie."

Immerhin kann er sich jetzt ein Leben als freier Schriftsteller leisten und eine Familie gründen. Mit Maria Bernoulli zieht er in ein Bauernhaus am Bodensee. Sie bekommen drei Söhne. „Mein äußeres Leben verlief nun eine Weile ruhig und angenehm. Ich hatte Frau, Kinder, Haus und Garten. Ich schrieb meine Bücher, ich galt für einen liebenswürdigen Dichter und lebte mit der Welt in Frieden." Doch der Schein trügt. Viele seiner Leser verübeln ihm, dass er nicht der gemütvolle Dichter bleiben will, den sie in ihm sehen. *Unterm Rad* zum Beispiel ist eine Reise in die Abgründe einer zerstörten Schülerseele. Das Schulsystem, das Hans Giebenrath zermalmt, wirkt heute historisch, doch Leistungsdruck und Lehrpläne haben immer noch die Kraft seelische Martyrien auszulösen.

Mehr als alles andere verschlechtert der 1. Weltkrieg das Verhältnis zu seinem Publikum. Hesse will nicht einstimmen ins Kriegsgeschrei, obwohl er gar kein wirklich radikaler Kriegsgegner ist. Nur mit der Totalität dieses Krieges mag er sich nicht abfinden, die alle Bereiche, auch die des Geistes durchdringt und jede Hoffnung auf Völkerverständigung zunichtemacht. Der Hass, mit dem ihn die aufgepeitschte deutsche Öffentlichkeit überschüttet, erzeugt eine Wunde, eine tiefe Entfremdung zu Deutschland, die nicht mehr heilen wird. Hesse lebt seit 1912 in der Schweiz und kehrt nie mehr zurück.

Auch seine Ehe wird immer schwieriger. Das Leben mit dem Einzelgänger ist für die schwermütige Maria sehr belastend. Sie bricht zusammen, kommt in eine Nervenheilanstalt. Die Söhne werden auf befreundete Familien verteilt, und Hesse bricht auf. Richtung Süden. Er kann nicht mehr anders. [...]

Hesse weiß um die produktive Kraft seiner Konflikte. Leichtigkeit findet er im Malen, zu dem seine Therapeuten ihm raten. Unter dem Einfluss der Psychoanalytiker Lang und Jung werden seine Texte mutiger, radikaler.

Der Roman *Steppenwolf* inszeniert die innere Zerrissenheit eines Intellektuellen in der düsteren Großstadtatmosphäre der Zwischenkriegszeit. Es ist die Geschichte eines Menschen, welcher komischerweise darunter leidet, dass er zur Hälfte ein Mensch, zur anderen ein Wolf ist. Die eine Hälfte will fressen, saufen, morden und dergleichen einfache Dinge, die andere will denken, Mozart hören und so weiter, dadurch entstehen Störungen, und es geht dem Manne nicht gut, bis er entdeckt, dass es zwei Auswege aus seiner Lage gibt, entweder sich aufzuhängen oder sich zum Humor zu bekehren.

Der Steppenwolf wird nach Hesses Tod zum Kultbuch für die protestierende Jugend der sechziger und siebziger Jahre und zum Namensgeber für eine amerikanische Rockband, die ihren Beitrag zum Soundtrack dieser Zeit liefert: *Born to be wild.*

Hesse wäre auch gern zum Wildsein geboren, aber er kommt nicht dazu. Schreiben erfordert wesentlich mehr Disziplin, als es seinem Traum vom Leben entspricht. Längst gibt es eine neue Frau in Hesses Leben: die Kunsthistorikerin Ninon Dolbin, eine begeisterte Leserin, die entschlossen ist, aus dem Steppenwolf wieder einen Menschen zu machen. Sie heiraten 1931 und ziehen in die Villa Rossa, ein Haus, das ein Mäzen für sie bauen lässt. Es ist groß genug für ein

Leben auf Distanz, das Ninon Hesse zuliebe akzeptiert. Wenn auch nicht ohne Schmerzen.

Narziß und Goldmund spielt im Mittelalter: ein geistiger Fluchtraum, nicht zuletzt vor der aufziehenden braunen Gefahr in Deutschland. Hesse hasst Hitler, diesen „Theaterteutonen ohne Hirn", er öffnet Flüchtlingen sein Haus. Aber in den politischen Kampf zieht er nicht. Er vergräbt sich in sein großes Alterswerk, *Das Glasperlenspiel*, ein utopischer Entwurf, der im dritten Jahrtausend spielt und nach der Zukunft des Geistes fragt.

Nach der Verleihung des Nobelpreises 1946 wird es immer schwieriger für ihn, seine Einsamkeit zu verteidigen. *Bitte keine Besucher,* warnt ein Schild an der Gartentür in Montagnola. Er stöhnt unter der Last der Briefe, die seine Leser ihm schreiben, und beantwortet doch möglichst viele von ihnen: Der Psychologe, der Seelsorger, der Lebensberater in Hesse kommt hier zum Zuge. Ninon umsorgt ihn, als er Leukämie bekommt und schwächer wird. Die Diagnose sagt ihm niemand, er will sie auch nicht wissen. Er kämpft nicht gegen den Tod. Als Ninon ihn am Morgen des 9. August 1962 wecken will, lebt er nicht mehr. „Er lag in seiner gewöhnlichen Schlafstellung, die Augen geschlossen, friedlich, entspannt."

Quelle: Psychologie Heute, 39. Jahrgang, Heft 8, August 2012, S. 76–80, Beltz Verlag.

Teil 1: Pflichtteil (Textverständnis) **(gesamt 20 BE)**

Hinweis: Orthografie und Grammatik werden mit 2 BE bewertet.

1. Notieren Sie das genaue Geburts- und Sterbedatum von Hermann Hesse. 1 BE

2. Stellen Sie mit eigenen Worten dar, wie sich Hermann Hesse zu seinem ersten kommerziellen Erfolg positionierte. 2 BE

3. Begründen Sie, warum sich Hermann Hesse als Kind in die Natur zurückzieht. 2 BE

4. Brigitte Kohn schreibt: *„Was ihn rettet vor dem Zugriff derer, die ihn zurechtbiegen wollen, ist seine Kraft zur Rebellion."* (Zeilen 79–82)

   Geben Sie zwei im Text beschriebene Situationen aus Hermann Hesses Leben wieder, die dieser Aussage entsprechen. 2 BE

5. Schreiben Sie folgende Satzanfänge ab und ergänzen Sie diese mit Angaben aus dem Text.

   A Winfried Hörning ist der Meinung, dass Hermann Hesses Werke den Leser …
   B Der Protagonist des Romans „Unterm Rad" heißt …
   C Zwei literarische Werke Hermann Hesses, die nach 1912 entstanden sind, tragen die Titel …
   D Der Psychologe, der Seelsorger und der Lebensberater in Hermann Hesse kam zum Zuge, indem er … 2 BE

6. Udo Lindenberg und Peter Härtling nehmen laut Text Bezug auf Hesses Werk. Erläutern Sie deren unterschiedlichen Umgang mit dem Autor und seinem literarischen Schaffen. 2 BE

7. Lesen Sie das Zitat *„Wenn ich Pietist und nicht Mensch wäre, wenn ich … am Leben nahmen."* (Zeilen 84–91) erneut.

   Entscheiden Sie, welche der folgenden Sätze der Intention dieser Textzeilen entsprechen. Notieren Sie die Sätze vollständig.

   Mit diesem Zitat macht Hermann Hesse deutlich, dass er …
   … die ihn betreffenden Wunschvorstellungen des Vaters erfüllen möchte.
   … die Gottergebenheit seines Vaters bewundert.
   … seinen Vater für sein weiteres Handeln mitverantwortlich macht.
   … ein einträchtiges Verhältnis mit seinem Vater anstrebt.
   … die Ursache für die eigene Unzufriedenheit mit seinem Dasein beim Vater sieht. 1 BE

8. Charakterisieren Sie auf der Grundlage des Textes Hermann Hesses Haltung zum 1. Weltkrieg. 2 BE

9. Belegen Sie anhand von zwei Beispielen aus dem Text, dass Hermann Hesse über Deutschland hinaus Bedeutung erlangte. 1 BE

10. Stellen Sie dar, welche Haltung die Autorin des Artikels, Brigitte Kohn, zu Hermann Hesse einnimmt. Begründen Sie Ihre Auffassung. 3 BE

Teil 2: Wahlteil (Textproduktion) **(gesamt 30 BE)**

Wählen Sie **eines** der folgenden Themen 1, 2 oder 3 aus.

Thema 1

Sport – ein Mit- oder Gegeneinander?

Emin da Silva, ein bekannter Läufer, macht durch karitative Spendenaktionen auf sich aufmerksam. Für ihn steht fest: „Es gibt nichts, was mehr verbindet, als gemeinsamer Sport. Sport ist ein Schlüssel für Veränderungen. Sport kann den Menschen in schwierigen Situationen helfen sowie Selbstbewusstsein, Disziplin und Kontaktfreudigkeit stärken. Sport ist eine Chance, um Leute für Probleme zu sensibilisieren."

Quelle: Running, Das Laufmagazin 5/2012, S. 30.

Der Schriftsteller George Orwell schrieb schon 1948: „Ernsthafter Sport hat nichts mit Fairplay zu tun. Er ist verknüpft mit Hass, Neid, Angebertum und der Missachtung aller Regeln."

Quelle: Hans-Albrecht Pflasterer, Olympisches Feuer, 6/2000, S. 30–31.

Der Journalist Hans-Albrecht Pflasterer meint: „Aber auch die Fairness selbst hat Gegner: die List und die Finte, den Trick und den Betrug. Wo mit harten Bandagen gekämpft wird, wo nur zählt, die Nummer eins zu sein, ist die Verführung groß, fünfe gerade sein zu lassen, die Spielregeln schon mal zu verletzen und zum eigenen Vorteil auszunutzen. Gewinnsucht und Erfolgsdruck lassen dem Geist der Fairness keinen Raum.

Fairplay wird zum Luxus, Fairness zur Utopie. Da sind auf so vielen Feldern des Sports die Versuche, den Körper mit Medikamenten vollzustopfen und sich so einen unerlaubten Nutzen zu verschaffen."

Quelle: Hans-Albrecht Pflasterer, Olympisches Feuer, 6/2000, S. 30–31.

Schreiben Sie einen ausführlichen Artikel für die Sportseite einer regionalen Zeitung.

Positionieren Sie sich in Ihrem Artikel zur Fragestellung „Sport – ein Mit- oder Gegeneinander?"

Verwenden Sie die vorgegebenen Aussagen als Grundlage Ihrer Argumentation.

Beziehen Sie weitere Beispiele aus dem Bereich des Sports ein.

Thema 2

Paul Maar, 74, deutscher Kinderbuchautor, stellte in der Wochenzeitung „Die Zeit" die Frage:

Gab es in Ihrer Kindheit ein Buch, von dem Sie sagen können: Es hat einen bleibenden Eindruck hinterlassen?

Ein Auszug aus der Antwort einer Studentin lautet wie folgt: „[…] Bücher waren mir immer wichtig, schon als Kind. Meine Mutter hat meinem Bruder und mir früher viel vorgelesen, deshalb verbinde ich damit noch immer das Gefühl von Geborgenheit – und bei einem Buch ganz besonders: Ronja Räubertochter von Astrid Lindgren. Mit Ronja habe ich einiges gemeinsam. Ich wurde – ganz genau wie sie – auch um Mitternacht geboren, bei Blitz und Donner. Meine Mutter hat mich darum auch oft „Ronja" genannt. Wie Ronja habe ich es geliebt, im Wald herumzulaufen. Heute studiere ich Geoökologie und habe die Liebe zur Natur nicht verloren […]"

Quelle: Wochenzeitschrift Die ZEIT, Nr. 31, S. 75, 26. Juli 2012.

Nehmen Sie den abgedruckten Text zum Anlass, sich an ein Buch Ihrer Kindheit oder Jugend zu erinnern.

Schreiben Sie zu diesem Buch einen ausführlichen Beitrag für die „Literaturempfehlung" Ihrer örtlichen Bibliothek.

Gehen Sie in diesem Beitrag auf Ihre persönlichen Erfahrungen mit dem Buch ein.

Verdeutlichen Sie dazu das für Sie Beeindruckende an der Handlung, an einzelnen Figuren oder Situationen.

Thema 3

In einem Lyrikband sollen bekannte Gedichte durch lebendige Geschichten jungen Lesern nahegebracht werden.

Eugen Roth

Der Unentschlossene

Ein Mensch ist ernstlich zu beklagen,
Der nie die Kraft hat, nein zu sagen,
Obwohl er's weiß, bei sich ganz still:
Er will nicht, was man von ihm will!
Nur, dass er Aufschub noch erreicht,
Sagt er, er wolle sehn, vielleicht …
Gemahnt nach zweifelsbittern Wochen,
Dass er halb und halb versprochen,
Verspricht er's, statt es abzuschütteln,
Aus lauter Feigheit zu zwei Dritteln,
Um endlich, ausweglos gestellt,
Als ein zur Unzeit tapfrer Held
In Wut und Grobheit sich zu steigern,
Und das Versprochne zu verweigern.
Der Mensch gilt bald bei jedermann
Als hinterlistiger Grobian –
Und ist im Grund doch nur zu weich,
Um nein zu sagen – aber gleich!

Quelle: Eugen Roth für Lebenskünstler, Heitere Verse mit farbigen Illustrationen von Hans Traxler, Carl Hanser Verlag. München, Wien 1995, S. 16.

Das Gedicht von Eugen Roth befasst sich mit einer verbreiteten Reaktion von Menschen und ihren Folgen.

Schreiben Sie zur Verdeutlichung dieser Verhaltensweise einen Text, der eine konkrete Figur in einer passenden Situation aus der heutigen Lebenswirklichkeit in den Mittelpunkt stellt.

Lösungsvorschläge

Teil 1: Pflichtteil (Textverständnis)

1. Geburtsdatum: 2. Juli 1877
   Sterbedatum: 9. August 1962

   Hinweis: Du findest die Lösungen im Ausgangstext in den Zeilen 51 bzw. 215 f.

2. Für Hermann Hesse hat sein kommerzieller Erfolg zwei Seiten. Er ist zwar erfreut, dass er für die Veröffentlichung seines Werkes Geld erhalten hat. Er hat allerdings weder berühmt werden noch als Modeerscheinung gelten wollen.

   Hinweis: Die Lösung findest du in den Zeilen 97–99.

3. Als Kind zieht sich Hermann Hesse häufig in die Natur zurück, weil er sich dort wohlfühlt: Der Aufenthalt draußen gibt ihm das Gefühl von Freiheit und er kann für einen kurzen Moment dem Elternhaus entfliehen, welches ihn durch die kleinbürgerliche Ausrichtung einengt und durch die strengen Erziehungsgrundsätze förmlich erdrückt.

   Hinweis: Eine Begründung erfordert eine schlüssige Darstellung, bei der dir Kausalsätze weiterhelfen können. Im Text findest du die Lösung in den Zeilen 58–67.

4. – Wenn er als Fünfjähriger Zimmerarrest erhält, schaut er einfach aus dem Fenster heraus und versucht somit der Enge zu entfliehen. Dies erklärt er auch seiner Mutter, als diese ihn bestrafen will. (vgl. Z. 57–60)
   – Hermann Hesse schreibt als 15-Jähriger einen Brief an seinen Vater, in dem er ihm mitteilt, dass er, der Vater, ihm die Freude am Leben genommen habe. (vgl. Z. 82–91)

   Hinweis: Im Text sind mehrere Situationen beschrieben. Wähle zwei aus.

5. A Winfried Hörning ist der Meinung, dass Hermann Hesses Werke den Leser ermuntern, ermutigen, elektrisieren oder gar tiefgehender verändern. (vgl. Z. 22–28)

   B Der Protagonist des Romans *Unterm Rad* heißt Hans Giebenrath. (vgl. Z. 116)

   C Zwei literarische Werke Hermann Hesses, die nach 1912 entstanden sind, tragen die Titel „Steppenwolf" und „Das Glasperlenspiel". (vgl. Z. 151, 197)

   D Der Psychologe, der Seelsorger und der Lebensberater in Hermann Hesse kam zum Zuge, indem er viele Leserbriefe beantwortete. (vgl. Z. 205–210)

   Hinweis: Achte auf das vollständige Abschreiben der Satzanfänge. Für den dritten Satz findest du im Text drei literarische Werke. Entscheide Dich für zwei und achte auf die Angabe in Anführungszeichen.

6. Udo Lindenberg bewundert Hermann Hesse offen, er sieht ihn als Vorbild und Impulsgeber. (vgl. Z. 2–7)
   Peter Härtling befindet sich dagegen in einem inneren Zwiespalt. Er liest Hesse heimlich, steht aber vor anderen nicht dazu, da ihm dies offenbar peinlich ist. (vgl. Z. 7–13)

   Hinweis: Beim Erläutern ist über eine bloße wörtliche Wiederholung des im Text Gesagten hinauszugehen.

7. Mit diesem Zitat macht Hermann Hesse deutlich, dass er …
   … seinen Vater für sein weiteres Handeln mitverantwortlich macht.
   … die Ursache für die eigene Unzufriedenheit mit seinem Dasein beim Vater sieht.

   Hinweis: Achte genau auf die Aussage der Textzeilen 84 bis 91 und entscheide dann, welche Sätze dieser entsprechen. Die ausgewählten Sätze sind vollständig zu notieren.

8. Zwar ist Hermann Hesse nicht generell gegen einen Krieg, jedoch lässt er sich auch nicht vom allgemeinen Jubel anstecken. Vor allem die „Totalität dieses Krieges" (Z. 126) stört ihn, denn dadurch sieht er jede Chance auf eine Verständigung der unterschiedlichen Völker zerstört und die Freiheit des Geistes beeinträchtigt. Hesse hat folglich eine kritische Haltung zum 1. Weltkrieg.

Hinweis: Im Text findest du in den Zeilen 121 bis 130 Hinweise zur Lösung. Achte bei deiner Antwort auf vollständige Sätze.

9.
- Zur Zeit des Vietnamkriegs wurde Hesse das Idol amerikanischer Hippies. Später schwappte diese „Hessewelle" von den USA aus wieder nach Europa zurück. (vgl. Z. 32–38)
- In autoritären Ländern ist Hesse noch heute ein Lieblingsautor staatskritischer Menschen, z. B. im Iran oder anderen arabischen Ländern. (vgl. Z. 40–45)
- Sein Buch „Der Steppenwolf" wird zum Namensgeber für eine amerikanische Rockband. (vgl. Z. 167–173)
- 1946 wird Hermann Hesse der Nobelpreis verliehen. (vgl. Z. 201 f.)

Hinweis: Im Text stehen mehr als zwei Beispiele. Wähle zwei aus.

10. Die Autorin stellt Hesse als einen der meistgelesenen deutschen Autoren vor. Dabei geht sie sowohl auf die Person Hesses als auch auf seine Werke und deren Wirkung ein. Besonders betont sie seinen positiven Einfluss bis in die heutige Zeit (so ist er das Vorbild einiger Prominenter oder das Idol der Unangepassten in autoritären Staaten) und die Anerkennung, die ihm als Autor zuteilwurde, z. B. durch die Verleihung des Nobelpreises. Jedoch verschweigt die Autorin auch nicht seine Schwächen, wie die Neigung zur Flucht aus schwierigen Lebenssituationen – jedoch ohne jene zu verurteilen. Grundsätzlich zeigt Kohn somit eine positive Haltung gegenüber dem Schriftsteller.

Hinweis: Frage dich zunächst, was die wichtigsten Aussagen des Textes sind. Überwiegen die positiven oder die negativen Aspekte? Denke daran, deine Meinung schlüssig zu begründen und mit Textbeispielen zu belegen.

Teil 2: Wahlteil (Textproduktion)

Thema 1

Hinweis: Überlege, welche Anforderungen die in der Lösung geforderte Textsorte, ein Artikel für die Sportseite einer regionalen Zeitung, an dich stellt.
Du sollst dich in deinem Artikel zur Fragestellung: „Sport – ein Mit- oder Gegeneinander?" positionieren, das heißt, deine Meinung dazu schriftlich darstellen. Achte darauf, dass deine Meinung auch immer erläutert und mit Hilfe von Beispielen belegt werden muss. Die vorgegebenen Aussagen aus der Aufgabenstellung können dir dabei helfen.
Es entsteht ein Mischtext, der sowohl über die Aussagen der ***Quellentexte informiert*** *als auch* ***deine Argumentation*** *beinhaltet. Fertige zunächst eine Stoffsammlung an und führe dabei die wichtigsten Argumente auf. Bringe diese dann in eine sinnvolle Reihenfolge. Besonders wirkungsvoll ist deine Positionierung, wenn du dein stärkstes Argument zum Schluss anführst.*

In Bezug auf die ***äußere Form*** *und den* ***Aufbau*** *kannst du dich an folgenden Hinweisen orientieren:*
- *Überlege dir eine passende Überschrift oder verwende die vorgegebene Fragestellung als Überschrift.*
- *In der Einleitung benennst du den Anlass für deinen Artikel, stimmst den Leser auf das Thema ein und motivierst ihn zum Lesen.*
- *Im Hauptteil informierst du über die wichtigsten Argumente, die in den Quellen genannt*

werden, und verbindest sie mit deinen eigenen Gedanken, Gefühlen und Überlegungen dazu. Begründe deine Meinung sachlich. Gehe auch auf die Aussagen in den Zitaten ein. Gern kannst du die Verfasser zitieren (Zitieren bedeutet, eine Textstelle wortwörtlich aus dem Text zu übernehmen). Denke dabei an die korrekte Zeichensetzung und an die Quellenangabe in Klammern dahinter.
- *Im Schlussteil gilt es, resümierende Gedanken zu formulieren, die den Artikel abrunden. Vielleicht fällt dir ja auch ein geistreicher Satz ein, der deinen Artikel auf intelligente Weise abschließt.*
- *Bedenke, dass der Verfasser des Artikels namentlich unter diesem erwähnt werden muss.*

In deiner Ausarbeitung solltest du darauf achten, dass du deine eigenen Argumente klar formulierst und dabei weder zu banal noch zu kompliziert begründest. Verknüpfe die verschiedenen Aspekte mithilfe sinnvoller Überleitungen.
Stelle sicher, dass dein Text immer wieder zum Weiterlesen motiviert, z. B. durch eingebaute Fragen oder anschauliche Beispiele.

Fertige nun eine Stoffsammlung an. Diese könnte – bereits gegliedert – folgendermaßen aussehen:

	Inhalt
Einleitung	• Sport bei den Griechen • Grundgedanke der Olympischen Spiele: Völkerverständigung, harmonisches Miteinander • Negativberichterstattungen zum Sport – Beispiel Dynamo Dresden: Ausschreitungen unter den Fans – Beispiel Radsport: Dopingfälle
Überleitung	• Olympischer Gedanke oder knallharter Wettkampf?
Hauptteil	• gesundheitlicher Aspekt: Kreislauf kommt in Schwung, Fitness, Stressabbau • sozialer Aspekt von Sport: Entstehen von Freundschaften, Fähigkeiten zur Konfliktlösung • Beispiel: Erlernen wichtiger Kompetenzen, die auch im Berufsleben bedeutsam sind • Verlust des „Sportgeistes" • Sport als Geschäft • Gewinner und Verlierer • Neid und Missgunst • Beispiele: Radsport, italienische Fußballliga • unfaires Verhalten im Amateursport und bei Fans
Überleitung	• Sport – sowohl Mit- als auch Gegeneinander
Schluss	• Balance finden • Sport als Wettkampf mit Gewinnern und Verlierern

Schreibe nun deinen Text und überarbeite diesen (Orthografie, Grammatik, Sprache).
Übertrage deinen Text danach in die Reinschrift.

Beispielaufsatz:

Ist dabei sein alles? – Sport zwischen olympischem Gedanken und knallhartem Wettkampf

Zu Zeiten der alten Griechen galt Sport als die ideale Gelegenheit für junge Männer, sich zu beweisen. Verschiedenste Disziplinen bildeten die Grundlage für die noch heute ausgetragenen Olympischen Spiele, an denen Sportler aus aller Welt teilnehmen. Viele Menschen vertreten die Meinung, dass internationale Sportveranstaltungen wie die Olympiade oder die Fußball-WM symbolisch für Völkerverständigung stehen und ein harmonisches Miteinander unterschiedlicher Nationen begünstigen. Aus diesem Blickwinkel erscheint die Welt des Sports in einem rein positiven Licht, aber leider sind diese Großveranstaltungen auch stets verbunden mit Berichterstattungen über Ausschreitungen unter Fans oder Betrug bei den Sportlern. Fußballmannschaften wie Dynamo Dresden sind leider nicht nur für ihre guten sportlichen Leistungen bekannt, sondern auch für ihre randalierenden Fans. Und der Radsport machte in den letzten Jahren vornehmlich mit Berichten über die Verbreitung unerlaubter leistungssteigernder Mittel auf sich aufmerksam. Was steht also im Vordergrund – der olympische Gedanke oder der knallharte Wettkampf? Trägt der Sport eher zum Miteinander oder zum Gegeneinander bei?

Ein Vorteil, den viele Menschen mit der Ausübung einer Sportart verbinden werden, ist gesundheitlicher Natur. Beim Training wird die eigene Fitness gesteigert, der Kreislauf kommt in Schwung und es ist auch ein hervorragendes Mittel zum Abbau von Stress nach einem harten Arbeitstag.

Aber nicht nur der gesundheitliche Aspekt ist ein Vorteil der körperlichen Ertüchtigung: „Es gibt nichts, was mehr verbindet, als gemeinsamer Sport.“ (Running, Das Laufmagazin 5/2012, S. 30) Mit dieser Aussage betont der erfolgreiche Läufer Emin da Silva die soziale Komponente, das Miteinander, das durch die Ausübung einer Sportart entstehen kann. Besonders Teamsport ist sehr gut geeignet, um Kontakte zu knüpfen und die Zusammenarbeit mit anderen Menschen zu erlernen. Sowohl Erfolge als auch Niederlagen werden gemeinsam erlebt und wenn es einmal Konflikte innerhalb der Gruppe gibt, müssen diese zwangsläufig gelöst werden, damit das Team erfolgreich zusammen funktioniert. Diese Kompetenzen sind wichtig für alle Lebenslagen und können beispielsweise im Beruf von Vorteil sein.

Doch auch jenseits der aktiven Ausübung einer Sportart können Menschen zusammengeführt werden. Wer erinnert sich nicht an die Bilder von der Fußball-WM in Deutschland im Jahr 2006? Die Straßen voller Menschen aus aller Welt, die durch die Begeisterung für ein und dieselbe Sportart verbunden sind. Menschen liegen sich singend in den Armen, obwohl sie sich nie zuvor gesehen haben, und es entstehen neue Freundschaften über Landes- und Kulturgrenzen hinweg.

Diese Punkte sprechen dafür, dass Sport sehr wohl zu einem Miteinander beiträgt – sei es beim gemeinsamen Ausüben oder sei es aufgrund der Begeisterung beim Zuschauen.

Auf der anderen Seite bemängeln Kritiker oft den zunehmenden Verlust des sogenannten „Sportgeists“, vor allem in den populären Sportarten. So schrieb der Journalist Hans-Albrecht Pflasterer: „Gewinnsucht und Erfolgsdruck lassen dem Geist der Fairness keinen Raum.“ (Olympisches Feuer 6/2000, S. 30–31) Sport ist mittlerweile ein Geschäft geworden, bei dem es vor allem um sehr viel Geld geht. Gerade dieser Aspekt führt zu einem gewaltigen Druck, der auf die Sportler ausgeübt wird. Viele Menschen schauen zu den Spielern berühmter Fußball-, Handball- oder Basketball-Vereine auf und auch Einzelsportler wie Rennfahrer oder Tennisspieler haben ihre Anhänger. Leider machen manche Berühmtheiten eher mit Dopingnachrichten auf sich aufmerksam als durch ihre sportlichen Leistungen. Dies unterstreicht einen sehr negativen Aspekt des Sports: das Gewinnen um jeden Preis. Bereits 1948 sagte George Orwell, Sport sei eng verknüpft mit „Hass, Neid, Angebertum und der Missachtung aller Regeln“ (vgl. Olympisches Feuer 6/2000, S. 30–31). Bei fast jeder Sportart gibt es Gewinner und Verlierer und auch wenn sich das positiv auf den Ehrgeiz und das Selbstbewusstsein der Teilnehmer auswirken kann, verleitet es auch zu Neid und Missgunst. Die unfassbar

hohen Geldsummen sorgen zusätzlich für einen Leistungsdruck, auf den manche Sportler mit einer unfairen Beeinflussung des Wettbewerbs durch illegale Mittel wie Bestechung oder Doping reagieren. Als Beispiele wären die Dopingskandale um die Radrennfahrer Zabel und Ullrich zu nennen oder die Betrügereien in der italienischen Fußballliga. Aber auch schon einigen Leichtathleten oder Gewichthebern mussten die Medaillen im Nachhinein aberkannt werden.
Um unfaires Verhalten im Sport zu beobachten, muss man allerdings gar nicht unbedingt nur auf die Spitzensportler schauen. Auch Amateursportler missachten Spiel- und Fairnessregeln, um als Sieger hervorzugehen. Hier kommen zwar kaum Fälle von Doping vor, jedoch werden auch schon bei Jugendmannschaften Spieler der gegnerischen Seite beschimpft oder gefoult – denn das Gewinnen scheint häufig wichtiger zu sein als der Spaß am Spiel.
Aber nicht nur bei den Sportlern selbst kann der Wettkampf-Gedanke zu unfairem Verhalten führen. Gerade auch bei „Fans" entwickeln sich aus der Begeisterung für eine Mannschaft immer wieder Aggressionen gegenüber der Gegenseite. So gibt es unter anderem beim Fußball nicht nur freundschaftlichen Wettstreit, sondern auch die eingangs bereits erwähnten Hooligans.
Sport ist also sowohl ein Mit- als auch ein Gegeneinander. Man sollte versuchen, eine gesunde Balance zu finden zwischen Sportgeist und Wettbewerb. Diese Ausgeglichenheit kann nur dann geschaffen werden, wenn den Sportlern und Fans vermittelt wird, dass zu jedem Wettkampf sowohl Gewinnen als auch Verlieren gehören und dass auch schon die bloße Teilnahme an einem Wettbewerb ein Gewinn sein kann. Ganz nach dem Motto der Olympischen Spiele: Dabei sein ist alles.

Max Mustermann

Thema 2

Hinweis: Von dir wird erwartet, dass du einen Text als Beitrag für die „Literaturempfehlung" deiner örtlichen Bibliothek schreibst. Grundlage dieses Ratschlags soll ein Buch sein, das du in deiner Kindheit oder Jugend gelesen hast. Dabei sollst du auf deine persönlichen Erfahrungen mit dem Buch eingehen.
Überlege dir zunächst genau, welches Buch du weiterempfehlen möchtest. Dabei ist es wichtig, dass du dich für ein Buch entscheidest, an das du dich gut erinnern kannst und zu dem du auch eine positive Meinung hast. Gibt es ein Buch, das du in deiner Kindheit bzw. Jugend besonders gern gelesen hast? Was hat dir daran so gut gefallen?
Die Literaturempfehlung selbst ist ein Mischtext aus kurzer Inhaltsangabe, Personen- und Situationsbeschreibung sowie ein Appell, der zum eigenen Lesen „deines" Buches auffordert. Die wichtigsten Aspekte, die es aufzuführen gilt, werden dir bereits durch die Aufgabenstellung vorgegeben: Neben der Erklärung der Handlung, der Figuren und der Situationen darfst du nicht vergessen zu erwähnen, was das Buch für dich ganz persönlich bedeutet und warum du gerade diese Lektüre ausgewählt hast. Stelle dir selbst die Frage, was das Besondere an dem Buch ist und warum es auch anderen gefallen könnte.

Bei der äußeren Form und dem Aufbau kannst du dich an folgenden Punkten orientieren:
- *Mit einer passenden **Überschrift** weckst du beim Leser Neugier.*
- *In der **Einleitung** nimmst du Bezug auf den Ausgangstext, das Buch also, welches einen bleibenden Eindruck hinterlassen hat.*
- *Im **Hauptteil** beginnst du mit kurzen Hinweisen zum Inhalt und gehst dann auf beeindruckende Handlungselemente, Personen und/oder Situationen ein.*
- *Im **Schlussteil** gilt es zu beachten, dass du dich mit diesem Text an mögliche Leser richtest – also darf ein werbender Abschluss nicht fehlen.*

Beim Schreiben der Inhaltshinweise solltest du dich kurz fassen und darauf achten, dass du im Präsens bzw. Perfekt schreibst. Gib Besonderheiten deines Buches mit an. Achte auf einen unterhaltsamen, Interesse weckenden Schreibstil, damit du den Auftrag einer Buchempfehlung erfüllst, dabei kannst du z. B. Ausrufe und rhetorische Fragen verwenden oder den Leser direkt ansprechen. Verwende treffende Verben, Adjektive und sprachliche Bilder, um Anschaulichkeit zu erzeugen. Gehe auch auf die Gefühle und Gedanken der Personen ein, die dich besonders beeindruckt haben.

Fertige nun deine Stoffsammlung an. Diese könnte – bereits gegliedert – folgendermaßen aussehen:

	Inhalt
Einleitung	• berühmte Figuren von Astrid Lindgren
Überleitung	• ihre bekannteste Figur: Pippi Langstrumpf
Hauptteil	• kleines Mädchen • Tiere • eigene Villa, lebt allein • Reisen und Abenteuer • Charakter: lustig, frech, selbstständig, mutig • Aussehen: rote Haare, zu Zöpfen geflochten, Sommersprossen • ungeheure Stärke • Freunde: die Nachbarskinder Annika und Tommy • beeindruckende Situationen: befreit Vater von Piraten, fliegt mit einem Heißluftballon, kauft Süßigkeitenladen leer • Übertragung auf eigene Wünsche und Vorstellungen • einfacher Schreibstil
Überleitung	• Aufregung und Spaß
Schluss	• Besuch Kinderbibliothek • eigene Leseerfahrung

Schreibe nun deinen Text und überarbeite diesen (Orthografie, Grammatik, Sprache). Übertrage deinen Text danach in die Reinschrift.

Beispielaufsatz:

„Pippi Langstrumpf" – Heldin meiner Kindheit

Michel aus Lönneberga, Ronja Räubertochter oder die Kinder von Bullerbü: Wer kennt sie nicht, die begeisternden und verrückten Geschichten aus der Feder von Astrid Lindgren. Die wohl bekannteste Figur der Autorin hat mich meine ganze Kindheit hindurch begleitet.

Ein kleines Mädchen wohnt mit einem Pferd und einem Affen in ihrer eigenen Villa. Ihr meint, so etwas gibt es nicht? Doch, natürlich, in Astrid Lindgrens „Pippi Langstrumpf" erlebt ihr großartige Abenteuer mit einem eigenwilligen Mädchen, das stärker ist als ein ausgewachsener Mann, das immer auf neue, lustige Ideen kommt und bei dem 1 + 1 gleich 4 macht – genau das ist Pippi.

Das Buch ist einfach zu lesen und bietet jede Menge Spannung, also genau das Richtige für die jungen Bücherwürmer unter euch. In meiner Kindheit habe ich mit „Pippi Langstrumpf" meine Lesekarriere begonnen. Beim Schmökern konnte ich mir Pippi mit ihren lustigen Klamotten und den Zöpfen sowie den Sommersprossen auf der Nase sehr gut vorstellen. Es hat mich immer fasziniert, wie sie ganz allein in der großen Villa Kunterbunt wohnt und mit ihren Freunden Annika und Tommy lustige Abenteuer erlebt. Es ist nie langweilig, denn Pippi hat immer neue verrückte Ideen und Streiche parat. So ärgert sie die Dorfpolizisten, neckt ein

Räuberduo oder rettet ihren Vater aus den Händen der Piraten. Nichts scheint unmöglich oder zu schwierig. Pippi fliegt sogar mit einem Heißluftballon.
Und natürlich demonstriert sie immer wieder ihre ungeheure Kraft – sei es den frechen Jungs gegenüber, wenn diese versuchen, sie zu ärgern, oder wenn sie ihr Pferd „Kleiner Onkel" einfach mal von der Veranda hebt. Solche besonderen Kräfte hätte auch ich gern bei der ein oder anderen Auseinandersetzung auf dem Schulhof besessen. Einfach vor nichts Angst haben. Auch lässt es sich Pippi nicht nehmen, einen ganzen Süßigkeitenladen leer zu kaufen und die Leckereien an die Kinder zu verschenken – sie kann es sich leisten, denn immerhin besitzt sie einen ganzen Koffer voller Goldstücke. Selbst der Bau eines „Limonadenbaumes" stellt für Pippi kein Problem dar. Wie gern wäre ich da einer von Pippis Freunden gewesen!
Pippi Langstrumpf führt das Leben, das sich jedes Kind erträumt. Das macht das Buch so überaus spannend und lesenswert. Eurer Fantasie werden keine Grenzen gesetzt, nicht ohne Grund wohnt Pippi ganz allein und unbeaufsichtigt in der Villa Kunterbunt und kann diese je nach Laune umräumen oder verändern. Plötzliche Ideen setzt sie sofort um und es gibt keine strengen Erwachsenen, die sie davon abhalten können, auch wenn sie das ab und an versuchen.
Besucht am besten gleich eure Bücherei und findet selbst heraus, welche verrückten Streiche dem kleinen Mädchen einfallen. Ihr werdet sicher viel Spaß haben. Und wenn Euch eine Geschichte nicht genug ist, gibt es noch weitere Bände, in denen ihr an der Seite von Pippi, Tommy und Annika Einzigartiges erleben könnt.

Maxi Mustermann

Thema 3

Hinweis: Überlege zunächst, welche Anforderungen an den zu schreibenden Text gestellt werden. Du sollst die im Gedicht dargestellte Verhaltensweise auf eine Figur in einer passenden Situation aus der heutigen Lebenswirklichkeit übertragen.
Lies zuerst das Gedicht gründlich durch und mache dir bewusst, worum es geht. Grundlegend für die Bearbeitung dieser Aufgabe ist es, dass du den Sinn des Gedichtes verstanden hast.

Notiere beispielsweise Stichpunkte zu folgenden Fragen:
1. *Was wird geschildert?*
2. *Welche Gefühle und Charakterzüge spielen in dem Gedicht eine Rolle?*
3. *Welche sprachlichen Bilder sind aussagekräftig? Was lässt sich ihnen entnehmen?*

Mögliche Antworten wären:
1. *In dem Gedicht geht es darum, dass es vielen Menschen schwerfällt, Nein zu sagen, und sie sich dadurch schnell in eine schwierige Situation bringen können. Es werden sowohl die Wankelmütigkeit und die Unsicherheit einer solchen Person beschrieben als auch die Folgen, die sich daraus ergeben. Der lyrische Sprecher fasst schließlich zusammen, dass man besser den Mut haben sollte, gleich Nein zu sagen.*
2. *Feigheit, Unentschlossenheit, Unsicherheit, Wut, Verständnis*
3. *Beispiele:*
   „zweifelsbittern Wochen": langer Zeitraum der Unsicherheit/Unklarheit
   „hinterlistiger Grobian": negative Bewertung des Charakters des Zögerlichen

*Die Aufgabenstellung gibt dir keine bestimmte **Textsorte** vor, sodass du zum Beispiel eine **Kurzgeschichte**, eine **Erzählung** oder auch einen **Tagebucheintrag** schreiben kannst. Auch ein **innerer Monolog**, ein **Brief** oder gar ein **Interview** wären möglich.*
*Die zu verwendende Zeitform orientiert sich an der von dir gewählten Textsorte. Verwende zur Anschaulichkeit treffende Verben, Adjektive, sprachliche Bilder oder Vergleiche. Stelle die **Wankelmütigkeit der Person und ihr Unvermögen, etwas abzulehnen**, aber auch die **Reaktion ihres Umfeldes** anschaulich dar. Zeige auf, welche **Folgen** sich für die Person ergeben.*

Fertige nun deine Stoffsammlung an. Diese könnte – bereits gegliedert – folgendermaßen aussehen:

	Inhalt
Einleitung	unvermittelter Einstieg: – Peter sitzt allein auf dem Pausenhof – seine Mitschüler werfen ihm böse Blicke zu
Überleitung	– Peter kam erst Mitte des Schuljahres neu in die Klasse – Wie kam es dazu, dass Peter mit seinen Mitschülern aneinandergeriet?
Hauptteil	
Guter Start	– Peter findet schnell Freunde an der neuen Schule – er kann mit seinem Wissen beeindrucken, da er den Unterrichtsstoff bereits in seiner alten Schule durchgenommen hat – Peter hilft der netten Kristin, später auch Tom bei den Schularbeiten und hat dabei zunächst Spaß
Zuspitzen der Lage	– Peter macht für Kristin und Tom die Aufgaben, hat aber bald keine Lust mehr, da sie die Lorbeeren für seine Arbeit ernten
	– immer mehr Mitschüler erwarten von Peter, dass er ihnen „hilft" – Peter fühlt sich ausgenutzt, traut sich aber auch nicht, das den anderen zu sagen
	– ein Referat in Geschichte steht an – Peter freut sich darauf, da er in Geschichte besonders gut ist und das Thema bereits aus seiner alten Schule kennt
	– Mitschüler erwarten Peters Hilfe beim Vortrag – Peter traut sich wieder nicht, Nein zu sagen – nach einigem Hin und Her sagt er schließlich zu, obwohl es nicht möglich ist, 20 Referate in nur wenigen Tagen vorzubereiten
„Lösen" der Situation	– Peter versichert seinen Mitschülern, dass er die ausgearbeiteten Vorträge am Prüfungstag mitbringen wird – an diesem Tag jedoch stellt sich Peter krank und bleibt zu Hause – seine Mitschüler erhalten alle die Note sechs und sind zornig auf Peter
Überleitung	– zwei Wochen sind seit der Geschichtsstunde vergangen
Schluss	– Situation vom Anfang der Kurzgeschichte: Peter ist ohne Freunde auf dem Pausenhof – er erkennt: er hätte lieber gleich von Anfang an Nein sagen sollen – Aussicht auf einsame Sommerferien

Schreibe nun deinen Text und überarbeite diesen (Orthografie, Grammatik, Sprache).
Übertrage deinen Text danach in die Reinschrift.

Beispielaufsatz:

Der Unentschlossene

Na toll, dachte sich Peter, wie konnte das eigentlich passieren? Er saß allein auf dem Schulhof und alle seine Mitschüler musterten ihn streng. Dabei hatte doch alles so gut angefangen, als er Mitte des Schuljahres in die neue Klasse kam. Er ist ein intelligenter Junge, sportlich und in Geschichte ein Ass. Peter wurde sofort akzeptiert und fand schnell neue Freunde. Besonders aufmerksam wurden seine Mitschüler, als sie merkten, dass Peter nicht gerade auf den Kopf gefallen war. Natürlich nutzte er sein Wissen aus, um Eindruck bei seinen Klassenkameraden zu schinden. Dabei war es ein Leichtes für ihn, weil der Unterrichtsstoff zum größten Teil an seiner alten Schule schon behandelt worden war. Er schrieb nur gute Noten und brauchte zu Hause für die Schule kaum zu lernen. Dann fragte ihn Kristin, ob er ihr bei den Hausaufgaben helfen könnte. Natürlich willigte Peter ein, doch von da an lief alles schief.

Am Anfang machte es Peter Spaß, Kristin zu helfen. Er fand sie lustig, hübsch und es war nicht gerade eine Strafe, mit ihr die Freizeit zu verbringen. Dann fragte auch Tom, ob Peter ihm helfen könnte, und auch hier sagte er nicht Nein. Er verbrachte immer mehr Zeit damit, die beiden bei der Erledigung ihrer Hausaufgaben zu unterstützen. Fast jeden Nachmittag trafen sie sich, lernten, schwitzten über den Aufgaben und bereiteten sich auf den Unterricht am nächsten Tag vor. In der ersten Zeit war es ganz lustig, doch dann erledigte Peter immer häufiger die Aufgaben für Kristin und Tom. So konnten sie zunächst Zeit sparen und – anstatt über den Büchern zu sitzen – ins Kino oder in den Park gehen.

Doch irgendwann wurde es Peter zu viel. Er hatte eigentlich gar keine Lust mehr, die Arbeit für die beiden zu erledigen, die dann für seine Mühen gute Noten erhielten. In der Zwischenzeit hatte es sich aber in der Klasse herumgesprochen, dass Peter die Aufgaben für andere bearbeitete, und so fragten ihn schließlich immer mehr Schüler, ob er nicht auch ihre Schularbeiten übernehmen könne. Nun steckte Peter in einer Zwickmühle: Einerseits wollte er überhaupt nicht mehr jeden Tag zu Hause sitzen und bis spät abends die Aufgaben für die anderen lösen. Er fühlte sich so ausgenutzt. Andererseits konnte er nicht einfach sagen, dass er dazu keine Lust mehr hatte. Wie sollte er den anderen das mitteilen?

Dann kam das Unvermeidliche. Im Fach Geschichte, seiner Königsdisziplin, sollten Vorträge zu Fluchtbewegungen in der Geschichte der Menschheit ausgearbeitet werden. Das war ein Leichtes für Peter, denn genau dieses Thema war zu Beginn des Schuljahres in seiner alten Klasse behandelt worden. Eigentlich freute sich Peter auf das Thema und den Vortrag, denn er war sehr daran interessiert und Frau Müller hatte ihnen zwei Wochen für die Ausarbeitung Zeit gegeben. Das würde sein Glanzstück werden.

Doch dann kam alles anders. Tag um Tag fragten ihn seine Mitschüler, ob er ihnen helfen könne. Er wisse es noch nicht genau, antwortete ihnen Peter, er müsse schließlich selbst erst einmal seinen Vortrag vorbereiten. Doch seine Klassenkameraden baten ihn jeden Tag aufs Neue um seine Hilfe. Und dann willigte Peter schließlich ein. Er hätte sich selbst dafür ohrfeigen können. 20 Vorträge in nicht einmal mehr fünf Tagen, das war nicht zu schaffen. Gleichzeitig hatte er jedoch Angst, seine Mitschüler zu enttäuschen und die neu gewonnenen Freunde gleich wieder zu verlieren. Dann kam ihm eine Idee. Er sicherte allen zu, dass er sie unterstütze und ihre Vorträge ausarbeite. Seine Klassenkameraden fühlten sich natürlich sicher, vor allem da Peter sie alle beruhigte und ihnen ankündigte, dass er die Vorträge erst am Stichtag mitbringen könne.

Die verbliebene Zeit verging wie im Fluge und schließlich kam der Tag der Wahrheit, an dem alle ihre Vorträge halten sollten. Doch Peters Platz in der zweiten Reihe blieb leer. Er war nicht zum Unterricht erschienen. Er lag zu Hause im Bett und stellte sich krank. Frau Müller zeigte kein Erbarmen und Peters Mitschüler erhielten die Note sechs. Natürlich waren sie stinksauer. Sie beschimpften ihn als falsch und hinterlistig.

Seitdem sind zwei Wochen vergangen und Peter sitzt allein auf dem Schulhof. Er grübelt vor sich hin und ihm wird bewusst, dass er nur zu feige gewesen war, „NEIN“ zu sagen. Das werden wohl einsame Sommerferien …

I LIKE – Facebook und sein Beitrag zur digitalen Freundlichkeit

nach einem Artikel von Franziska Reichenbecher

Neulich im Zug. Auf einer sechseinhalbstündigen Fahrt von Mittel- nach Norddeutschland durfte ich Zeugin eines Szenarios werden, das man als symptomatisch für den Zustand unserer Gesellschaft bezeichnen könnte. Die Hauptakteure: zwei dreizehnjährige Freundinnen mit ihren Smartphones auf Reisen. Ihr Ziel: ein Kurzurlaub an der Ostsee. Beinahe überflüssig zu erwähnen, dass die Mädchen durch eine hochemotionale Nabelschnur mit ihren Geräten verbunden waren und immer wieder versuchten, Facebook aufzurufen, um die *hottesten News* aus der Peergroup[1] zu beurteilen. So weit, so unspektakulär.

Gerade in einem Alter, in dem man seine Energie mit Vorliebe in einen ausgeprägten Widerwillen investiert, fiel es den Mädchen auch diesbezüglich schwer, eine reife Freude am bevorstehenden Ankommen zu entwickeln. Die Quintessenz dieser mehrstündigen Sozialstudie bestand jedoch nicht in der resignierten Kenntnisnahme der ausgeprägten Beschwerdekultur jugendlicher Bahnfahrerinnen allein. Stattdessen wuchs so etwas wie dankbares Erstaunen darüber, dass der ablehnenden Grundhaltung des Alles-scheiße-Findens mit der Leidenschaft für die *Like*-Funktion[2] im sozialen Netzwerk ein echter Konkurrent entgegentritt.

Es sind eher spontane Effekte, die uns den *Like*-Button[3] betätigen lassen: Ein Foto spricht uns an, wir mögen es auf den ersten Blick. Es sind Gefühlsregungen, die uns im Moment der Rezeption überkommen, unwillkürliche, quasi reflexhafte Ausschläge unserer Sympathiekurve, die uns dazu bringen, unsere Begeisterung durch einen einfachen Klick kundzutun. Und genauso schnell, wie sie gekommen sind, verfliegen sie auch schon. Die Aufmerksamkeit, die wir den Facebook-Dingen schenken, ist die eines ziemlich flüchtigen Moments.

Dan Zarrella, selbsternannter Medienwissenschaftler, ist einer unter unzähligen Goldgräbern, die sich mit den Erfolgsfaktoren von Facebook-Inhalten beschäftigen. Das Destillat aus den über 1,3 Millionen Beiträgen der Top-10.000-Facebook-Seiten im Sommer 2012, die er im Dienst der gutbezahlten Wissenschaft ausgewertet hat, findet sich zusammengefasst in einer hippen Infografik. Und mit Abstand am meisten *geliked* werden laut Zarrella Fotos. Videos schnitten bei der Messung sogar noch schlechter ab als Textbeiträge, am miesesten Links.

So vorhersehbar das erhöhte *Like*-Aufkommen für das visuelle und gleichzeitig zeitsparende Format des Bildes auch sein mag, es unterstreicht die Annahme, dass *Likes* überwiegend impulsiv erteilt werden. Unabhängig davon, ob wir die Dinge nun mit Inbrunst *liken* oder nur aus Verlegenheit – wir tun es.

Genauso nebensächlich wie die Arten und Intensitäten unseres Gefallens sind auch ihre Beweggründe. Folglich sollte man sich im Zweifelsfall vorher genau überlegen, wann ein *Like* wirklich eine gute Idee ist. Der öffentliche Wechsel im Beziehungsstatus von Vergeben zu Single ist so ein Grenzfall, bei dem der *Likende* nicht nur den frisch Getrennten verunsichern, sondern auch gleich den eigenen Partner in Rage bringen und sich selbst zum eingetragenen Single befördern kann.

Warum aber sind wir denn überhaupt so unglaublich scharf darauf, Dinge zu *liken*? Facebook meint: „Die Dinge, die dir gefallen, runden dein Profil ab und ermöglichen es deinen Freunden dich besser kennenzulernen.“ Die erste Annahme, die dieser Begründung vorgeschaltet ist, Offline- und Online-Ich sind prinzipiell eins zu eins repräsentierbar – was ich im echten Leben mag, das kann ich auch auf Facebook *liken* und dadurch mein virtuelles Spiegelbild kreieren. Zweite Annahme, nicht weniger banal: Mein Facebook-Profil entspricht genau dann meiner Persönlichkeit, wenn ich es gewissenhaft und vollständig mit Informationen ausfülle. Drittens: Es existiert eine bestimmte Authentizität meines Facebook-Selbst, die ich durch öffentliche Mitteilung ausdrücken kann. Die Wahrheit über meine Person kommt durch das Betätigen des *Like*-Buttons ans Licht. Viertens: Es besteht ein Interesse seitens meiner „Freunde“, mich auf diesem Wege kennenzulernen.

Liken ist keine Einbahnstraße: Wer etwas postet, erwartet *Likes*. Und wer etwas *liked*, der fordert indirekt auch zu einer Gegenreaktion auf, immerhin weiß er, dass der Urheber des *gelikedten* Beitrags sofort über diesen Vorgang in Kenntnis gesetzt wird. Begreifen wir Facebook-*Likes* als Ausdruck einer solchen sozialen Höflichkeit, dann setzt diese womöglich auch eine allseitige Rücksichtnahme darauf voraus, dass wir uns alle in sozialen Netzwerken tummeln, um gemocht zu werden. Weshalb uns das *Geliked*-Werden so angenehm den Rücken runterrieselt, muss man eigentlich nicht erst erklären. Wessen Foto oder Statusmitteilung *geliked* wird, der fühlt sich belohnt – aber wofür? Sehr oft nicht unbedingt für künstlerische, geistreiche oder kritische Inhalte, sondern schlicht und ergreifend für seinen Geschmack. Wer einen Beitrag auswählt und postet, der demonstriert einen bestimmten (aus eigener Sicht guten) Geschmack und hofft dabei auf dessen Anerkennung. Damit rückversichern sich sowohl *Likende* als auch *Gelikedte* gegenseitig und stärken ihre (virtuelle) soziale Bindung. Was andere darüber aussagen, was wir über uns selbst aussagen, wird so zu einer Art Referenzliste nach dem Motto: UND FOLGENDE FREUNDE FINDEN MICH GUT. Auf diese Weise konstruieren sowohl die *Likes*, die wir selbst tätigen, als auch die, die wir von anderen erhalten, unser Facebook-Ich.

Vielen fehlt jedoch ein *Dislike*-Button[4]. Aber es gibt Gründe dafür, warum sich die Befürworter (bisher) nicht durchgesetzt haben. Der offensichtlichste: das Fehlen des *Dislike*-Buttons erklärt sich durch das Gewinnmodell der Gattung *Social Media* selbst. Hier geht's ums Netzwerken, Teilen, Gruscheln[5] und Stupsen – kurz: ums Beliebtsein. Ein *Dislike*-Button würde das gesamte System mit schlechtem Karma sabotieren und Facebook der Gefahr aussetzen, zum Anti-Social-Network zu mutieren und über kurz oder lang Marktanteile zu verlieren.

Die Figur des *Like*-Buttons erstreckt ihre Ausläufer in den alltäglichen Sprachgebrauch, findet sich als Kultmotiv auf Tassen und Unterwäsche wieder und hat sich in den Köpfen der Facebook-*User*[6] als Emblem digitaler Anerkennung etabliert.

Begreifen wir Facebook-*Likes* also zur Abwechslung als Elemente einer positiven Bekenntniskultur, die durch Wohlwollen, Freundlichkeit und Anstand am Laufen gehalten wird und in der sich die Menschen nicht in negativer Distanz von etwas ab-, sondern bejahend den Dingen zuwenden. Wenn wir uns sonst schon nicht mehr entscheiden können oder wollen, tut es doch ganz gut, sich einfach mal vom ständigen Nörgeln zu entlasten und anderen stattdessen eine Freude zu machen. Insofern erfüllt das *Liken* lediglich unser Bedürfnis nach einem Weg, so etwas wie Sicherheit darüber zu erlangen, dass wir die Wirklichkeit nicht vollkommen verdreht wahrnehmen. Unsere Welt ist nichts anderes als das, was uns gemeinsam gefällt. Wenn sich also das nächste Mal Teenager lauthals über alles und jeden beschweren, dann denken wir daran, dass sie dank Facebook wenigstens nicht vergessen können, dass es wichtig ist, zwischendurch auch mal etwas gut zu finden.

Quelle: Die Epilog. Nr. 1. Mads Pankow Verlag. Juni–August 2013, S. 38 ff.

1 Bezugsgruppe, welche sich aus Menschen ähnlichen Alters zusammensetzt und deren Mitglieder ein freundschaftliches Verhältnis verbindet

2 Das deutschsprachige Online-Netzwerk Facebook erläutert, was es genau bedeutet, „wenn mir etwas gefällt", folgendermaßen: „Wenn du unter einem Beitrag […] ‚gefällt mir' klickst, teilst du anderen damit mit, dass du diesen Beitrag positiv bewertest […]." Den Vorgang nennt man *liken.*

3 dt. Schaltfläche

4 Schaltfläche, mit der man sein Missfallen (Gefällt mir nicht.) ausdrücken kann

5 (innerhalb eines Netzwerks im Internet) aufs Innigste, in liebevoller Weise grüßen; Zusammensetzung aus „grüßen" und „kuscheln"

6 dt. Nutzer

Anmerkung: Obwohl die Duden-Redaktion die Schreibweise „gelikt" empfiehlt, wurde der Text orthographisch nicht verändert.

Teil 1: Pflichtteil (Textverständnis) **(gesamt 20 BE)**

Hinweis: Orthografie und Grammatik werden mit 2 BE bewertet.

1. Beschreiben Sie die Situation, die Franziska Reichenbecher inspirierte, den vorliegenden Text zu schreiben. 2 BE

2. Ab Zeile 10 heißt es: „*... dass die Mädchen durch eine hochemotionale Nabelschnur mit ihren Geräten verbunden waren ...*“.
Notieren Sie die Aussage, die diesem sprachlichen Bild entspricht.

   Das sprachliche Bild entspricht hier ...
   ... einer besonderen, kabellosen Verbindung von zwei Smartphones zur schnellen Datenübertragung im Zug, z. B. Nachrichten.
   ... einer im Zug beobachteten, leidenschaftlichen Beziehung der Mädchen zu ihren Smartphones.
   ... einer speziellen biotechnischen Verknüpfung von menschlichem Gehirn und Smartphones in Zügen.
   ... einer starken Verärgerung der Mädchen über Nutzungseinschränkungen von Netzwerken für Jugendliche im Zug. 1 BE

3. In Norddeutschland angekommen, stellt die Autorin einen Widerspruch zwischen ihrer bisherigen Sichtweise auf das Verhalten Jugendlicher und dem soeben Erlebten fest. Formulieren Sie diesen Widerspruch mit eigenen Worten. 2 BE

4. Notieren Sie mindestens vier in den Zeilen 109–144 genannte Beweggründe, Facebook-Inhalte zu *liken*. 2 BE

5. Dan Zarrella hat untersucht, welche Beitragsarten von den Facebook-Nutzern am meisten *geliked* werden. Notieren Sie diese Beitragsarten in der Reihenfolge ihrer Beliebtheit. 1 BE

6. „*Die Dinge, die dir gefallen, runden dein Profil ab und ermöglichen es deinen Freunden, dich besser kennenzulernen*“, so die Aussage von Facebook. (Zeilen 86–89)

   Skizzieren Sie die vier Annahmen in Stichpunkten, die dies laut Text ermöglichen sollen. 2 BE

7. Die Autorin kann den Verzicht der Facebook-Verantwortlichen auf einen *Dislike*-Button nachvollziehen. Begründen Sie mit eigenen Worten, warum den Nutzern von Facebook kein *Dislike*-Button zur Verfügung gestellt wird. 2 BE

8. Im letzten Abschnitt des Textes positioniert sich die Autorin zusammenfassend zum Facebook-*Liken*. Erläutern Sie die Sichtweise der Autorin. 3 BE

9. Beurteilen Sie die Angemessenheit der Verwendung von Anglizismen in Bezug auf die im Text vorgestellte Thematik. 3 BE

Teil 2: Wahlteil (Textproduktion) **(gesamt 30 BE)**

Wählen Sie **eines** der folgenden Themen 1, 2 oder 3 aus.

Thema 1

Ein Gespräch mit Karl von Moor – einer Figur aus dem Drama „Die Räuber“ von Friedrich Schiller

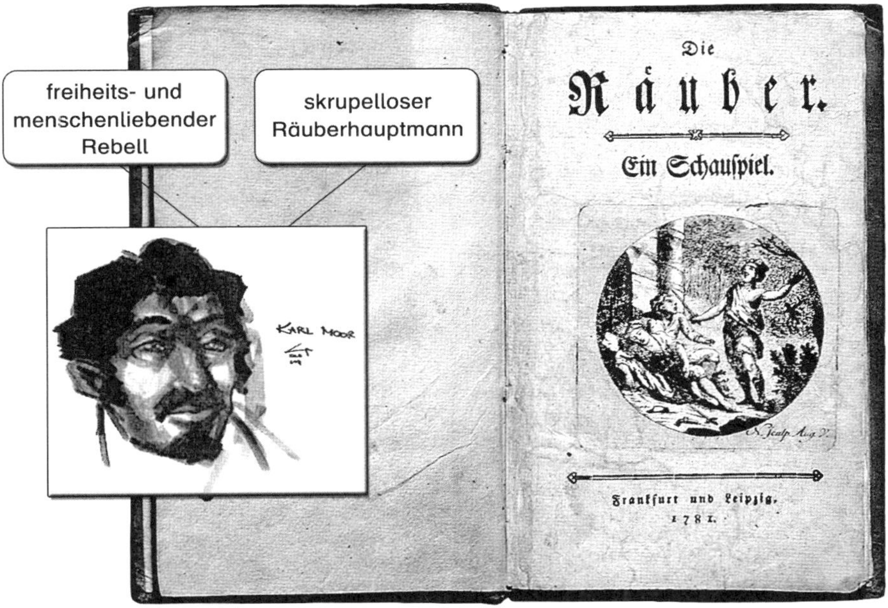

Bildquellen: Stefan Srb (Illustration Karl Moor), Wikipedia: Foto H.-P. Haack (Titelblatt des Erstdruckes)

Karl von Moor stellt sich am Ende des Dramas freiwillig der Justiz.

Stellen Sie sich vor, Karl von Moor wird mit einem Gefängniswagen in die weit entfernte Stadt gebracht.

Sie begleiten ihn auf diesem Weg und sprechen mit ihm über sein widersprüchliches Leben und die Folgen seines Handelns.

Schreiben Sie den Dialog, der zwischen Ihnen und Karl von Moor geführt wird. Beachten Sie, dass Sie sich als Gesprächspartner ebenfalls positionieren.

Thema 2

Ein Trend – zwei Meinungen: „World of Warcraft“ fürs Klassenzimmer

von unserem WEB.DE Redaktionsmitglied Andreas Maciejewski

Shawn Young hat sich etwas ganz Besonderes einfallen lassen, um seine Schüler zu motivieren. Der Highschool-Physiklehrer aus Sherbrooke in Quebec/Kanada hat das Spiel „World of Classcraft“ entwickelt, das sich an dem weltweit erfolgreichsten Online-Rollenspiel „World of Warcraft“ orientiert. „Das Ziel des Spiels ist es, echte Macht aufzubauen und das Klassenzimmer in ein Abenteuer zu verwandeln“, sagt Young.

Young ist selbst leidenschaftlicher *Gamer*[1]. Für „World of Classcraft“ hat er ein komplexes Talent- und Charaktersystem entwickelt. Die Schüler können – wie bei Online-Rollenspielen üblich – Erfahrungspunkte (EP) sammeln, haben eine bestimmte Anzahl an Gesundheitspunkten (HP) und ihnen stehen Aktionspunkte (AP) zur Verfügung, um Aufgaben zu lösen. Um Erfahrungspunkte zu sammeln, müssen die Schüler gegen Monster (Hausaufgaben) und Endgegner (Schularbeiten) kämpfen. Bei 1 000 gesammelten Erfahrungspunkten erreichen die Schüler die nächste Stufe.

Doch die Motivation der Schüler kommt nicht alleine vom Spielen. Sie werden für gute Leistungen auch belohnt – umgekehrt werden sie bei schlechten Leistungen bestraft. Die Erfahrungspunkte verteilt der *„game master“* – diese Position nimmt Shawn Young ein. Zum Beispiel bei einer richtigen Antwort auf eine Frage bekommt ein Schüler 60 Erfahrungspunkte. Sollte einer zu spät zum Unterricht kommen, werden ihm zehn Gesundheitspunkte abgezogen – beim Vergessen der Hausaufgaben sogar 30.

Der Strafen- und Belohnungskatalog von „World of Classcraft“ ist lang. Die Schüler werden zum Beispiel mit der Erlaubnis im Unterricht zu trinken oder mit früherem Unterrichtsende belohnt. Die Strafen haben es aber in sich. Sollte ein Spieler alle seine Gesundheitspunkte verloren haben, dann drohen ihm ernsthafte Konsequenzen. Das Abschreiben eines Textes ist dabei noch das geringste Übel. Laut Regelwerk kann es auch vorkommen, dass ein Schüler am Samstagmorgen nachsitzen muss. Um solch eine harte Strafe zu kassieren, muss ein Schüler aber richtig schlechte Leistungen an den Tag legen.

„Schüler, die nicht spielen wollen, müssen auch nicht mitspielen“, sagt Young. Etwa jeder Zehnte habe keine Lust auf „World of Classcraft“. „Unsere Erfahrung zeigt aber, dass die Schüler – auch die Mädchen – sehr motiviert am Spiel teilnehmen“, sagt Young.

Quelle: web.de/magazine/beruf/bildung 12.03.2013

Das Online-Magazin Ihrer Schule widmet sich dem Thema „World of Classcraft“. Darin sollen Befürworter und Gegner dieses Rollenspiels zu Wort kommen.

Schreiben Sie jeweils einen Leserbrief aus der Sicht eines Befürworters und eines Gegners. Nehmen Sie in beiden Briefen begründet Stellung. Beziehen Sie den Ausgangstext in Ihre Argumentationen ein.

1 dt. Computerspieler

Thema 3

Unzensiert und unfrisiert

In Zeiten neuer Medien und sozialer Netzwerke soll Literatur auf dem Papier nicht vergessen werden. Im Rahmen unseres Literaturprojektes „unzensiert und unfrisiert“ möchten wir alle Literaturbegeisterten zu einem großen Schreibwettbewerb aufrufen.

Schreibt zu dem Thema: „**Was es bedeutet, heute jung zu sein**“.

Träume – Wünsche – Begebenheiten – Hoffnungen – Fantasien – Alltagsprobleme – Erwartungen …

Wir freuen uns auf eure Texte.

Die interessantesten, ehrlichsten, originellsten Arbeiten werden für ein Lesebuch ausgewählt. Erfolgreiche Einsender können an einer Schreibwerkstatt teilnehmen und bekommen Gelegenheit, ihre Texte öffentlich vorzutragen.

Nun seid ihr gefragt.

Beteiligen Sie sich mit einem ausführlichen Beitrag an diesem Wettbewerb.

Lösungsvorschläge

Teil 1: Pflichtteil (Textverständnis)

1. Franziska Reichenbecher befand sich auf einer sechseinhalbstündigen Zugfahrt von Mittel- nach Norddeutschland. Dort beobachtete sie zwei dreizehnjährige Mädchen, die mit ihren Smartphones versuchten Facebook aufzurufen, um Neuigkeiten von Freunden und anderen Jugendlichen zu beurteilen.

   Hinweis: Der Operator „Beschreibe" bedeutet, du musst in vollständigen Sätzen antworten. Du findest die Lösung im Ausgangstext in den Zeilen 1–8.

2. Das sprachliche Bild entspricht hier …
   … einer im Zug beobachteten, leidenschaftlichen Beziehung der Mädchen zu ihren Smartphones.

   Hinweis: „Hochemotional" bedeutet „mit starken Gefühlen verbunden", also „leidenschaftlich". Die „Nabelschnur" steht hier sinnbildlich für eine Verbindung zu etwas, das einem sehr wichtig ist. In diesem Fall sind es die Smartphones, die den Mädchen viel bedeuten.

3. Der Widerspruch besteht darin, dass die Mädchen, die vielen Dingen abgeneigt gegenüberstehen und denen es etwa schwerfällt, sich über die baldige Ankunft zu freuen, gleichzeitig ein soziales Netzwerk und viele seiner Inhalte äußerst positiv sehen. Es geht um den Kontrast zwischen der Ablehnung von fast allem, die bei Jugendlichen häufig ist, und gleichzeitig offener Zuwendung zum „Liken", also zum „Gutfinden". Einerseits wird sehr vieles als schlecht bewertet und andererseits wird fast alles für gut und interessant befunden, wenn es im sozialen Netzwerk auftaucht.

   Hinweis: Der Widerspruch ist in den Zeilen 17–33 dargestellt. Formuliere ihn mit eigenen Worten.

4. Es gibt mehrere Beweggründe auf Facebook Inhalte zu liken:
   - „Like for like": in der Jugendkultur so genannt, ist Erwartung einer Gegenreaktion auf einen eigenen Like
   - Gefühl der Belohnung, wenn etwas von einem selbst Gepostetes gelikt wird
   - Anerkennung des Geschmacks anderer beziehungsweise Gefühl der Akzeptanz des eigenen Geschmacks durch andere
   - Rückversicherung und Stärkung der gegenseitigen virtuellen Bindung
   - Konstruktion des „Facebook-Ich" (Facebook-Identität) durch eigene Likes und von anderen erhaltene Likes

   Hinweis: Mehrere Antworten sind möglich. Wähle mindestens vier aus, um alle BE zu erhalten. „Notieren" bedeutet, du kannst in Stichpunkten schreiben oder auch in ganzen Sätzen antworten.

5. 1: Fotos, 2: Textbeiträge, 3: Videos, 4: Links

   Hinweis: Die Lösung findest du in den Zeilen 59–62. „Notieren" bedeutet, du kannst Stichpunkte aufschreiben oder im ganzen Satz antworten.

6. Annahme 1: Online-Ich repräsentiert exakt das Offline-Ich, ist virtuelles Spiegelbild
   Annahme 2: bei gewissenhafter, vollständiger Information entspricht Facebook-Profil eigener Persönlichkeit
   Annahme 3: Echtheit (Authentizität) des Facebook-Ich durch öffentliche Meinungsäußerung, Likes offenbaren Wahrheit über eigene Person
   Annahme 4: Wunsch anderer, jemanden durch sein Facebook-Profil kennenzulernen

Hinweis: Du findest die nötigen Informationen in den Zeilen 89–108. Formuliere sie in eigenen Worten. „Skizzieren“ bedeutet, du kannst hier stichpunktartig antworten.

7. Den Nutzern von Facebook wird kein Dislike-Button zur Verfügung gestellt, um den positiven Aspekt der Social Media zu erhalten. Würde man diesen Button einführen, könnte das für schlechte Stimmung innerhalb des Netzwerks sorgen. Auch wäre denkbar, dass sich viele User abmelden, da niemand ihre Fotos oder Beiträge likt, sondern nur noch dislikt. Das hätte womöglich zur Folge, dass Facebook sich zum „Anti-Social-Network“ entwickeln und dadurch Marktanteile verlieren würde.

Hinweis: Hier wird von dir verlangt, dass du im Text genannte Gründe ausführst, die gegen den „Dislike-Button“ sprechen. Du findest die Informationen in den Zeilen 145–159. Formuliere deine Antwort schlüssig in eigenen Worten.

8. Die Autorin des Artikels beurteilt das Facebook-Liken insgesamt durchaus positiv. Die so geäußerte Zustimmung anderer kann einem zeigen, dass diese bestimmte Dinge genauso sehen wie man selbst. Auf diese Weise können die Likes einem Sicherheit verschaffen und darüber hinaus ein Gemeinschaftsgefühl erzeugen. Das findet Franziska Reichenbecher gut.
   Außerdem stärkt die Bestätigung durch andere in Form von Likes das Selbstwertgefühl und gibt einem das Gefühl von Anerkennung.
   Die Autorin hebt zudem hervor, dass es sich um eine positive Abwechslung im Zusammenleben handelt, bei der sich Menschen einmal nicht negativ von etwas abwenden, sondern bejahend den Dingen zuwenden. So wird der Alltag etwas vom ständigen Nörgeln befreit. Stattdessen kann man durch die Likes anderen Freude bereiten. Frau Reichenbecher hält es für wichtig, dass man Dinge gut findet und das auch äußert.

Hinweis: Die Meinung der Autorin findest du ab Zeile 167 bis zum Schluss. Beim Erläutern ist über eine bloße wörtliche Wiederholung des im Text Gesagten hinauszugehen.

9. Die Verwendung von Anglizismen in diesem Text ist angemessen. Wörter wie „Facebook“, „Social Network“ oder „Smartphone“ sind zentral für den Textinhalt und es wäre nicht sinnvoll, diese zu übersetzen. Es sind Fachbegriffe und Eigennamen, die international verwendet werden.
   Das „like“ dagegen könnte man gut durch „gefällt mir“ übersetzen. Doch „like“ hat sich mittlerweile durchgesetzt und es wurden daraus neue, nur schwer übersetzbare Begriffe wie „Likes“ oder „gelikt“ gebildet. Zudem verbindet man diese Wörter automatisch mit Facebook, viel mehr als die deutsche Übersetzung „gefällt mir“.
   Leser, die Facebook nutzen, verstehen den Text problemlos. Für Leute, die nicht mit dem sozialen Netzwerk vertraut sind, könnte sich das Textverständnis, gerade durch die Anglizismen, allerdings etwas schwierig gestalten.

*Hinweis: „Beurteile“ bedeutet, dass du selbst eine Einschätzung treffen und sie begründet darstellen musst. Beachte bei der Beantwortung, dass es um das Pro und Kontra der Verwendung von Anglizismen in diesem Text geht. Mögliche **Pro-Argumente:** Fachsprache, normal für User und Jugendliche, überwiegend allgemein bekannt, schräg gedruckt und gut erkennbar; mögliche **Kontra-Argumente:** Vorwissen notwendig, englische Fachbegriffe nicht jedem geläufig, teilweise Übersetzung möglich.*

Teil 2: Wahlteil (Textproduktion)

Thema 1 – Friedrich Schiller „Die Räuber"

Hinweis: Überlege, welche Anforderungen die in der Aufgabe geforderte Textsorte, ein Gespräch (Dialog), an dich stellt, und berücksichtige beim Schreiben die Textsortenmerkmale (Hinwendung zum Adressaten, eher mündliche Sprache etc.).
Das Gespräch findet zwischen Karl von Moor, einer Figur aus dem Drama „Die Räuber" von Friedrich Schiller, und dir statt. Nachdem sich Karl von Moor am Ende des Dramas freiwillig der Justiz gestellt hat, wird er im Gefängniswagen in die Stadt gebracht. Währenddessen sprichst du mit ihm über sein widersprüchliches Leben. Der Widerspruch wird in der Grafik, die Teil der Aufgabenstellung ist, bereits angedeutet: Er besteht darin, dass Karl von Moor auf der einen Seite ein freiheits- und menschenliebender Rebell ist und auf der anderen Seite ein skrupelloser Räuberhauptmann. Gehe in deinem Text auf Details dieser widersprüchlichen Persönlichkeit und das entsprechende Handeln Karl von Moors ein, die du aus dem Dramentext kennst. Als Gesprächspartner sollst du dich zu Karl von Moors Aussagen auch positionieren, also dazu Stellung nehmen.
Achte außerdem darauf, dass du ein „echtes" Gespräch, kein Interview mit Wechsel von Frage und Antwort schreibst. Denke auch daran, dich möglichst an Sprache und Stil der Figur, die dir aus dem Drama bekannt sind, anzunähern.

- *Beginne mit einem passenden* ***Einstieg*** *ins Gespräch.*
- *Gehe im* ***Hauptteil*** *auf die* ***Widersprüchlichkeiten*** *der Figur Karl von Moors ein,* ***benenne sie*** *und* ***arbeite sie*** *an Beispielen* ***heraus****. Zeige auch* ***Folgen*** *seines widersprüchlichen Handelns an Beispielen auf.*
- *Achte auf einen* ***eigenen Standpunkt*** *sowie die* ***Ich-Perspektive****, wenn du „mit Karl von Moor sprichst".*
- *Lass das Gespräch am* ***Schluss*** *sich am Drama orientierend enden.*

Deine Stoffsammlung könnte folgendermaßen aussehen:

W-Fragen	Mögliche Antwort
Wer ist der Begleiter?	Gendarm, Pfarrer, Mitgefangener, Berichterstatter …
Warum war Karl ein freiheits- und menschenliebender Rebell?	Karl ist jung, gebildet, charismatisch, will sich nicht in die Zwänge der Gesellschaft begeben. Karl spürt die Treue seiner Räuber wie Schweizer und Roller, die ihr Leben für ihn gegeben haben.
Wogegen hat Karl rebelliert?	Rebellion gegen • die gesellschaftlichen Zustände (absolutistische Gesellschaft): Räuber nahmen von den Reichen, gaben den Armen • gegen gesellschaftliche Regeln: Karl liebt die Freiheit, will sich durch nichts und niemanden einschränken lassen • gegen die Kirche als Institution • gegen den Vater: macht sich nichts aus Geld, studiert lieber in Leipzig, anstatt die ihm angedachten Aufgaben zu übernehmen

Was macht Karl zum skrupellosen Räuberhauptmann?	Karl hat: • Verantwortung für Klosterüberfall und Vergewaltigung der Nonnen • Verantwortung für Tod des Kindes im Feuer • Schuld an Sprengung des Pulverturms zur Rettung Rollers, aber damit Tod unbescholtener Bürger auf dem Gewissen
Welche Folgen hat sein Handeln?	Karl will: • Konsequenzen tragen • Verantwortung übernehmen • sich Justiz stellen • einem Mann mit 11 Kindern Gutes tun → Kopfgeld *(„Dem Mann kann geholfen werden!")*

Schreibe nun das Gespräch zwischen Karl Moor und dir und überarbeite es anschließend hinsichtlich der Orthografie, Grammatik und Sprache. Übertrage deinen Entwurf dann in die Reinschrift.

Beispieltext für ein Gespräch mit Karl Moor:

In meiner Aufgabe als Berichterstatter des Leipziger Volksboten habe ich heute die Gelegenheit, den berühmt-berüchtigten Räuberhauptmann Karl von Moor auf seinem Weg in die Stadt zu begleiten, wo er seinem gerechten Urteil zugeführt werden soll. Meine Leser brennen auf Nachrichten über diesen Unmenschen. Schließlich hat er eine Menge unschuldiger Seelen auf dem Gewissen. Den Wärtern habe ich ein paar Taler zugesteckt und somit darf ich den ganzen Weg neben dem Wagen her reiten und von Moor meine Fragen stellen. Ah, da kommen sie schon und es kann losgehen.

ICH: Gott zum Gruße Herr von Moor, mein Name ist Wilhelm Birnbaum und ich bin Berichterstatter des Leipziger Volksboten. Gestatten Sie, dass ich Sie auf Ihrem Weg begleite und Ihnen ein paar Fragen zu Ihrem Leben stelle? Es kursieren ja viele Schauergeschichten über Sie und Ihre Räuberbande und meine Leser würden gern etwas mehr darüber erfahren.

MOOR: Na, sicher dürfen Sie. Aber nennen Sie mich ruhig Karl, denn Sie müssen sich auf eine lange Geschichte gefasst machen, sodass der Tag bestimmt zur Neige geht, bis ich Ihnen alles erzählt habe.

ICH: Nun ja, beginnen wir doch einfach am Anfang. Sie kommen doch aus gutem Hause, Karl. Sie haben ein angenehmes Äußeres, sind klug und man sollte meinen, Ihnen steht die ganze Welt offen. Wie konnten Sie nur so auf die schiefe Bahn geraten?

MOOR: Nun, das Leben auf dem Schloss meines Vaters empfand ich immer als einengend und verstaubt. Täglich nur Pflichten und die Sorge um den Erhalt des Gutshofes. Als erstgeborener Sohn wurden mir die Aufgaben automatisch übertragen. Ich wollte aber etwas erleben, reisen, neue Orte und Menschen kennenlernen und, ich gebe es zu, einem guten Becher Wein bin ich auch nicht abgeneigt. Und dann war da noch Amalia, ein Traum von einem Weib, engelsgleich. Ich liebe sie und ich liebe meinen Vater. Aber ich war einfach noch nicht bereit für Ehe und Familie, für Haus und Hof. Ich wollte das Leben genießen.

ICH: Das ist ja interessant. Und da sind Sie aus dem heimischen Schloss geflüchtet und haben sich die Freiheit einfach genommen?

MOOR: Genau, ich bin nach Leipzig zum Studium. Na gut, das Studium selbst war fast Nebensache. Ich hatte viele tolle Freunde und wir haben tüchtig gefeiert. Natürlich ging mir irgendwann das Geld aus, denn so ein Studentenleben ist ganz schön kostspielig. Ich entschloss mich schließlich, meinem Vater einen Brief zu schreiben, in dem ich ihn um Verständnis und Vergebung bat und natürlich um Unterstützung.

ICH: Ich nehme an, er hat Ihren jugendlichen Leichtsinn verstanden und Ihnen etwas Geld geschickt? Schließlich liebt er Sie doch abgöttisch.

MOOR: Ach wo, ganz im Gegenteil. Ich glaubte meinen Augen nicht zu trauen, als ich die Antwort von meinem Vater bekam. Er beschimpfte mich aufs Übelste und hat mich in seinem Brief sogar enterbt. Nie wieder sollte ich ihm unter die Augen treten.

ICH: Das ist ja furchtbar! Muss schlimm für Sie gewesen sein. Aber deswegen wird man doch noch nicht Räuberhauptmann und Krimineller …?

MOOR: Für mich war es der Anfang vom Unglück, denn von da ab rannte ich mit offenen Augen in mein Verderben. Ich war sehr verzweifelt über den Brief und fühlte mich schrecklich allein, von meiner Familie in Stich gelassen. Mir blieben praktisch nur meine Freunde aus der Studentenkneipe. In meinem schwächsten Moment schlug der Spiegelberg da vor, eine Räuberbande zu gründen und durch die Wälder zu ziehen. Ich stand der Sache skeptisch gegenüber – doch was sollte ich machen? Kein Geld, keine Familie, keine Zukunft! Was sollte ich machen? Wo sollte ich hin? Und als meine Kumpanen mich schließlich zu ihrem Hauptmann wählten, lief die Sache von selbst.

ICH: Jetzt wird mir einiges klarer. Sie scheinen mir doch grundsätzlich kein schlechter Mensch zu sein. Wenn ich aber von den Gräueltaten höre, die Sie und Ihre Bande verübt haben, will ich es gar nicht glauben.

MOOR: Nun ja, am Anfang fühlte ich mich auch etwas wie Robin Hood. Wir nahmen von denen, die ohnehin genug hatten und denen es nicht fehlte, und gaben den armen Leuten, die es dringend brauchten. Für uns fiel immer noch genug ab. Der Wendepunkt kam eigentlich mit Rollers Gefangennahme. Ich hörte davon, dass sie ihn an den Galgen bringen wollten. Das konnte ich doch nicht zulassen, wir mussten ihn befreien. Zu meinem großen Bedauern ging die Stadt in Flammen auf und viele unschuldige Menschen starben.

ICH: An diesem Punkt hätten Sie spätestens aufgeben müssen, Karl! Sie wussten doch genau, dass hier ein großes Unrecht geschieht.

MOOR: Ja. Sie schickten einen Pater, der meinen Leuten Vergebung versprach, wenn sie mich ausliefern. Aber so funktioniert das bei einer Räuberbande nun mal nicht. Es lag nicht mehr in meiner Macht. Mit dem Ruf „Tod oder Freiheit" stürzten sich meine Männer in den Kampf. In der Schlacht kamen viele ums Leben, auch der erst von uns gerettete Roller.

ICH: Da sehen Sie das Unglück! Auf beiden Seiten starben Menschen. Dass das Sie nicht wachgerüttelt hat! War es das alles wert? Und was war inzwischen eigentlich mit Ihrer Familie? Hatten sie denn noch einmal Kontakt, um sich vielleicht doch noch zu versöhnen? Oder haben Sie sie tatsächlich nicht mehr gesehen?

MOOR: Die Erinnerung an meine Familie kam durch eine seltsame Begebenheit in mir hoch. Nach der Schlacht war ich zunächst ermüdet und verzweifelt. Da traf ein junger Adliger mit dem Namen Kosinsky bei uns ein, mit der Absicht, sich uns anzuschließen. Ich belehrte ihn noch, dass sich nur ein Mensch, der völlig ohne Hoffnung sei, auf einen solch „schrecklichen Bund" einlassen könne. Darauf erzählte Kosinsky den Räubern und mir seine Lebensgeschichte, und ich erkannte die Ähnlichkeit zu der meinen. Als Kosinsky schließlich von seiner Geliebten namens Amalia erzählte, konnte ich nicht anders. Sofort beschloss ich, nach Hause zurückzukehren, um dort nach meiner Amalia zu sehen.

ICH: Als verbannter Sohn und Räuberhauptmann wieder heimzukehren ist aber auch ein gewagter Schritt. Ich hoffe, alles ging gut und die Freude bei Amalia und Ihrem Vater, Sie nach so langer Zeit wiederzusehen, war groß. Gab es denn eine Möglichkeit, sich mit allen auszusöhnen?

MOOR: Leider nicht. Ach, wäre ich nur nie zurückgekehrt! Was musste ich von unserem alten Diener, der mich an einer Narbe erkannte, alles hören. Mein Bruder hatte mich schamlos hintergangen, um an die Macht zu gelangen. Unseren Vater hatte er in einen Turm eingesperrt und – man stelle sich das vor – er wollte ihn verhungern lassen. Meine süße Amalia wollte er mit Gewalt nehmen. Ach Amalia! Wenigstens sie liebte mich noch immer, ich konnte es ganz stark spüren.

ICH: Aufrechter Menschenfreund, der Sie ja trotz allem wohl im tiefsten Inneren sind, hatten Sie da nicht sofort den Wunsch, Ihre Lieben zu befreien und ein besseres Leben zu beginnen? Die Vergebung Ihres Vaters und Amalias waren Ihnen doch sicher gewiss.

MOOR: Zu spät, es war bereits zu spät. Als ich meine Identität preisgab und offenbarte, dass der Räuberhauptmann ich bin, starb mein armer alter Vater vor Entsetzen. Amalia dagegen konnte mir tatsächlich verzeihen und wollte wieder mit mir zusammenleben. Aber …

ICH: Aber nun ist auch sie tot, nicht wahr? Ich verstehe aber noch immer nicht, warum. Wie konnten Sie die einzige Person, die Sie noch liebte und die Sie selbst so liebten, nur ermorden?

MOOR: Ich hatte doch meinen Eid geschworen. Ich war meinen Räubern verpflichtet, auf ewig. So sehr ich auch gewollt hätte, ich konnte nicht zu Amalia. Sie jedoch wollte nicht ohne mich weiterleben. Sie selbst bat mich, sie zu töten und sie zu erlösen. Sie hatte alles verloren: ihre Familie, ihr Zuhause und ihre Liebe. Natürlich zögerte ich. Doch nachdem einer der Räuber Amalia ans Leben wollte, wusste ich, dass ich es ihr schuldig war – und tötete sie.

ICH: Das ist ja furchtbar! Wie kann man so verzweifelt sein, dass man seine große Liebe tötet? Nun wird mir auch klar, warum Sie sich gestellt haben und somit in den sicheren Tod gehen.

MOOR: Ja, in dem Augenblick wusste ich, dass mein Leben verwirkt ist. Ich sehe keinen Sinn mehr darin. Auch ich habe alles verloren. So beschloss ich, ein letztes gutes Werk zu tun, indem ich mich an einen armen Tagelöhner ausgeliefert habe. Mit dem Kopfgeld, welches auf mich ausgesetzt war, kann er nun seine elf Kinder ernähren. So kann ich wenigstens noch eine gute Tat vollbringen und mein nutzloses, zerstörtes Leben hat am Ende einen Sinn.

ICH: Lieber Karl, ich bin erschüttert von Ihrem Schicksal. Nach dieser Geschichte kann ich Sie nicht mehr als gierigen Räuber und kaltblütigen Mörder sehen. Sie waren ein Idealist und sind gescheitert. Eine Verkettung von Intrigen und unglücklichen Ereignissen hat Ihr Leben und das Leben Ihrer Lieben zerstört. Welch Elend! Und angesichts dieses Unglücks übernehmen Sie doch die Verantwortung für Ihr Handeln, stellen sich für Ihre Missetaten und tun Buße dafür. Das verdient meinen Respekt. Leben Sie wohl, lieber Karl. Ich werde in meinem Bericht den Menschen das wahre Gesicht des Räuberhauptmanns Karl von Moor aufzeigen.

MOOR: Vielen Dank – auch für Ihr offenes Ohr. Leben Sie wohl!

Thema 2 – „World of Classcraft"

Hinweis: In der Aufgabe wird verlangt, dass du dich mit dem Thema „World of Classcraft" ***erörternd (argumentativ)*** *auseinandersetzt. Du sollst zwei Leserbriefe an das Online-Magazin deiner Schule schreiben, einen aus der Sicht eines Befürworters, den anderen aus der Sicht eines Gegners. Dabei sollst du auf den Ausgangstext Bezug nehmen und in beiden Leserbriefen begründet Stellung nehmen.*

*Überlege, welche **Anforderungen** bezüglich Inhalt, Aufbau, Form und Sprache du beim Schreiben dieser Briefe beachten musst.*

- *Die Gestaltung eines Briefkopfes mit der Adresse des Absenders und des Empfängers sind hierbei nicht notwendig. Achte jedoch auf eine passende **Anrede**.*
- *Schreibe in der **Ich-Form**.*
- *Formuliere in der **Einleitung** deines Briefes den Anlass des Schreibens (Gegner/Befürworter des Rollenspiels).*
- *Im **Hauptteil** führst du alle Angaben aus, die du dem Leser mitteilen willst, um ihn von der jeweiligen Position zu überzeugen: im ersten Leserbrief (**Pro**) alle Fakten, die das Rollenspiel befürworten, im zweiten Leserbrief (**Kontra**) deine Bedenken in Bezug auf das Rollenspiel.*
- *Arbeite in beiden Leserbriefen mit **Beispielen** aus dem **Ausgangstext**.*
- *Beginne für jeden neuen Gedanken einen **neuen Absatz**.*
- *Nimm jeweils **begründet Stellung**, einmal als Befürworter, einmal als Gegner des Rollenspiels. Die Stellungnahme kann den Schlussteil des Briefes bilden.*
- *Beende die Briefe mit einer höflichen **Grußformel** und der **Unterschrift** des Schreibenden.*
- *Achte bei der sprachlichen Gestaltung auf eine **sachliche und logische Argumentation**.*

Fertige nun eine Stoffsammlung an. Diese könnte folgendermaßen aussehen:

	Inhalt – Befürworter	**Inhalt – Gegner**
Einleitung	**Anrede:** Sehr geehrte Redaktion **Schreibanlass:** Thema „World of Classcraft“ im Online-Magazin, Befürworter und Gegner sollen zu Wort kommen Artikel vom 12. 03. 2013	
Überleitung	Überzeugung von Art und Weise der Motivation	Entsetzen über Leichtfertigkeit im Umgang mit Thema Unterricht und Lernen
Hauptteil	• Motivation zum Lernen vereinfacht • Erfahrungspunkte statt Lob und Noten • Regeln Schülern durch Freizeitspiele vertraut → Lebenswelt der Schüler • Anreiz zum Sammeln von Erfahrungspunkten durch Möglichkeit des Erreichen höheren Levels • Konkurrenzkampf als Ansporn • Bestrafung durch Gesundheitspunkte und vorzeitiges Ausscheiden aus dem Spiel	• Wichtigkeit von Spaß und Motivation für Lernen • Schule als Ort der Bildung • Vermittlung von Lehren für das Leben: Leben ist kein Spiel • Ablenkung • Punktegewinn • Bestrafung sinnvoll? Ordnung und Disziplin durch Punkteabzug?
Überleitung	Lernerfolge denkbar bei sorgsamen Einsatz	Verantwortungslosigkeit, Ablehnung, Verbot Schule: Ort des Lernens, bereitet auf „echtes“ Leben vor
Schluss	**Grußformel:** Mit freundlichen Grüßen **Unterschrift:** M. Muster	

Schreibe nun das Konzept deiner Leserbriefe und überarbeite sie anschließend hinsichtlich Orthografie, Grammatik und Sprache. Übertrage deinen Entwurf dann in die Reinschrift.

Beispieltext 1: Befürworter (Pro)

Sehr geehrte Redaktion,
zum aktuellen Thema unseres schulischen Online-Magazins habe ich kürzlich in der Rubrik „Beruf/ Bildung" eines Online-Portals einen interessanten Artikel vom 12.03.2013 mit dem Titel „Ein Trend – zwei Meinungen: ‚World of Warcraft' fürs Klassenzimmer" gelesen.
Ich muss Ihnen sagen, dass mich das Prinzip des „World of Classcraft" überzeugt hat. Ich bin der Meinung, dass man mit solch einer spielerischen Herangehensweise Schüler sehr gut für den Unterricht und zum Lernen motivieren kann. Motivierend ist es für sie zum Beispiel, wenn sie für gute Leistungen belohnt werden und Anerkennung erfahren – in diesem Fall nicht in Form von Lob oder Noten, sondern durch Erfahrungspunkte. Ein weiterer Vorteil dieser Methode ist, dass die Schule damit an die Lebenswelt der Schüler anschließt. Viele Jugendliche spielen in ihrer Freizeit häufig Videospiele bzw. Online-Rollenspiele, unter anderem „World of Warcraft", und sind so oftmals schon mit den Regeln und Funktionen vertraut.
Sehr gut finde ich auch den Anreiz für die Schüler, durch das Sammeln von Erfahrungspunkten, höhere Levels erreichen zu können. Der Unterricht wird somit zur Herausforderung, wie eine Aufgabe im Computerspiel, die bewältigt werden muss. Der Konkurrenzkampf unter den Jugendlichen kann zusätzlich anspornen und den Unterricht beleben. So wird die Mitarbeit aller Schüler im Unterricht schon fast garantiert, da jeder möglichst viele Erfahrungspunkte sammeln möchte, um schnell die nächste Stufe zu erklimmen.
Auch das System der Bestrafung finde ich sinnvoll. Ich bin der Meinung, dass es im Vergleich zu gewöhnlichen Strafen sogar zu größerer Disziplin der Schüler beitragen könnte, wenn sie etwa ihre Gesundheitspunkte abgezogen bekommen. Denn so riskieren sie, vorzeitig aus dem Spiel auszuscheiden, während die anderen Klassenkameraden weiterhin Punkte sammeln können.
Alles in allem muss ich sagen, dass ich ein großer Befürworter des „World of Classcraft" bin. Ich kann mir durchaus vorstellen, dass man dieses „Spiel", wenn es getestet wurde und man tatsächlich Lernerfolge verzeichnen kann, auch an unserer und vielleicht auch in noch weiteren Schulen einführt und umsetzt. Ich bin sicher, dass viele – sowohl Schüler als auch Lehrer – Spaß daran hätten.

Mit freundlichen Grüßen
Michel Muster

Beispieltext 2: Gegner (Kontra)

Sehr geehrte Redaktion,
zum aktuellen Thema unseres schulischen Online-Magazins habe ich kürzlich in der Rubrik „Beruf/ Bildung" eines Online-Portals einen interessanten Artikel vom 12. 03. 2013 mit dem Titel „Ein Trend – zwei Meinungen: ‚World of Warcraft' fürs Klassenzimmer" gelesen.
Ich bin entsetzt, mit welcher Leichtfertigkeit man an dieser Schule an das Thema Unterricht und Lernen herangeht. Sicherlich sind Spaß und Motivation von äußerster Wichtigkeit für regelmäßiges und wirksames Lernen, aber doch nicht auf diese Art und Weise!
Die Schule ist ein Ort der Bildung, wo Schülern nicht nur wichtiges Wissen und grundlegende Inhalte, sondern auch nützliche Lehren für ihr zukünftiges Leben vermittelt werden sollen. Meiner Meinung nach ist eine ganz wichtige Lehre, dass das Leben eben kein Spiel ist. Bei allem erlaubten Spaß ist es notwendig, im Leben auch manches ernst zu nehmen. Verwandelt man den schulischen Unterricht in ein Spiel, kann das dazu führen, dass die Jugendlichen die Schule zu sehr auf die leichte Schulter nehmen und womöglich erst mit der Zeugnisvergabe am Schuljahresende das böse Erwachen folgt. Erst recht kann es sich negativ auswirken, wenn die Jugendlichen das Spielerische später auch noch auf die Ausbildung und das Berufsleben übertragen.
Ich bin auf alle Fälle dafür, dass man Schüler bestmöglich für das Lernen motivieren sollte, und ich setze mich auch dafür ein. Aber ein solches Spiel halte ich in diesem Zusammenhang

nicht für ein geeignetes Mittel. Wie sollen die Schüler etwas lernen, wenn sie sich nur darauf konzentrieren, Punkte zu sammeln und im Spiel aufzusteigen? Ich denke, die Schüler werden durch das Spiel eher von den Unterrichtsinhalten abgelenkt und behalten das vermittelte Wissen letztendlich nicht. Sicherlich ist es denkbar, dass sich die Jugendlichen aufmerksamer am Unterricht beteiligen – aber eben nicht, um etwas zu lernen, sondern nur weil sie dadurch ihren Spielstatus verbessern möchten.
Auch das System der Bestrafung halte ich für wenig sinnvoll. Wie soll man einem Jugendlichen Disziplin und Ordnung beibringen, wenn er bei Fehlverhalten keine reale Strafe erfährt, sondern einfach nur Punkte in einem Spiel abgezogen bekommt? Für die Schüler dürfte das kaum etwas Ernstzunehmendes sein, denn aus Computerspielen wissen sie ja: Sind die „Leben" verbraucht, drückt man einfach auf „Neustart".
Ich halte die „World of Classcraft"-Methode aus diesen Gründen für verantwortungslos und lehne sie ab. Meiner Meinung nach sollte sie verboten werden und keine weitere Schule sollte sich dieses System abschauen. Die Schule ist ein Ort zum Lernen, der die Schüler auf das Leben – und nicht auf ein Spiel – vorbereiten soll.

Mit freundlichen Grüßen
Michèle Muster

Thema 3 – „Was es bedeutet, heute jung zu sein"

Hinweis: Überlege zunächst, welche Anforderungen an den zu schreibenden Text gestellt werden. Du sollst dich mit einem ***ausführlichen Beitrag*** *am Schreibwettbewerb zum Thema „Was es bedeutet, heute jung zu sein" beteiligen.*
Die ***Textsorte*** *bleibt dir selbst überlassen. Du kannst zum Beispiel einen Brief schreiben, einen Zeitungsartikel verfassen oder jede andere Textsorte wählen, die dir angemessen erscheint.*
Ausgangspunkt deiner Überlegungen sollten die ***Schlagwörter*** *sein, die in der Ausschreibung genannt werden: Träume, Wünsche, Begebenheiten, Hoffnungen, Fantasien, Alltagsprobleme, Erwartungen. Die drei Auslassungszeichen bedeuten, es ist auch Raum für deine eigenen Ideen und Vorstellungen.*
Am besten erstellst du vor dem Schreiben eine ***Ideensammlung*** *mit spontanen Assoziationen, zum Beispiel in Form eines Clusters oder einer Mindmap. Vergiss dabei immer den Bezug zum Aspekt „Jugend" nicht.*
Inhaltlich *bist du bei dieser Aufgabe* ***relativ frei****. Möglich ist beispielsweise die Darstellung einer Situation aus der gegenwärtigen Lebenswirklichkeit. Diese reicherst du dann mit passenden Beispielen und Gedanken entsprechend der gegebenen Schlagwörter oder deiner eigenen Ideen an.*

Achte beim Schreiben auf:
- *eine Überschrift (bei Briefen: Anrede)*
- *Ausführlichkeit*
- *Originalität/Kreativität und Anschaulichkeit*
- *einen nachvollziehbaren Aufbau deiner Ausführungen*
- *eine passende Perspektive des Schreibens*

Schreibe zuerst dein Konzept, die Vorschrift. Überarbeite dann den Text hinsichtlich Orthografie, Grammatik und Sprache. Fertige zum Schluss eine Reinschrift deines Entwurfs an.

Beispielaufsatz:

„Was es bedeutet, heute jung zu sein"

Liebe Mia,

ich bin gerade gestresst von der Schule nach Hause gekommen. Keine fünf Minuten hat es gedauert, bis meine Mutter in meinem Zimmer stand. Begrüßt wurde ich mit: „Wie sieht es denn hier aus?! In dein Zimmer tritt man nicht herein, da fliegt man herein." Nachdem ich mir einen viertelstündigen Vortrag über Ordnung und Sauberkeit anhören konnte, erteilte sie mir noch folgende Aufgaben: Geschirrspüler ausräumen, Küche putzen, Wäsche aufhängen, Zimmer aufräumen!, Müll rausbringen, Post holen – und es ging noch weiter, doch nach der Hälfte habe ich bereits nicht mehr zugehört. Meine Reaktion war natürlich: Explosion. Meine Mutter jedoch sah mich nur an und sagte leise: „Ihr jungen Leute habt doch heutzutage den Himmel auf Erden. Warum beschwerst du dich noch?" Sie ließ mich erstaunt zurück. Und ich dachte über ihre Aussage nach.
Als meine Mutter so alt war wie ich heute, war alles völlig anders. Heute jung zu sein hat eine ganz andere Bedeutung als damals. Kann man Träume, Wünsche, Hoffnungen oder Fantasien von jungen Menschen heute mit damals vergleichen? Was bedeutet es, heute jung zu sein?
Ich habe lange darüber nachgedacht und bin zu dem Entschluss gekommen, meine Gedanken zu Papier zu bringen und sie mit dir, Mia, meiner schon langjährigen Brieffreundin, zu teilen.
Sicherlich ist es ein Privileg, heutzutage in Deutschland, einem Industrieland, aufzuwachsen. Zum einen ist es ein Unterschied zum Großwerden in einem Entwicklungsland in Afrika oder Asien, zum anderen natürlich im Unterschied zu früheren Zeiten. Für Jugendliche an anderen Orten ebenso wie zu früheren Zeiten ist bzw. war schon eine warme Mahlzeit die Erfüllung eines Traumes. Unsere Wünsche heute sind zwar nicht riesengroß, aber im Vergleich dazu purer Luxus: ein neues Handy oder ein größeres Zimmer zum Beispiel, die beste Elektronik, die coolsten Klamotten usw. Und oft genug werden uns diese Wünsche erfüllt. Vielleicht müssen wir manchmal ein bisschen dazu beitragen: Zeitungen austragen, Autos waschen oder Ähnliches. In der Regel aber sind wir bestens versorgt mit dem, was wir zum Leben brauchen, und noch vielem mehr, ohne dafür von klein auf von morgens bis abends schuften zu müssen.
Wachsen wir also in der heutigen Zeit und hier in Deutschland auf, werden viele unserer Wünsche erfüllt. Wir haben keinen Grund, uns zu beklagen – uns geht es gut! Auch die Zukunft muss uns keine Angst machen: Wir haben Hoffnung auf eine Ausbildungsstelle und später auf eine gute Arbeit. Natürlich läuft nicht immer alles hundertprozentig so, wie man es sich vorstellt. Das heißt aber nicht, dass wir uns um unsere Zukunft sorgen müssten. Bei den meisten Dingen bin ich sehr sicher, dass das schon klappt – und wenn nicht, dann helfen Mutti oder Vati. Die meisten von uns haben das große Glück, dass wir sehr viel Aufmerksamkeit und Zuneigung von unseren Eltern bekommen. Ihre bedingungslose Unterstützung ist ein großes Geschenk. Wieso sollte ich mich also sorgen, wenn ich weiß, dass sie im Zweifelsfall für mich da sind und mir Halt geben?
Auch wenn wir zum Beispiel einen von unseren verrückten Träumen umsetzen wollen, können wir meist auf die Unterstützung unserer Eltern hoffen. Du fragst dich sicher, was ich mit verrückten Träumen meine. Ich glaube, dass jeder von uns einen verrückten Traum hat. Wir lieben es zu träumen – von einer Karriere als Starvisagistin oder als Computerspieletester, von Reisen auf entlegene Inseln oder in aufregende Städte, von Konzerttourneen, olympischen Rekorden ... Träume hatten die Menschen früher auch. Der Unterschied zu heute aber ist, dass wir ganz andere Möglichkeiten besitzen, diese zu verwirklichen. Wir haben die Freiheit, zu sagen, was wir denken, und zu tun, was wir möchten (solange wir keinem anderem damit schaden). Damit steht uns die Welt offen!
Bei all unserem Gemeckere im Alltag, müssen wir also doch zugeben: Wenn man heute jung ist, hat man enorm viele Chancen und sehr viel Freiheit. Es liegt also an uns selbst, dafür zu sorgen, dass unsere Wünsche und Träume in Erfüllung gehen. Die Voraussetzungen für eine gute Zukunft sind uns als Jugendliche in Deutschland auf jeden Fall gegeben. Also: Machen

wir etwas aus unserem Leben! Letztendlich bestimmen wir doch jeder selbst, was es bedeutet, heute jung zu sein.
Liebe Mia, das waren also meine Gedanken zu diesem Thema. Was meinst du dazu? Schreib mir bitte! Ich bin ganz gespannt auf deine Meinung, deine Träume und Wünsche.

Liebe Grüße
Deine Luise

Realschulabschluss Deutsch Sachsen
Abschlussprüfung 2015

Teil 1: Textverständnis (Pflichtteil) (gesamt 20 BE)

Tschick – Der Trost einer großen Erzählung

Der Roman „Tschick" des Schriftstellers Wolfgang Herrndorf wurde zum Sensationserfolg des Bücherherbstes 2010. Im Dezember 2011 wurde er am Staatsschauspiel Dresden uraufgeführt. Die Autorin Kathrin Passig sprach mit Wolfgang Herrndorf über das Leben als Teenager, falsche Sprache und die richtige Erzählform.

Ihr neues Buch „Tschick" wird von allen Altersklassen gelesen, ist aber eigentlich ein „Jugendroman". Wie kamen Sie auf dieses Genre?

Ich habe um 2004 herum die Bücher meiner Kindheit und Jugend wieder gelesen, „Herr der Fliegen", „Huckleberry Finn", „Arthur Gordon Pym", „Pik reist nach Amerika" und so. Um herauszufinden, ob die wirklich so gut waren, wie ich sie in Erinnerung hatte, aber auch um zu sehen, was ich mit zwölf eigentlich für ein Mensch war. Und dabei habe ich festgestellt, dass alle Lieblingsbücher drei Gemeinsamkeiten hatten: schnelle Eliminierung der erwachsenen Bezugspersonen, große Reise, großes Wasser. Ich habe überlegt, wie man diese drei Dinge in einem halbwegs realistischen Jugendroman unterbringen könnte. Mit dem Floß die Elbe runter schien mir lächerlich; in der Bundesrepublik des 21. Jahrhunderts als Ausreißer auf einem Schiff anheuern: Quark. Nur mit dem Auto fiel mir was ein. Zwei Jungs klauen ein Auto. Da fehlte zwar das Wasser, aber den Plot[1] hatte ich in wenigen Minuten in meinem Kopf zusammen.

Mit generationsspezifischen Ausdrücken und Angewohnheiten sind Sie dabei sparsam umgegangen. Trotzdem muss man ja herausfinden, was 1995-Geborene so mit ihrer Zeit und ihrem Geld anfangen. Sie sind Jahrgang 1965, woher wissen Sie das?

Ich weiß es nicht. Aber es kam mir gar nicht so problematisch vor, dass es sich um Jugendliche handelt. Nicht problematischer als Handwerker, Ärzte oder Lokführer, wenn man die im Roman auftauchen oder sprechen lässt. Ich glaube nicht, dass Jugend ein spezielles Problem darstellt, auch wenn Scheitern da oft spektakulärer wirkt. Wobei ich mir nicht einbilde, es perfekt gemacht zu haben. Ich habe meinem Erzähler einfach zwei Wörter gegeben, die er endlos wiederholt, und den Rest über die Syntax geregelt. Wenn man erst anfängt, mit Slang um sich zu schmeißen, wird man doch schon im nächsten Jahr ausgelacht.

In Ihrem Blog heißt es: „Ich bin Schriftsteller und man wird nicht glauben, dass Literatur mich sonst kaltgelassen hätte. Aber was jetzt zurückkehrt beim Lesen, ist das Gefühl, das ich zuletzt in der Kindheit und Pubertät regelmäßig und danach nur noch sehr sporadisch und nur bei wenigen Büchern hatte: dass man teilhat an einem Dasein und an Menschen und am Bewusstsein von Menschen, an etwas, worüber man sonst im Leben etwas zu erfahren nicht viel Gelegenheit hat, selbst, um ehrlich zu sein, in Gesprächen mit Freunden nur selten und noch seltener in Filmen, und dass es einen Unterschied gibt zwischen Kunst und Mist. Einen Unterschied zwischen dem existenziellen Trost einer großen Erzählung und dem Müll, von dem ich zuletzt eindeutig zu viel gelesen habe, eine Unterscheidung, die mir nie fremd war, aber unter Gewohnheit und Understatement lange verschüttet."

Was war der Müll, von dem Sie zu viel gelesen haben? Und wo würden Sie „Tschick“ einordnen? Kunst oder Mist? Große Erzählung oder Müll?

Da können Sie nicht ernsthaft eine Antwort erwarten. Zum Müll: Ich kann mich zum Glück nicht an vieles erinnern. Ich lese auch nicht allzu viel Gegenwartsliteratur, aber ich bin der König des ersten Kapitels. Ich habe von fast allem, was rauskommt, mindestens das erste Kapitel gelesen. Oder eine Seite oder einen Absatz. Der Segen des Älterwerdens: Man braucht nur noch einen Absatz, um zu wissen, dass einen etwas nicht interessiert. Mitunter reicht auch schon der erste Satz: „Vom Licht wussten sie alles.“ Zack, nächstes Buch.

Versetzen wir uns ins Jahr 2030. Ihr Buch ist seit zehn Jahren Schullektüre. Neuntklässler stöhnen, wenn sie den Namen Wolfgang Herrndorf hören. Welche Fragen zum Buch müssen in Aufsätzen beantwortet werden?

Ich fürchte, man wird sich im Deutschunterricht am Symbolträchtigen aufhängen, an der Schlussszene, in der Maik unter Wasser in einem Swimmingpool die Hand seiner Mutter hält, während oben die Polizei wartet. Oder an der Szene mit dem Elixier. Das bin ich jetzt auch schon häufiger gefragt worden, was das für ein Elixier ist, das der Alte mit der Flinte den beiden da aufdrängt? Aber das weiß ich ja auch nicht. Das war nur, weil mich beim Schreiben jemand auf die „Heldenreise“ aufmerksam machte, ein Schema, nach dem angeblich fast jeder Hollywood-Film funktioniert. Da müssen die Protagonisten[2] unter anderem immer ein solches Elixier finden. Hab ich natürlich gleich eingebaut.

Nur damit Ihre Helden es eine Minute später aus dem Fenster schmeißen … Ist das eine subtile[3] Kritik an irgendwelchen Erzählformen?

Nein, bestimmt nicht. Allgemeine Ansichten zur Literatur habe ich nie gehabt und nie verstanden. Mehr Engagement! Mehr Realismus! Mehr Relevanz! Ist doch alles Quatsch. Sobald Schriftsteller irgendeine Form von Theorie ausmünzen[4], läuft es immer sofort darauf hinaus, dass zum allgemeinen Ziel erklärt wird, was der Autor selbst am besten kann und schon seit Jahren praktiziert. Das sind keine Theorien, das ist das, was sich heranbildet in kleinen Hasen, wenn es nachts dunkel wird im großen Wald.

Gustav Seibt stellt „Tschick“ in seiner Besprechung für die Süddeutsche Zeitung in die Tradition der deutschen Romantik, Tieck, Eichendorff. Sie verwandeln, meint Seibt, „das vermeintlich bestens bekannte und erschlossene Mitteleuropa südlich von Berlin in ein zauberisches Irgendwo“. „Tschick“ als ein Buch der deutschen Romantik, geschrieben mit amerikanischen Mitteln. War das tatsächlich so beabsichtigt?

Ich weiß nicht, ob Seibt das so meint, aber das wäre ja generell erst mal nicht falsch. Nur dass man von „beabsichtigt“ bei mir nicht wirklich sprechen kann. Ich plane so was nicht und denke mir beim Schreiben meistens erst mal nicht viel außer „Es sollte nicht langweilig sein“, und wo das dann hinsteuert, kann einem bei einem Roadmovie ja auch angenehm egal sein … Ich merke gerade, dass ich mich in erzromantische Positionen verrenne.

Man hat ja oft einen bestimmten Leser im Kopf, für den man schreibt. Wer war das bei „Tschick“? Ein 14-jähriger Herrndorf?

Wenn ich kompliziertere Sachen schreibe, denke ich mir einen freundlich zugewandten Leser, der intelligent genug ist, und auf der Höhe seines geistigen Horizonts versuche ich dann auch herumzukrebsen. Aber bei diesem Jugendroman war das nicht so. Wenn man einen Roman für 14-Jährige macht, dessen Erzähler einfach genug ist, um auch für Elfjährige verständlich zu sein, muss man auf weiter nichts Rücksicht nehmen. Das Buch kapiert dann jeder.

1 *Plot:* hier im Sinne von *Idee für die Handlung*
2 *Protagonist:* zentrale Figur
3 *subtil:* hier im Sinne von *versteckt*
4 *ausmünzen:* verwerten, zu seinem eigenen Vorteil auswerten, verwenden

---

Kathrin Passig lebt als Journalistin und Schriftstellerin in Berlin und erhielt 2006 den renommierten Ingeborg-Bachmann-Preis. Zuletzt erschien von ihr „Verirren. Eine Anleitung für Anfänger und Fortgeschrittene“.

Wolfgang Herrndorf (1965 – 2013), in Hamburg geboren, studierte zunächst Malerei und arbeitete als Illustrator vor allem für die Satirezeitschrift „Titanic“ und den Haffmans Verlag. Sein Debütroman „In Plüschgewittern“ erschien 2002, zwei Jahre später wurde Herrndorf in Klagenfurt im Rahmen des Ingeborg-Bachmann-Preises mit dem Publikumspreis ausgezeichnet. 2008 erschien „Diesseits des Van-Allen-Gürtels“, für das er den Deutschen Erzählerpreis erhielt. Sein Roman „Tschick“ wurde im Herbst 2010 von der Kritik gefeiert und platzierte sich auf den Bestsellerlisten.

Quelle: www.staatsschauspiel-dresden.de/spielplan/tschick/wolfgang_herrndorf_im_gespraech_mit_kathrin_passig; Stand 15. 02. 2014

Aufgaben

Hinweis: Orthografie und Grammatik werden mit 2 BE bewertet.

1. Der Text ist eine journalistische Textsorte. Bestimmen und notieren Sie die Textsorte.

   Der Text ist vorrangig …
   … eine Reportage.
   … ein Kommentar.
   … eine Rezension.
   … ein Interview. 1 BE

2. Wolfgang Herrndorf las „um 2004 herum“ Bücher wie „Herr der Fliegen“ und „Huckleberry Finn“ ein zweites Mal.
   Notieren Sie beide im Text genannten Gründe für das wiederholte Lesen. 2 BE

3. Wolfgang Herrndorf und die Hauptheldend seines Buches „Tschick“ gehören nicht einer gemeinsamen Generation an.
   Zitieren Sie die entsprechende Textstelle. 1 BE

4. Im Text werden Aussagen Wolfgang Herrndorfs zitiert, die sich auf eine mögliche Wirkung von Literatur beziehen.
   Geben Sie eine Aussage mit eigenen Worten wieder. 2 BE

5. Wolfgang Herrndorf verfolgt seine eigene Vorgehensweise beim Auseinanderhalten von für ihn lesenswerten und uninteressanten Büchern.
   Beschreiben Sie seine Vorgehensweise. 2 BE

6. Kathrin Passig stellt zwei Behauptungen auf, welche den zukünftigen Umgang mit dem Buch „Tschick“ benennen.
Formulieren Sie diese zwei Behauptungen. 2 BE

7. Der Autor Wolfgang Herrndorf verdeutlicht seine Meinung zu den Literaturtheorien, die einige seiner Kollegen vertreten.
Notieren Sie die Aussage, die dieser Meinung entspricht.

Die von einigen Autoren vertretenen Literaturtheorien …
… sind Anschauungen, die Natur und Romantik vereinen.
… dienen als angemessene Grundlagen für eine realistische und engagierte Literatur.
… dienen dazu, die Schreibweise eines Autors als Ziel für alle darzustellen.
… sind Vorstellungen, die im Dunkeln bleiben. 1 BE

8. Die Sprache von Jugendlichen in Wolfgang Herrndorfs Buch ist gut getroffen. Wodurch hat das Wolfgang Herrndorf nach eigener Aussage erreicht?
Markieren Sie einen Satz, der sein Vorgehen deutlich macht.

Markierungsfarbe: ☐ 1 BE

9. Wolfgang Herrndorfs Buch „Tschick“ wird laut Text im Zusammenhang mit einer literarischen Epoche besprochen.
Notieren Sie die Epoche und fassen Sie Wolfgang Herrndorfs Reaktion zu dieser Zuordnung mit eigenen Worten zusammen. 3 BE

10. Im Text findet sich keine konkrete Inhaltsangabe zum Buch „Tschick“.
Trotzdem erhält der Leser Informationen zum Inhalt.
Stellen Sie mindestens fünf dieser Informationen in einer geeigneten Übersicht zusammen. 3 BE

Teil 2: Textproduktion (Wahlteil) **(gesamt 30 BE)**

Wählen Sie **eines** der folgenden Themen 1, 2 oder 3 aus.

Thema 1

Faust als Comic-Parodie

Der Berliner Comicautor Flix hat den ersten Teil des „Faust" zu einer Gegenwartsgeschichte umgearbeitet. Premiere hatte das witzgewaltige Buch auf der Leipziger Buchmesse – der Zeichner las aus seinen Bildern vor.

Mephisto trägt Prada[1]. Nun, beinah: Jeans und Hemd immerhin, den Teufelsfuß in Turnschuhen verborgen. Nur die Hörner sind noch gut zu sehen. „Ich bin die Lösung all Ihrer Probleme", stellt er sich dem verdatterten Faust vor, gescheiterter Akademiker, Single und arbeitsloser Taxifahrer. Wir schreiben das Jahr 2009, der Ort ist Berlin, in dieser aktualisierten Fassung von Goethes „Faust"-Stoff.

Margarete arbeitet im Bioladen

Premiere hat dieses Buch, das so kreischend gelb gestaltet ist wie die berühmten Reclam-Leseheftchen, aber keine echte Zeile Klassiker enthält, ausgerechnet in Leipzig, dem Ort von Auerbachs Keller, in dem Faust und Mephisto bei Goethe dereinst so markant abstürzten.

Mehrmals während der Leipziger Buchmesse liest Flix alias Felix Görmann aus seinem „Faust" vor. Der, das muss man erwähnen, kein Roman, sondern ein Comic ist.

Gott hat der Berliner Comiczeichner, Jahrgang 1976, in dieser Geschichte mit Schnauzbart und Pferdeschwanz gezeichnet („Wie mein alter Chemielehrer", erinnert sich Flix), und die berühmte Wette mit dem Teufel geht der Allmächtige nur ein, weil sein Weltenschöpfungsprogramm gerade abgestürzt ist – auf dem Notebook. Es ist eine Komödie, keine Tragödie, in der Gretchen mit einem hinreißenden Lächeln und einer Knubbelnase in einem Kreuzberger Bioladen Lebensmittel mit gefälschten Biosiegeln verkauft. […]

Für den „Faust" hat er die ganze Geschichte entlang des Goethe-Textes umgearbeitet, umgebaut, neu gezeichnet und in der Gegenwart verortet.

Autor: Stefan Pannor
Redaktion: Sabine Oelze
Flix: Faust. Der Tragödie erster Teil. Carlsen Comics, 100 Seiten, 14,90 €

Quelle: www.dw.de/faust-als-comic-parodie/a-5371084; Autor: Stefan Pannor

1 *Prada:* exklusive Modemarke

An Ihrer Schule diskutieren Lehrer und Schüler der 10. Klassen über die zusätzliche Anschaffung der vorgestellten Faust-Comic-Parodie für den Deutschunterricht.

Setzen Sie sich mit dem Für und Wider dieser Anschaffung auseinander.
Nehmen Sie begründet Stellung dazu, ob das genannte klassische Werk in Form eines Comics angeschafft werden sollte.

Thema 2

Bestandsaufnahme in drei Teilen

Teil 1 von 3 / Was ich alles nicht hab

Ich habe keine bessere Hälfte und keine Schokoladenseite,
keine Macht, kein Tattoo, keinen Titel, keine Lieblingskneipe.
Ich habe keinen Plan B, weil ich auch keinen Plan A habe,
ich hab keine Wunschpunkte, auch nicht wenn ich „Gatsmas“[1] sage.
Ich hab kein gutes Bauchgefühl, weil ich's oft mit Hunger verwechsle,
Ich habe kein gutes Ordnungsempfinden, obgleich ich Ordnung sehr schätze.
Ich hab nie genug Mut gehabt beim Flaschendrehen, die Flasche zu drehen,
ich hab noch nie Sternschnuppen, nie Glühwürmchen und noch nie „Titanic“ gesehen.
[...]

Teil 2 von 3 / Was ich hab, aber nicht will

Ich hab so bescheuert viel Angst.

Angst vor falschen Entscheidungen und davor, mich nicht zu entscheiden,
Angst, irgendwo wegzugehen und mir eigentlich zu wünschen zu bleiben,
hab Angst, Fehler zu machen, auch wenn ich weiß, dass sie wichtig sind,
hab Angst, zu spät zu merken, welche Wege doch richtig sind, [...]

Teil 3 von 3 / Was ich habe

Ich hab so! viele! Dinge!
Viel mehr, als ich eigentlich er- und vertrage.
So viele Klamotten und Schmuck und Gedöns,
viel mehr, als ich eigentlich trage.
Ich hab ein Einrad und ein Skateboard, das ich eigentlich nie fahre. [...]

Und vor allem habe ich allen Grund, glücklich zu sein.

(Julia Engelmann)

Quelle: Julia Engelmann[2]. Eines Tages, Baby: Poetry-Slam-Texte.
W. Goldmann Verlag, München 2014, S. 42–47.

Nehmen Sie das vorliegende Textfragment zum Anlass, einen eigenen Text als Bestandsaufnahme in drei Teilen zu schreiben.

Dieser Beitrag soll im Wochenmagazin „Die Zeit“ unter der Rubrik „Willkommen in meiner Welt“ erscheinen. Er soll erwachsene Leser mit der heutigen Lebenswelt der Jugendlichen konfrontieren.

1 Aus „Neue Punkte für das Sams“ von Paul Maar (1992): Das Sams ist als Hauptfigur einer Kinderbuchreihe ein kindähnliches Wesen mit Wunschpunkten im Gesicht. Jeder Punkt kann für einen Wunsch verwendet werden. Wenn das Sams keine Punkte mehr hat, kann man ihm neue beschaffen, indem man in einer Vollmondnacht von Freitag auf Samstag auf ein Hausdach steigt und „Gatsmas“ (Samstag rückwärts gelesen) ruft.

2 Julia Engelmann wurde 1992 geboren, wuchs in Bremen auf und studiert heute Psychologie. Seit einigen Jahren nimmt sie regelmäßig an Poetry Slams teil.

Thema 3

Ein persönlicher Brief von Hanna Schmitz – eine Figur aus dem Roman „Der Vorleser“ von Bernhard Schlink

Michael Berg erfährt, dass sich Hanna Schmitz im Gefängnis umgebracht hat.
(Teil 3, Kapitel 10)

Versetzen Sie sich in die Lage von Hanna kurz vor ihrer Entlassung. Sie macht sich Gedanken über ihre Situation und blickt auf ihr Leben und den Prozess zurück.

Schreiben Sie aus der Perspektive von Hanna einen fiktiven, an Michael gerichteten Brief.

Lösungsvorschläge

Teil 1: Textverständnis (Pflichtteil)

1. Der Text ist vorrangig …
   … ein Interview.

   Hinweis: Der Text ist deswegen vorrangig ein Interview, weil
   – Rede und Gegenrede gegenübergestellt werden,
   – ein Fragesteller (Journalistin Kathrin Passig) eine Person (Autor Wolfgang Herrndorf) zu persönlichen Informationen oder Informationen zu Sachverhalten befragt.

2. Der Autor wollte wissen, ob die Bücher wirklich so gut sind, wie er sie als Kind bzw. Jugendlicher empfunden hat. Er wollte zudem herausfinden, was er als Zwölfjähriger für ein Mensch war.

   *Hinweis: Der Operator „Notieren" bedeutet, dass du dich zwischen Satz und Einzelwort entscheiden kannst. Achte darauf, dass **beide** im Text benannten Gründe angegeben werden. Du findest die Lösung in den Zeilen 18–22.*

3. „Trotzdem muss man ja herausfinden, was 1995-Geborene so mit ihrer Zeit und ihrem Geld anfangen. Sie sind Jahrgang 1965, woher wissen Sie das?" (Zeile 41–45)

   Hinweis: „Zitieren" bedeutet, Textstellen wortwörtlich wiederzugeben. Direkte Zitate werden durch Anführungszeichen gekennzeichnet und durch genaue Zeilenangaben belegt.

4. *Mögliche Lösungen:*
   Durch ein Buch kann man als Leser Einblicke in das Leben und die Gedanken anderer bekommen, etwas, wozu man sonst im Leben nicht viel Gelegenheit hat. Durch Filme und selbst in Gesprächen mit Freunden erfährt man diese Dinge nicht oder nur selten. Ein Buch kann für den Leser auch Trost bedeuten. Oder es bringt ihn zum Lachen oder zum Nachdenken. Ein Buch sollte nur eins nicht – langweilig sein.

   *Hinweis: Du sollst **eine** Aussage **mit eigenen Worten** wiedergeben. Mehrere Antworten sind möglich, da im Interview mehr als eine Wirkung von Literatur angesprochen wird. Du findest Anhaltspunkte in den Zeilen 70–82. Es genügt, wenn du einen der beiden oben genannten Aspekte ausführst. Finde eigene Formulierungen für Herrndorfs Äußerungen.*

5. Herrndorf liest fast alle Bücher, die erscheinen, aber zunächst nur das erste Kapitel, eine Seite oder mitunter auch nur den ersten Satz. Danach entscheidet er sich für oder gegen die Lektüre.

   Hinweis: Der Operator „Beschreiben" bedeutet, dass du in vollständigen Sätzen antworten musst. Du findest die Lösung in den Zeilen 95 ff.

6. *Mögliche Behauptungen:*
   - Das Buch gehört 2030 zur Pflichtlektüre an Schulen.
   - Die Schüler der 9. Klassen stöhnen darüber.
   - Die Schüler müssen dieses Buch als Grundlage für Aufsätze im Deutschunterricht verwenden, um ungeklärte Fragen zu beantworten.

   Hinweis: Im Ausgangstext sind drei Behauptungen enthalten, du sollst zwei notieren. Der Operator „Formuliere" verlangt, dass du einen vollständigen Satz schreibst. Die Lösung findest du in den Zeilen 104–109.

7. Die von einigen Autoren vertretenen Literaturtheorien …
… dienen dazu, die Schreibweise eines Autors als Ziel für alle darzustellen.

Hinweis: Die Antwort findest du in den Zeilen 137–143.

8. *Mögliche Markierungen:*
„Ich habe meinem Erzähler einfach zwei Wörter gegeben, die er endlos wiederholt, und den Rest über die Syntax geregelt.“ (Z. 56–59)
„Wenn man einen Roman für 14-Jährige macht, dessen Erzähler einfach genug ist, um auch für Elfjährige verständlich zu sein, muss man auf weiter nichts Rücksicht nehmen.“ (Z. 180–185)

Hinweis: Mehrere Lösungen sind möglich. Du sollst ***einen*** *Satz markieren. Achte darauf, dass du den gewählten Satz durch farbiges Anstreichen deutlich sichtbar in der Textgrundlage hervorhebst und die Markierungsfarbe im Aufgabenblatt angibst.*

9. (Deutsche) Romantik:
Herrndorf betrachtet die Zuordnung zur Romantik als zufällig richtig. Er hat nichts dagegen, obwohl er sich darüber vorher keine Gedanken gemacht hat. Für ihn ist es wichtiger, dass ein Buch spannend ist.

Hinweis: Du findest die Antwort in den Zeilen 147–150 und 158–167.

10.

Personen	**Handlung**
• zwei 14-jährige Jungs, einer davon heißt Maik • Maiks Mutter • Polizei • alter Mann mit Flinte	• Jungen klauen Auto • Roadmovie, Fahrt durch Mitteleuropa, südlich von Berlin → Heldenreise • Szene mit Elixier, angeboten von Altem mit der Flinte (danach: Wegwerfen des Elixiers) • Schlussszene: Maik unter Wasser mit Mutter an der Hand, Polizei wartet am Swimmingpool

Hinweis: Du sollst mindestens ***fünf*** *Informationen zum Inhalt des Buches „Tschick“ in einer geeigneten Übersicht darstellen. Hierfür bietet sich eine Tabellenform an. Möglich wären auch ein Mindmap oder eine Art Steckbrief. Achte auf eine strukturierte Darstellungsweise und die Über- und Unterordnung der Informationen. Im Text sind mehr als fünf Angaben zu finden.*

Teil 2: Textproduktion (Wahlteil)

Thema 1 – „Faust" als Comic-Parodie

Hinweis: An deiner Schule diskutieren Lehrer und Schüler der 10. Klassen über die zusätzliche Anschaffung der vorgestellten „Faust"-Comic-Parodie für den Deutschunterricht. Du sollst dich mit dem ***Für*** *und* ***Wider*** *dieser Anschaffung in einer* ***begründeten Stellungnahme*** *auseinandersetzen. Folglich gilt es, einen* ***argumentativen Text*** *zu verfassen. Auch dein* ***Wissen über Goethes „Faust I"*** *solltest du idealerweise in deinen Aufsatz einfließen lassen. Mache dir im Vorfeld Gedanken, welche Anforderungen du bezüglich des Inhalts, der Form und der Sprache beim Schreiben des Textes beachten musst.*

- *Überlege, an wen du deinen Text adressieren möchtest, und verwende ggf. eine passende Anrede.*
- *Schreibe in der Ich-Form.*
- *Formuliere im ersten Textteil (**Einleitung**) deiner Stellungnahme, warum du dich an der Diskussion beteiligst.*
- *Im **Hauptteil** führst du alle Angaben aus, die du den Diskussionsteilnehmern mitteilen willst, um deine Position deutlich zu machen. Achte dabei auf die Verwendung von **Pro- und Kontraargumenten**. Beginne mit den Argumenten der Gegenseite und ende mit denen deines eigenen Standpunkts.*
- *Arbeite mit Beispielen aus dem Ausgangstext.*
- *Nimm begründet Stellung und achte auf eine **sachliche** und **logische** Argumentation.*
- *Unterzeichne deine Stellungnahme namentlich.*

Fertige eine Stoffsammlung an. Diese könnte folgendermaßen aussehen:

	Inhalt	
Einleitung	**Anrede:** Liebe Schüler, sehr geehrte Lehrer, … **Schreibanlass:** Beteiligung an Diskussion zur zusätzlichen Anschaffung der „Faust"-Comic-Parodie für den Deutschunterricht	
Überleitung	aktueller/persönlicher Bezug (Behandlung des Dramas im Unterricht), Informationen des Ausgangstextes/der Rezension	
	Kontraargumente	**Proargumente**
Hauptteil	• finanzielle Belastung: Anschaffungspreis 14,90 Euro • kein Beitrag zur Allgemeinbildung: keine echte Zeile Klassiker, Originaltext umgearbeitet, neu gezeichnet, falsche oder wenig nachvollziehbare Darstellung, z. B.: Faust und Mephisto stürzen in Auerbachs Keller nicht ab, Gott/Herr mit Schnauzbart und Pferdeschwanz • fehlender Tiefgang bzw. fragliche Absicht: Anliegen des originalen Goethetextes entfällt im Comic (Handlung, die sich mit nahezu allen Themen des menschlichen Lebens beschäftigt, Streben und Irren des Menschen am Beispiel Faust)	• Abwechslung im Schulalltag: witziges Bilderbuch (Mephisto trägt Jeans, Hemd, Turnschuhe) • zeitgemäße Darstellung des Stoffs für leichteres Verständnis: aktualisierte Fassung (Jahr 2009, Berlin, Faust als gescheiterter Akademiker, Single, arbeitsloser Taxifahrer, Eingehen auf Wette wegen abgestürzter Technik) • Identifikation mit Figuren eher möglich: Gretchen als Verkäuferin im Kreuzberger Bioladen (Verkauf von Lebensmitteln mit gefälschten Biosiegeln) • Spaß statt Tragik: Komödie statt Tragödie

Fazit	Kompromiss: zusätzliche Anschaffung zum Originaltext „Faust I“ wünschenswert, aber Original keinesfalls ersetzen
Schluss	**Unterschrift:** Max Mustermann

Schreibe nun das Konzept deiner Stellungnahme und überarbeite sie anschließend hinsichtlich Orthografie, Grammatik und Sprache. Übertrage deinen Entwurf dann in die Reinschrift.

Beispieltext: Stellungnahme

Liebe Schülerinnen und Schüler, sehr geehrte Deutschlehrerinnen und Deutschlehrer,

als Schüler der Klasse 10, der Goethes „Faust I“ gerade im Unterricht gelesen hat, möchte ich mich an der aktuellen Diskussion zur möglichen Einführung der hier vorliegenden „Faust“-Comic-Parodie beteiligen.

Zunächst muss man feststellen, dass der Anschaffungspreis bei diesem Buch recht hoch ist. Im Vergleich zur Originalausgabe ist es sechsmal so teuer. Dies bedeutet eine finanzielle Zusatzbelastung, die vielleicht nicht jeder von uns so einfach tragen kann.

Davon abgesehen sollte man sich überlegen, ob die Beschäftigung mit dem Comic einen Gewinn für den Unterricht und damit für unsere Bildung darstellt. Denn in der „Faust“-Comic-Parodie ist keine echte Zeile Klassiker zu finden. Der Autor hat sich am Text „entlanggehangelt“, die Figuren nach eigenen Vorstellungen gestaltet und Handlungsabläufe verändert. Somit hilft uns die Parodie nicht direkt für unsere Abschlussprüfung.

Außerdem ist fraglich, ob die zentralen Themen und Fragen des Lebens, die Goethe in seinem Drama behandelt, in der Comicversion zum Ausdruck kommen. Eine intensive Auseinandersetzung mit Glaube, Liebe, Wissenschaft und Moral – also das, was den „Faust“-Stoff eigentlich ausmacht – bleibt beim Lesen der Comicversion im Unterricht wohl eher aus. Es finden wahrscheinlich keine Gespräche über interessante Textstellen statt, die selbst uns Schüler einmal zum Nachdenken bringen können, wie zum Beispiel: „Es irrt der Mensch, solang’ er strebt.“ Bereits im Prolog von Goethes „Faust“, der im Himmel spielt, fällt dieser Satz im Zuge der Wette zwischen Gott und Mephisto. Der Herr ist der Überzeugung, dass der Mensch sich durchaus irren, falschen Idealen folgen kann, aber dann doch irgendwann seinen Irrtum erkennt und seine Lehren daraus zieht. Diese Textstelle ist in der Comic-Parodie vom „Faust“ nicht enthalten. Hilft uns der Comic denn dann überhaupt dabei, unseren Horizont zu erweitern, zeitlose Themen und grundlegende Fragen der Menschheit zu erkennen?

Trotz dieser Argumente gegen die Anschaffung des Comics sollte man berücksichtigen, dass Goethes „Faust“ für viele von uns wirklich schwer verständlich ist. Sowohl inhaltlich als auch sprachlich ist das Drama „harte Kost“, woran so mancher scheitert. Wenn man allerdings die Rezension der Comic-Parodie liest, bekommt man den Eindruck, dass diese „Faust“-Version wesentlich schülerfreundlicher, lustiger und verständlicher ist. Der Comic könnte darum allen eingeschüchterten Schülern Spaß am „Faust“ vermitteln und so einen Zugang zum sperrigen Drama verschaffen.

Statt des „alten Schinkens“ hätten wir ein originelles Buch vor uns, dessen Inhalt durch die Comicbilder unterstützt würde. Auch die zeitgemäße Darstellung erleichtert das Verständnis: Die Figuren des Comics sind an unsere Gegenwart angepasst und verbinden so Goethes Zeit mit unserer. Die ganze Geschichte spielt im Jahr 2009. Statt des „alten“ Teufels in Rot erscheint ein modebewusster Mephisto in Jeans und Hemd, der sein Erkennungszeichen, den Teufelsfuß, in Turnschuhen versteckt. Faust lernen wir als gescheiterten Akademiker kennen, der nun als Single und arbeitsloser Taxifahrer in Berlin lebt. Die Wette mit Mephisto geht Gott, dargestellt mit Schnauzbart und Pferdeschwanz, nur deswegen ein, weil sein Notebook mit dem Weltenschöpfungsprogramm gerade abgestürzt ist. Diese moderne Darstellung macht den Stoff greifbar.

Der Comic-Autor Felix Görmann macht aus der Tragödie Goethes eine Komödie. Er nimmt viele Veränderungen vor, die uns schmunzeln lassen, die uns aber auch die Geschichte von Dr. Faust und Mephisto noch einmal von einer ganz anderen Seite zeigen. Im Rahmen einer Diskussion über Gemeinsamkeiten und Unterschiede zwischen Comic und Drama könnten wichtige Punkte des Originaltextes noch einmal wiederholt und vertieft werden. Wie kommt der Comicautor zum Beispiel auf die Idee, Gretchen zur Verkäuferin in einem Bioladen zu machen? Was könnte ihn dazu bewegt haben? Die Antwort darauf kann unser Wissen über die Figur festigen.
Die zusätzliche Anschaffung des Comics wäre für uns daher eine willkommene Abwechslung im Schulalltag und eine hilfreiche Ergänzung. Jedoch bin ich der Meinung, dass man den Originaltext im Unterricht keinesfalls durch den Comic ersetzen sollte und man die Comic-Parodie erst als solche verstehen kann, wenn man Goethes „Faust" gelesen und im Unterricht besprochen hat.

Max Mustermann

Thema 2 – Bestandsaufnahme in drei Teilen

Hinweis: Überlege zunächst, welche Anforderungen an den zu schreibenden Text gestellt werden. Es wird von dir erwartet, dass du einen ***Paralleltext*** *verfasst, das heißt,* ***in Anlehnung an den Text von Julia Engelmann*** *einen eigenen Text gestaltest. Damit sollst du zeigen, dass du die* ***zentrale Aussage*** *des Textfragments verstanden hast und auf deinen Alltag übertragen kannst. Deine Version der „Bestandsaufnahme in drei Teilen" soll im Wochenmagazin „Die Zeit" unter der Rubrik „Willkommen in meiner Welt" erscheinen und erwachsene Leser mit der Welt der Jugendlichen konfrontieren.*

Die ***Textsorte*** *bleibt dir selbst überlassen. Du kannst dich am Ausgangstext orientieren und die Gedichtform wählen oder zum Beispiel auch eine Erzählung oder einen Brief schreiben. Die einzige Bedingung ist das Aufgreifen der Struktur, das heißt der* ***Dreiteiligkeit*** *des Textes nach folgendem Muster:*
- *Teil 1 von 3 / Was ich alles nicht hab*
- *Teil 2 von 3 / Was ich hab, aber nicht will*
- *Teil 3 von 3 / Was ich habe*

Erstelle zuerst eine ***Ideensammlung*** *entsprechend der drei Teile. Orientiere dich inhaltlich an deiner (jugendlichen) Lebenswirklichkeit, also an deinem alltäglichen Erleben. Du könntest dazu eine Tabelle anfertigen, etwa so:*

Teil 1 von 3 / Was ich alles nicht hab	Teil 2 von 3 / Was ich hab, aber nicht will	Teil 3 von 3 / Was ich habe
•	•	•

Achte beim Schreiben auf
- *die (Zwischen-)Überschriften,*
- *anschauliche Details,*
- *Originalität (ggf. Provokation),*
- *eine raffinierte sprachliche Gestaltung (Wortspiele, Metaphern, Redewendungen usw.),*
- *einen nachvollziehbaren Aufbau deiner Ausführungen.*

Schreibe nun das Konzept deiner Bestandsaufnahme und überarbeite sie anschließend hinsichtlich Orthografie, Grammatik und Sprache. Übertrage deinen Entwurf dann in die Reinschrift.

Beispieltext: Bestandsaufnahme in drei Teilen

Teil 1 von 3 / Was ich alles nicht hab

In der Tat, ich habe keinen Bart und kein Brustimplantat,
Kann kein Skat und trage kein Pelztierimitat.
Ich habe keine Kuh, kein Feld und keine Saat.
Ich hab nichts zu verlieren, weil ich auch nie etwas gewonnen hab.
Ich hab kein Fleisch im Kühlschrank und kein Bier.
Notenlesen hab ich nie kapiert, hab auch kein Klavier.
Ich habe kein Doppelbett und auch kein mobiles Internet.
Ich habe keinen Pyjama und keine Hausschuhe,
keinen Wecker und sonntags trotzdem nie meine Ruhe.
Ich habe keine Silikone im Shampoo und Haribo macht mich nicht froh.
Ich hab kein Fernsehen und hab nie RTL gesehen.
Ich habe nie Fahrkarten, Schwarzfahren muss bezahlbar bleiben,
Ich habe keine Zugverbindung, weil die Fahrer streiken.

Teil 2 von 3 / Was ich hab, aber nicht will

Ich hab Angst, verdammte Angst davor, ihn zu verlieren,
Wegzurennen und zu hyperventilieren,
Angst davor, uns zu verletzen
Und mich selbst zu überschätzen.
Habe Angst vor der großen, weiten Welt,
Doch am meisten vor dem, was mich hier hält.
Ich habe Angst vor Krankheiten und Inflation,
Vor der Bankenkrise oder einer Alien-Invasion.
Ich hab Angst vor Rassismus und vor Kriegen,
Vor Höhen, vor Tiefen und davor, mich nie wieder neu zu verlieben.
Ich habe Angst vor Veränderung.
Angst ist stumm und dumm.
Ich hab Angst, zu viel zu sagen oder für immer zu schweigen.
Ich hab Angst, verdammte Angst, am Boden liegen zu bleiben.

Teil 3 von 3 / Was ich habe

Ich habe viel zu viele Sachen,
Sachen, die nicht glücklich machen.
Kleidung, Bücher und Geschirr, tausend Sachen im Gewirr,
Fünf Paar Schuhe und eine volle Wäschetruhe,
Kleidung für Freizeit und ein altes Ballkleid,
Ölfarben und Kunstbände. Ich bemale trotzdem lieber Häuserwände.
Ich hab zwanzig Filme und schaue doch immer nur den einen.
Ich hab eine Schallplattensammlung von meiner Oma,
Aber einen Plattenspieler hab ich keinen.
Ich hab Schlafmangel und ein Hühnchen zu rupfen.
Ich hab einen Garten mit kostenlosem Heuschnupfen.
Ich hab ein Gehirn und zu viele Gedanken,
vier Geschwister zum Spielen und Zanken.
Ich bin gesund und in Sicherheit.
Ich habe allen Grund zur Zufriedenheit.

Thema 3 – Ein persönlicher Brief von Hanna Schmitz – eine Figur aus dem Roman „Der Vorleser“ von Bernhard Schlink

Hinweis: Du sollst einen ***fiktiven Brief*** *Hannas verfassen, den sie kurz vor ihrer Haftentlassung an Michael schreibt. Die Aufgabenstellung verlangt, dass du dabei* ***aus Hannas Sicht*** *auf ihr Leben und den Prozess zurückblickst, um so die im Roman* ***vorangegangene Handlung*** *zu erläutern und* ***mögliche Überlegungen und Empfindungen*** *Hannas zu diesem Zeitpunkt zu offenbaren.*

Überlege, welche ***formalen Anforderungen*** *du bei einem persönlichen Brief beachten musst. Du kannst dich hieran orientieren:*
- *In den* ***Briefkopf*** *gehören Ort, Datum und Anrede. Wähle eine passende Anrede für Michael aus.*
- *Gliedere deinen Brief in sinnvolle* ***Abschnitte****. Der Textkörper eines Briefs besteht aus Einleitung, Hauptteil und Schluss.*
- *Den Anlass des Briefes formulierst du in der* ***Einleitung****.*
- *Im* ***Hauptteil*** *nennst du alle Punkte, die du dem Empfänger mitteilen willst. Hier ist es wichtig, nicht zwischen den Themen hin und her zu springen, sondern sie sinnvoll anzuordnen und eines nach dem anderen auszuführen.*
- *In den* ***Schlussteil*** *deines Briefes gehören Fragen, Bitten, Wünsche, Hoffnungen oder Appelle an den Adressaten.*
- *Abschließen solltest du mit einem angemessenen* ***Abschiedsgruß*** *und einer* ***Unterschrift*** *Hannas.*
- *Schreibe in der* ***Ich-Form*** *und sprich den Empfänger des Briefes gelegentlich direkt an.*

Beachte bei der ***sprachlichen Gestaltung****, dass du die Gedanken und Gefühle Hannas anschaulich und ausdrucksstark schilderst. Verwende z. B. entschuldigende, bedauernde Worte oder binde rhetorische Fragen ein, etwa dann, wenn sie ihr eigenes Handeln infrage stellt. Achte darauf, dass Satzbau und Wortwahl insgesamt zur Figur passen.*

Inhaltlich *kannst du dich an folgende Angaben halten:*
- *Hanna hofft, dass Michael ihren Brief liest.*
- *Sie beschreibt ihre momentane Situation und ihre Ängste kurz vor der Haftentlassung.*
- *Sie blickt kritisch auf ihr Handeln und den Prozess zurück.*
- *Sie erläutert, wie sich ihr Leben und ihre Einstellung geändert haben.*

Fertige nun eine Stoffsammlung an. Diese könnte wie folgt aussehen:

	Inhalt
Briefkopf	**Ort:** Haftanstalt/Gefängnis/Haftzelle **Datum:** Sommer 1984 **Anrede:** Hallo Michael, .../Lieber Michael, .../Jungchen, ...
Einleitung	Anlass: • Beschreiben der derzeitigen Situation: bevorstehende Haftentlassung • Andeutung: geplanter Freitod
Überleitung	Erläuterung ihres Handelns
Hauptteil	Rückblick auf: • schöne gemeinsame Zeit (Kennenlernen Michaels, Vorlesestunden) • Leben als Analphabetin (Angst vor Bloßstellung ihres Defizits, ständiger Wohnort- und Arbeitsplatzwechsel)

Hauptteil (Fortsetzung)	• Zeit als Aufseherin (Verstrickungen im KZ-Dienst, Verhalten bei Selektionen und beim Kirchenbrand) • Prozess und Haft (Schuldfrage, Ausgeliefertsein, Aufarbeitung und Auseinandersetzung mit Taten, Anerkennung der Schuld, Reue, Übernahme von Verantwortung)
Überleitung	• Reue • letzte Bitte: Übergabe von Brief und Ersparnissen an überlebende Zeugin
Schluss	• Wünsche, Hoffnungen für Michael • Abschiedsgruß und Unterschrift

Schreibe nun das Konzept deines Briefes und überarbeite es anschließend hinsichtlich Orthografie, Grammatik und Sprache. Übertrage deinen Entwurf dann in die Reinschrift.

Beispieltext: Brief

Haftanstalt XY, Juni 1984

Lieber Michael,

in ein paar Tagen werde ich aus der Haft entlassen. Nach so vielen Jahren soll ich wieder in die Freiheit geschickt werden, in ein Leben, das ich so nicht mehr möchte. Ich gehöre hierher. Und so schreibe ich dir heute diesen Brief, möglicherweise den letzten, damit du mich vielleicht ein bisschen verstehst.

Jungchen, ich habe Angst. Angst vor dem Leben außerhalb dieser Gefängnismauern, die mich 18 Jahre umgeben haben. Ich soll einen Neuanfang starten, alleine wohnen, mich selbst versorgen. Aber ich bin alt und mein Gesundheitszustand ist schlecht. Sicher, du hast alles gut für mein neues Leben draußen vorbereitet, aber du hast dein eigenes Leben, zu dem ich nicht mehr gehöre, Michael. Ich will für dich keine Belastung sein.

Erinnerst du dich noch an „unseren" Anfang? Wie wir uns kennengelernt haben, als es dir so schlecht ging? Ich denke oft an diese Zeit zurück, an unser Ritual, das Vorlesen, unsere gemeinsamen Stunden, die Ausflüge. Es war meine schönste Zeit, auch wenn ich es dir nie gesagt habe.

Ich war damals so darauf bedacht, dass niemand entdeckt, dass ich nicht lesen und schreiben konnte. Aber du hast schnell gemerkt, was mein Problem war, Michael. Und ich habe mich ganz furchtbar geschämt dafür. Jetzt schäme ich mich noch mehr als damals, allerdings aus einem anderen Grund.

Du weißt, warum ich hier bin, was ich getan habe. Ich hatte mich freiwillig bei der SS zum Wachdienst gemeldet. Ich hoffte, Lesen und Schreiben würden bei dieser Arbeit keine Rolle spielen. Was mich genau erwarten würde, wusste ich damals nicht. Es gelang mir gut, meine Schwäche zu verbergen, denn, was es zu entscheiden gab, wurde mündlich entschieden. Ich musste nur immer alles unter Kontrolle behalten, zum Beispiel die Selektionen der Frauen und Mädchen, die ich in den Tod geschickt habe, um Platz für Neuankömmlinge zu schaffen. Und auch in jener Bombennacht habe ich alles unter Kontrolle behalten: den Transport der Frauen, die bei dem Brand in der Kirche ums Leben kamen. Ich hätte die Tür aufschließen können, aber ich tat es nicht. Ich tat es einfach nicht.

Michael, wir sahen uns wieder, als mich meine Vergangenheit eingeholt hatte und mir zusammen mit den anderen Aufseherinnen der Prozess gemacht wurde. Was da auf mich zukam, habe ich überhaupt nicht erfasst und verstanden. Ich konnte mich gar nicht auf den Prozess vorbereiten, etwa die Anklageschrift lesen, denn ich war ja Analphabetin. Selbst als es um das Schreiben des Berichtes zur Bombennacht ging, war der Schutz meines Geheimnisses mir wichtiger als die Wahrheit. Ansonsten hätte ich ja zugeben müssen, dass ich nicht lesen und schreiben konnte. Wieder flüchtete ich, ich flüchtete vor der Bloßstellung. Wie eitel ich war! Und dumm.

Ich weiß jedoch: Meine lebenslange Haftstrafe habe ich zu Recht erhalten. Während meiner Haftzeit nutzte ich die Chance, mich mit meiner Schuld auseinanderzusetzen und meine Vergangenheit aufzuarbeiten. Das habe ich auch dir zu verdanken, denn mithilfe deiner Kassetten, auf denen du mir vorgelesen hast, habe ich mir das Lesen und Schreiben beigebracht. So konnte ich schließlich viele Bücher über die Verbrechen der NS-Zeit lesen, über die Konzentrationslager, über das unermessliche Leid und die Grausamkeit dieser Zeit. Es hat mich tief erschüttert. Meine Mitschuld an diesem Leid, das Ausmaß meiner Schuld habe ich erkannt, Michael. Und ich musste lernen, meine Schuld zu ertragen. Eine Schuld, die mich tagtäglich quält und auch nachts verfolgt. Es tut mir alles unendlich leid. Ich habe Menschen das Schlimmste angetan. Dafür kann es keine Entschuldigung geben. Ich glaube nicht, dass ich meine Schuld abgegolten habe. Ich gehöre hierher.

Lieber Michael, ich habe eine letzte Bitte an dich. Übergib meine Ersparnisse und den Brief aus meiner Teedose bitte an die überlebende Zeugin aus dem Prozess. Danke. Für alles.

Ich wünsche dir, dass du glücklich wirst, Michael.

Alles Gute
Hanna